UWE HERRMANN

MIT JÜRGEN HELFRICHT

Kleider machen Bräute

EULENSPIEGEL VERLAG

»RICHTIG VERHEIRATET IST DER MANN ERST DANN,
WENN ER JEDES WORT VERSTEHT,
DAS SEINE FRAU NICHT GESAGT HAT.«
ALFRED HITCHCOCK

Inhaltsverzeichnis

Hochzeitsantrag – da läuten bei mir die Alarmglocken!

Es soll eine Himmelsleiter geben, auf der Engel und Seelen ins Paradies zum lieben Gott schweben. Bei mir führt über zweiunddreißig Stufen aus weiß geädertem schwarzen Marmor ein roter Teppich hinauf ins Brautparadies. Als Mädchen spazieren sie herein, heiratsfertig wieder heraus. Uwes Wedding-Tempel in der Beletage eines Wohn- und Geschäftshauses mitten in der historischen Altstadt liegt nur einige Schritte von der berühmten Dresdner Frauenkirche entfernt. Und nicht wenige von unseren unzähligen Kundinnen sind dort mit ihrem Bräutigam vor den Altar getreten. Doch bis dahin ist es noch ein wirklich weiter Weg.

Lassen wir sie erst einmal über die Prachttreppe defilieren: Heiratstolle, Verliebte, Verlobte, Mädels von achtzehn bis sechzig – Liebe kennt keine Altersgrenze. Manche kommen mit Baby, einem Kind, fast immer mit Brautmutter, Oma, Tante, der oder den besten Freundinnen, Brautjungfern. Seltener samt Schwiegermutter, Vater oder Schwiegervater. Fast nie mit dem Zukünftigen.

Während sie auf den edlen Steinen emporschreiten, beobachte ich die Gesellschaften. Wie sie voller Vorfreude scherzen und tuscheln, wohl schon in Gedanken von Meerjungfrauen-, Prinzessinnen- oder Vintagekleidern schwelgen. Die einen scheinen wie ein junges Reh zu springen, nehmen enthusiastisch mit einem Schritt zwei Stufen. Andere laufen bedachtsam und gemächlich, genießen den Einzug in die Welt von Chiffon, Organza, Satin, Taft, Tüll und Spitze. Ältere Familienmitglieder halten sich an Stock und Messinggeländer fest. Es gibt Forsche und Vorsichtige, Stoffel und Freundliche, Introvertierte und Extrovertierte, welche mit erhobenem und gesenktem

Kopf. Manche haushalten mit einem kleinen Budget für den schönsten Tag des Lebens, viele haben dafür gespart, bei wenigen spielt Geld angeblich überhaupt keine Rolle. Alle sind herzlich willkommen, alle sollen sich in meinen Ausstattungssälen und Ankleidesalons wie eine Königin fühlen. Vom Augenblick an, in dem ich sie sehe, beginnt der Rätselspaß, wer von der Gruppe die Braut sei. Es muss nicht die Jüngste, es könnte aber die Attraktivste sein. Meist verrät erwartungsvolles Funkeln, das Feuer in den Augen, die Eine. Doch ich gebe zu – bei diesem sich mehrfach täglich wiederholenden Braut-Lotto verzockt man sich schnell.

So auch bei Lehrerin Franziska. Achtundzwanzig Jahre alt, ohne Absätze 1,78 Meter groß, schönes Gesicht, grünlich schimmernde Augen, süßes Lächeln. Wir haben uns sofort geduzt – ich durfte sie Franzi nennen. Allerdings war sie auch etwas melancholisch und nach Feuer-Funkel-Faktor von den Begleiterinnen nicht zu unterscheiden. Den rechten Arm zierte ein Lederband mit Muschel vom letzten Ostseeurlaub in Zingst. An ihren wohlgesetzten Zähnen schlussfolgerte ich, dass sie in der Jugend Zahnspange trug. Mit Wasserstoffsuperoxid waren wohl nicht nur ihre Haare, sondern auch die weißen Beißerchen gebleicht. Sie trug baumwollene Unterwäsche, kam sportlich, leger, wirkte jünger. Wie jener Typ Lehrerin, der immer den Eindruck erweckt, kaum älter als die Schüler zu sein. Ihr brillantes Hochdeutsch mischte sich bisweilen leicht mit einem Akzent. Die Wortmelodie erinnerte ein wenig an das Berlinische. Die Geburtsstadt herauszufinden – nichts leichter als das. Vor mir gibt es ja kaum Geheimnisse. Keiner glaubt, was dem Brautausstatter alles anvertraut wird. Das geht bis ins Intimste, bis zur Frage, ob ein Schamlippen-Piercing zum Hochzeitskleid empfehlenswert sei. Rasch war klar, dass sie aus jenem Flecken stammt, wo der Postkutscher den Postkutschkasten blankputzt – aus der Zungenbrecher-Stadt Cottbus. Und sie hatte schon einige Geschäfte vergeblich abgeklappert. In meiner VOX-Sendung sah sie das ganz spezielle Modell: ein Kleid in A-Linie mit langen Ärmeln bis zum

Handgelenk, verdeckter Schulter, extrem langer Schleppe, über die große Spitzenornamente gelegt waren. Die klassische Linienführung ist gerade angesagt. Wobei in der Mode alles Alte mit neuen Materialien wiederkehrt, dem ständigen Kreislauf und Wandel unterliegt. Ein heute hoffähiges Kleid hättet Ihr mir vor drei Jahren vielleicht an den Kopf geworfen und geschimpft: »Ich stülpe doch nicht Omas olle Gardine über!«

Franzis Gedanken kreisten nur noch um das Kleid mit der langen Schleppe. Da sie vor Jahren in Dresden studiert und hier aus Hochschulzeiten noch Freundinnen hat, buchte sie bei mir einen Termin. Während der Anprobe ging es hoch her. Die vier Frauen hatten sich über Jahre aus den Augen verloren. Die Jagd nach dem Kleid führte das Quartett zusammen. Sie lästerten über Dozenten, Professoren und Kommilitonen, lachten ausgelassen. Zur Heiterkeit trug sicher auch die Flasche Hugo bei. Mit diesem Cocktail aus Prosecco, Holunderblütensirup und Minze verwöhne ich meine Kundinnen seit Jahren. Das süß-süffige Gebräu

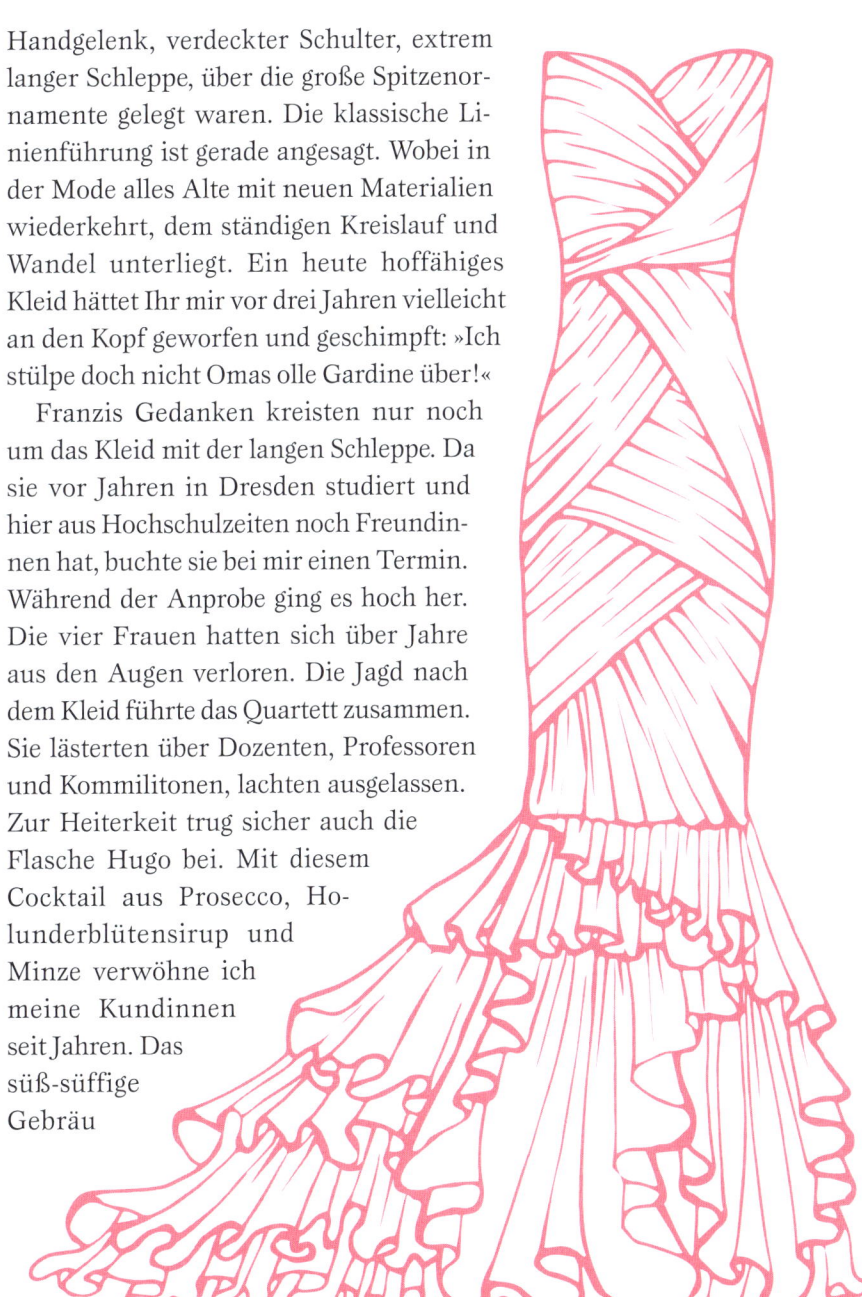

sagt Frauen offenbar mehr zu als der bis dahin kredenzte trockene Sekt. Ich muss den Hugo wie das Margonwasser schon palettenweise bestellen. Früher haben wir noch Kaffee gereicht. Doch Bräute und ihre Angehörigen schwäbberten – um es in meiner unnachahmlich-schönen sächsischen Muttersprache zu sagen – immer wieder Kaffee auf die Kleider. Ich war irgendwann den Ärger mit den hässlich-braunen Flecken leid.

Das erste Kleid bei der Anprobe – A-Linie mit Fünf-Meter-Schleppe – ein Reinfall! Waren doch ihre auf 75B gepuschten zierlichen Brüste für den tiefen Herzausschnitt zu klein. Auch ein zweites scheiterte am Herzausschnitt. Nummer drei mit nur 1,50 Meter langer Schleppe – sie lässt sich hochstecken und deshalb kann man damit sogar tanzen – war nach neunzig Minuten der ihr genial auf den Körper geschneiderte Traum in Weiß. Da Franzis ursprünglicher Wunsch jedoch die lange Schleppe war, wollte sie die Nacht darüber schlafen. Also wurde das Kleid bis zum nächsten Tag reserviert. Viel Zeit konnte ich ihr, da gerade die Samstage meist über Monate ausgebucht sind, nicht widmen. Auch war es denkbar, sie überhaupt nie wiederzusehen. Aber um zwölf Uhr klingelte das Telefon: »Kann ich zum Nachmittag noch mal in mein Kleid springen?« Selbst beschäftigt, beauftragte ich eine Mitarbeiterin. Denn ein Vertrag muss natürlich auch gemacht werden.

Franzi kam erneut mit allen drei Freundinnen. Und probierte – wie kann es anders sein – zwei Kleider. Schließlich siegte der Favorit des Vortages. Sie weinte, klatschte, drückte die Freundinnen im Hochgefühl des Glücks. Ich schaute nur kurz vorbei, wobei mir die gut gelaunte Truppe verriet, dass ein schöner Mädelsabend bevorstehe, bei dem sie auf das Brautkleid trinken würden. Hören konnte ich noch, wie Franzi ihren Freund in Cottbus anrief: »Schatzi, ich komme nicht nach Hause, übernachte bei meinen Freundinnen in Dresden.« Dann zahlte sie für Kleid und Reifrock 800 Euro an – die übliche Hälfte des Kaufpreises. Damit das Kleid auch sicher zum Hochzeitstermin in dreieinhalb Monaten fertig wäre, ging die

Bestellung noch Samstagabend nach Frankreich, zu einem der renommiertesten Brautmodehersteller im Mittelpreisbereich, mit Sitz in Paris. Doch nähen lässt dieser unter strenger Kontrolle in China. Wegen der hohen Material- und Lohnkosten ist solch Kleid mit aufwendigen Handstickereien und Applikationen – daran wird gut eine Woche gearbeitet – in Mitteleuropa nicht mehr herzustellen. So kommen aus Europa heute fast nur Kleider mit Maschinenstickerei und aufgebügelten Applikationen oder einem sehr hohen Preis.

Montagvormittag, wir dachten an nichts Schlimmes, klingelte es. Franzi, die wir frühestens in drei Monaten erwartet hätten, war am Telefon und schluchzte einer Mitarbeiterin in einem Ausbruch der Verzweiflung ins Ohr: »Ich brauch das Kleid nicht mehr. Alles ist aus, Schluss, vorbei!« Das war mehr als ein Sturm im Wasserglas. Weil sie ihr Geld zurückwollte, wurde der Chef gerufen. Und ich musste ihr bitteren Wein einschenken, nüchtern erklären: Beim Hochzeitskleid gibt es kein Rückgaberecht, keinen Umtausch. Die Kundin ist verpflichtet, das Kleid zu nehmen, ob sich die Lebensumstände nun unvorhergesehen ändern oder nicht. Am Morgen, sieben Uhr, war im automatisierten Verfahren bereits die Auftragsbestätigung aus Paris eingetrudelt.

Das Bimmeln der Schulglocke war zu hören, während ich ihr erläuterte, dass ein Rücktritt vom Kaufvertrag nicht möglich sei. Franziska bekam einen Weinkrampf. Und weil sie mir leid tat und als Auslöser für die geplatzte Hochzeit den Fast-Ehemann nannte, erbat ich seine Nummer. Der ging auch sofort ans Telefon, war sehr umgänglich und gut gelaunt, sagte: »Die Sache ist ganz anders.« Dann erzählte er mir seine Variante der Geschehnisse. Als seine Verlobte ihm sagte, dass sie in der Nacht nicht nach Hause komme, lud er die Nachbarin zum Wein ein. In den letzten Monaten hatte sich mit der blonden Bürokauffrau etwas mehr als ein gutnachbarschaftliches Verhältnis entwickelt. Dies hing auch damit zusammen, dass deren Mann sich zunächst in den Schrebergarten und zum Fußball verdrückt hatte und schließlich zum Kneipengänger geworden war.

»Wieso haben Sie Franzi dann zur Eheschließung motiviert?«, fragte ich ihn verwundert. »So war es doch nicht … ein Irrtum«, erwiderte er. Er wollte sich eigentlich nie fest binden. Doch dann saßen sie Heilig Abend nach der Bescherung bei Schwiegermutter und Familie am großen Tisch, verzehrten Wiener Würstchen mit Kartoffelsalat und lauschten alten Weihnachtsliedern, die von der CD dudelten. Die Likörflasche kreiste, da warf seine Schwiegermutter den Satz in die Runde: »Ihr lebt nun schon so lange zusammen, wann wollt ihr eigentlich heiraten?« In diesem Moment – so meinte er – hätte man eine Nadel auf den Boden fallen hören, so leise war es plötzlich in der stillen, der so heiligen Nacht. Alle guckten ihn an. Nur er sah die Sache ganz entspannt. Für ihn war es eine Situation wie jede andere auch. Und so sagte er: »Das ist mir egal. Wir können gern heiraten!« Seitdem war Eheschließung zwischen ihnen kein Thema mehr.

Doch mit diesem Quasi-Antrag setzten sich in Franzis Kopf und auch bei ihrer Mutter Gedankenräderwerke in Gang. Eine unerbittliche Maschinerie war aktiviert, zu welcher Besuche in Hochzeitsläden und schließlich der Kleiderkauf zählten. Der Bräutigam bekam von alledem nichts mit. Es fiel darüber kein Wort mehr. Dabei war der Kommunikationsweg nicht länger als ein Kuss. Er erinnerte sich lediglich, wie die Schwiegermutter Silvester von ihrem Hochzeitsessen geschwärmt hatte. Von Standesamt, Trauung oder Feier – keine Rede! Alle Heimlichkeit fand jäh ein Ende, als sich Franziska nach dem Mädelsabend entschloss, doch nicht bei einer Freundin zu übernachten, und überraschend zu Hause aufkreuzte – da lag ihr Bräutigam mit der Nachbarin in der Kiste! Solch Schrecken wünsche ich natürlich keiner Braut. Aber war es nicht besser als ein Schrecken ohne Ende? Und so bin ich immer misstrauisch, wenn vom Hochzeitsantrag geschwärmt wird. Ja, bei diesem Wort läuten bei mir die Alarmglocken.

Liebe Bräute, liebe Ehemänner und alle, die es noch werden wollen. Der Hochzeitsantrag muss nicht immer so romantisch, so galaktisch wie in den Herzschmerz-Romanen von Rosamunde Pilcher &

Co. sein. Ich kenne mittlerweile unzählige Formen dieser Anträge, die direkten wie auch die indirekten. Vor allem gibt es einen geheimen Strauß Gründe, der mit reiner Liebe oft wenig zu tun hat. Nach meiner Erfahrung heiraten nur schätzungsweise 60 Prozent, weil sie zusammen glücklich sind und sich das gemeinsame Leben ohne den anderen nicht vorstellen können. Dabei macht in 70 Prozent der Fälle der Mann, in 30 Prozent die Frau den Antrag. Doch was motiviert eigentlich den Rest?

Ahnt Ihr, was einer der häufigsten Gründe ist, mit verklärtem Blick, Rosenkavalierpose, Kniefall und der ganzen Brimboriumpalette um die Hand des Partners anzuhalten? Bingo! Mann oder Frau wollen die Beziehung kitten! Was tun, wenn nach der flotten Nummer, dem One-Night-Stand, dem erotischen Abenteuer, der heimlichen Affäre Männlein oder Weiblein Reue und Schuldgefühle plagen? Das Internet ist voll von Beispielen über die Moral des Fremdgehens und Tipps, wie man sein schlechtes Gewissen nach dem Seitensprung beruhigt. Einen Strauß Blumen oder ein Parfum für den Partner zu kaufen ist die trivialste Lösung. Früher ging man zum katholischen Pfarrer, beichtete und holte sich ein reines Gewissen. Heute macht man den Hochzeitsantrag.

Das kann auch bei der Todsünde Eifersucht passieren. Sie bewegt uns zu völlig unüberlegten Handlungen, lässt Menschen zum Kontrollfreak oder Stalker werden – oder eben in die Ehe gehen. Der Antrag gilt sogar als Geheimwaffe bei Partnermüdigkeit. Da leben zwei schon lange in einer Beziehung, aus lodernder Leidenschaft ist Gewohnheit geworden. Und jetzt will einer, bevor alles instabil wird, ein Fanal setzen. Oder beide wissen überhaupt nicht mehr, worüber sie sich abends unterhalten sollen. Weil ihnen gemeinsame Themen fehlen, erfinden sie einfach das Thema Hochzeit. Da hat man schließlich rund eineinhalb Jahre was Gemeinsames vor, muss miteinander reden. Und nicht zu unterschätzen: In jedem Mann, wenn er den Antrag macht, steckt ein Stück Urtier. Jeder soll wissen: Das ist mein Weibchen! Schließlich markiert auch jeder Kater sein Revier …

Das heutige Patchwork-Glück, bei dem sich alleinerziehende Singles zusammentun, kann aus rein pragmatischen wie beispielsweise steuerlichen Gründen in der Ehe enden. Und was wird, wenn das Kind des Partners und das kurz vor der Einschulung stehende eigene fragen: »Warum heißen wir unterschiedlich?« Das ist für viele der Tag, endlich in den Hafen der Ehe einzufahren. Mit Worten wie: »Denke an die Kinder, wie soll das mit den zwei Namen in der Schule werden …«

Ich erlebe Frauen, die unter unerfülltem Kinderwunsch leiden. Sie waren mehrmals zur künstlichen Befruchtung in Kliniken und glauben, mit der Ehe würde alles besser. Viele Junge, die heiraten wollen, sind schon schwanger. Ihre Sorge: Wenn bei der Geburt was passiert und keine Vorsorgevollmacht existiert, entscheiden die Eltern über Weh und Leid von Mutter und Kind. Deren Urteilskraft vertrauen sie nicht, wollen sich lieber in die Hände des Partners begeben.

Ich hatte eine Braut in spe aus dem medizinischen Dienst der Bundeswehr. Sie heiratete kurz vor dem Auslandseinsatz in Afghanistan, da das die beste Absicherung für Kind und Partner war. Bei Angehörigen gefährlicher Berufe wie Polizisten, Feuerwehrleuten, Männern, die mit Hundestaffeln in Erdbebengebiete fahren oder den mit toxischen Stoffen hantierenden Forschern schwingt diese Sorge um die Lieben immer mit. Verheiratete Beamte mit Kind haben durch die Ehe eine gewisse Standortsicherheit. Nur wer jung, dynamisch und ledig ist, wird häufig versetzt. Lehramtsstudenten heiraten, um in einem Bundesland zu bleiben. Berufspendler wollen Struktur in ihr Leben bekommen, andere möchten nicht mehr zwischen zwei Wohnungen pendeln. Einer oder eine denkt an die Verbesserung der eigenen Lebensbedingungen. Es gibt auch Fälle, wo der Partner oder Elternteile schwer erkranken. Fast jeder kennt weitere Beispiele von Vernunftehen. Allerdings scheint mir bei diesen auch die Scheidungsrate wesentlich höher. Beinahe hätte ich einen Top-Grund vergessen: Die Freundin heiratet! Heiraten und Kinderkriegen sind nämlich wie hochansteckende Krankheiten.

Höre allein auf dein Herz

Wenn ich manchmal abends als Letzter das Geschäft verlasse, dann genieße ich im Dämmerlicht die Ruhe in den sich über zwei Etagen erstreckenden Fachabteilungen mit Tausenden Kleidern und Anzügen. Hier hängen sie in dicken Folienhüllen mit Goldrand: die kurzen Kleider, Langkleider, Ballkleider oder die gegenwärtig edelste Festkollektion »1001 Nacht«. Alle sortiert nach Größen, nach Farben, nach Modellen und Stoffqualitäten. Ich schaue, ob in den Showrooms für die Accessoires, bei den Trauringen und Schuhen das Licht ausgeschaltet wurde, prüfe, ob Backstage in den Zimmerfluchten der Schneider, dort wo gerade für die Vox-Sendung »Zwischen Tüll & Tränen« gedreht wurde, oder den Räumen, wo an die Hundert fertige Kleider auf Abholung warten, alles in Ordnung ist. Neue Mitarbeiter brauchen oft Tage, um sich in dem Gewirr der Gänge und Treppen, der Säle und Zimmerfluchten zurechtzufinden. Oft bleibt nur ein flüchtiger Blick durch die riesigen Fensterfronten der Beletage auf die quirlige Wilsdruffer Straße, an der im Herzen von Sachsens Metropole das Zentrum unserer über 800 Jahre alten Landeshauptstadt, der Altmarkt mit der Kreuzkirche, liegt. An dieser Straße mit Boutiquen, Cafés, Restaurants und Hotels haben auch die traditionsreichen 120 Dresdner Philharmoniker ihr Stammhaus. Der neue Konzertsaal für die Dresdner Philharmonie im gerade für 100 Millionen Euro sanierten Kulturpalast muss keinen Vergleich mit der Elbphilharmonie 640 Kilometer flussabwärts scheuen. Hätte ich mehr Zeit, würde ich öfters das meinem Reich gegenüberliegende Palais – ein Stilmix aus Spätbarock, Rokoko und Frühklassizismus – besuchen. Denn in dem ehemaligen Landhaus befindet sich das Stadtmuseum. Vor fast zweihundert Jahren wurde hier der Übergang des Königreichs Sachsen zur konstitutionellen Monarchie, wie es sie noch heute in Großbritannien gibt, besiegelt. Auch diese letzte Form der Monarchie unserer Wettiner-Dynastie war schließlich 1918 perdu. Doch ihr unverwechselbarer Charme lebt überall in der Stadt fort: im benachbarten Residenzschloss, dem barocken Zwinger, der Brühlschen Terrasse über der Elbe, den weltberühmten Schätzen aus Gold, Silber, Diamanten, Smaragden, Perlen oder Elfenbein im legendären Grünen Gewölbe.

Nun scheinen manche Kunden zu glauben, mein Geschäft sei ebenfalls ein Museum. So kommt es mir zumindest vor, wenn sie fotografierend die Gänge verstopfen oder mit Selfiesticks herumfuchteln. Ich fühle mich da wie der Orang-Utan im Zoo. Manch Münchner war schon etwas erstaunt über die verblichene Eleganz der aus dem »sozialistischen Klassizismus« stammenden Schaufenster. Doch da ich nur Mieter bin und die Komplettsanierung von Schaufensterfront und Ladeneinrichtung die Millionengrenze überschreitet, habe ich bislang baulich nichts verändert. Sonst müsste ich 50 Euro auf jedes Kleid und jeden Anzug draufschlagen. Da behalte ich lieber das gute Preis-Leistungs-Verhältnis bei. Ich weiß allerdings nicht, ob es die guten Preise sind oder »der Uwe«, der die Bräute herlockt. Bekanntheit ist ein Fluch, aber 80 Prozent dieses Fluches sind meine Badekur. Natürlich schmeichelt es, wenn man im Flieger, bei der Passkontrolle oder im Geschäft erkannt wird. Doch ich muss verdammt aufpassen, dass ich mich nicht in irgendeiner Schlange vordrängle oder Dummheiten bei Facebook poste. Früher habe ich Samstagabends, nach 21 Uhr, schnell auf dem Frauenparkplatz nahe dem Supermarkt-Eingang geparkt. Denn um diese Zeit sind sowieso fast alle Parkplätze leer. Bis mir ein Mann lachend hinterherrief: »Wenn man im Fernsehen ist, darf man sich wohl auch auf den Frauenparkplatz stellen.«

Manche meiner Mitarbeiterinnen litten schon unter den allzu großen Erwartungen, die Kunden teilweise mitbringen. Auch bin ich nicht Copperfield, der aus jeder Frau eine Nixe zaubert. Selbst gutartige Stalkerinnen, die den halben Tag vor dem Geschäft warten, sind enttäuscht, wenn ich keine Zeit habe, ihnen die Hand zu geben. Zum kleinen Ersatz stehe ich mittlerweile als Pappfigur im Laden.

In der Abteilung mit den 2200-Euro-Schneeballkleidern der Größen 32 bis 40 fällt mein Blick auf ein Paar auf dem Teppich liegende weiße Baumwollhandschuhe. Diese bekommt jede Kundin, die auf Suche nach Fest- oder Brautkleidern ist. Während ich die Liederlichkeit aufhebe, tritt in Gedanken eine Braut vor mich. Als ich sie vor wenigen Tagen beriet, wäre die Stimmung fast gekippt. Ihre Mutter ließ unwirsch und enttäuscht ebensolche Handschuhe auf den Boden fallen.

Alles hatte eine für Akademiker gar nicht ganz untypische Vorgeschichte. Es war eine jener Lieben auf den zweiten Blick. Sie, Diplom-Ingenieur im Windkraftanlagenbau, lernte ihren Mann an der Uni kennen. Genauer gesagt bei einer Zimmerparty im Studentenwohnheim. Große Brüste, aber nicht unbedingt unter den Begehrten ihres Studienjahres, war sie in der Runde übrig geblieben. Die Freundin schubste einen schüchternen Mann an, setzte beide zusammen. Obwohl sie sich nur ansatzweise sympathisch fanden, tranken sie eine Menge. Und da die Norddeutsche wesentlich mehr vertrug als der nicht so trinkfeste Berliner, schleppte sie ihn in der Nacht mit der Freundin auf sein Zimmer. Auch danach kümmerte sie sich. Man unterstützte sich beim Studium, bereitete gemeinsam Klausuren vor. Wenn einer abwesend war, gab ihm der andere die Vorlesungsmitschriften. Quasi eine betriebswirtschaftliche Liaison. Sie umarmten sich häufig, hatten sich jedoch noch nie richtig geküsst. Denn er stand weder auf große Brüste noch auf norddeutsche Frauen mit markanten Gesichtszügen. Sie war ein lustiges Weib, hätte überall Karnevalsprinzessin sein können. Er war sehr schmächtig, mit Horror vor jeder intimen Berührung. Dazu extrem schüchtern, zurückhaltend, eben der von Mama kontrollierte Elektronik-Nerd. Dann verpatzte er eine Prüfung, und sie lernte so lange mit ihm zusammen, bis er fit war, alles bestand. Als Dank brachte er einen Strauß Tulpen. Sie nahm ihn einfach in den Arm und küsste ihn. Bald darauf unternahm man gemeinsam eine Reise ins böhmische Kurbad Teplitz. Wo Johann Wolfgang von Goethe seine Zipperlein kurierte, schliefen sie erstmals zusammen. Mittlerweile schon vier Jahre ein Paar, buchten sie wieder Teplitz. Doch vor der Abreise suchte er gemeinsam mit ihrer Kuppelfreundin einen romantischen Ring aus. An der Gesundheitsquelle dann der große Moment: Er ging vor ihr auf die Knie – der formvollendete Hochzeitsantrag.

Zur Kleidanprobe erschien auch die Brautmutter, eine Chirurgin. Dazu die Schwester der Braut, gerade zum Doktor der Physik promoviert. Ein Jahr zuvor hatte sie selbst geheiratet – in einem Vintagekleid. Ich mag diese sehr. Manche halten sie für preiswerte Öko-Tanten-Kleider. Aber trotz der Aura des Schlichten und Einfachen können sie teurer als traditionelle Brautkleider sein. Und dann haben diese weich fließenden Kleider, unter die man keine festen Stoffe legen kann, noch ein Problem. Sie werden im Sonnenlicht transparent. Selbst fünf Lagen Seiden-Chiffon, dünner Seiden-Satin oder hauchdünner Seiden-Taft lassen in Creme und Weiß vieles durchscheinen. Da hilft höchstens eine hautfarbene, blickundurchlässige Strumpfhose. Manche Kundin, der ein Vintagekleid vorschwebt, meint, dass es nicht viel kosten kann. Angesichts des Preises guckt sie lieber ins Internet. Kauft dann dort ein Modell, das an ihrem Körper ausschaut wie ein Nachthemd der Kelly-Family – und kehrt reumütig zum Fachhandel zurück. Auf kurzfristige Wesensänderungen bin ich bei Kundinnen immer gefasst. In vielen Frauen steckt, geht es um ihr Brautkleid, mitunter ein Stück Dr. Jekyll und ein Stück Mr. Hyde.

Bei der Anprobe fragte ich: »So, meine Lieben. Wie habt Ihr Euch das Brautkleid vorgestellt?« Die Mutter ergriff sofort das Wort: »Zu ihr passt, was man bei unserem rauen norddeutschen Klima tragen kann. Keine Pailletten, keine Perlen, eine weich fließende Chiffon-Schleppe, weil sie in der Kirche heiratet.« Ich konnte mir nicht verkneifen, das zu kommentieren: Die Tochter verfügt nicht ganz über die Figur für so ein Kleid. Sie hat zwar eine schön ausgearbeitete Taille, aber auch einen recht großen Po. Im Kleid, das Ihnen vorschwebt, sieht sie wie eine Schwangere aus. Ihre Mutter gab sich einsichtig, spielte nicht die Kriegerin. Und ich erklärte, dass der Schnitt das Maß aller Dinge sei, wir erst später zu den Details kämen. Wer auf sumpfigem Boden ein Haus baut, muss auch erst für ein sehr gutes Fundament sorgen. In unserem Fall ist das der intransparente Stoff. Der Schnitt ist dann technisch-mathematisch so anzupassen, dass wir die Vorzüge der Braut herausarbeiten.

Die Schwester verstand sofort, was ich meinte: »Lassen wir erst mal die Braut sprechen.« Ich gab ihr fünf Ringe, der Mutter einen. Mit ihnen markieren Kundinnen, ihre Angehörigen und Freundinnen die ausgesuchten Kleider. Ringe gibt es, da immer gleichzeitig mehrere Bräute samt Anhang auf Kleidersuche sind, in verschiedenen Farben. Unsere Brautmutter rannte gleich zu einem Kleid, das nicht ansatzweise funktionieren konnte. Ich schlug der Braut mit einem Lächeln vor, zuerst das Mutterkleid zu probieren. Auf meine Frage, was Mama sich bei der Auswahl gedacht hatte, antwortete diese: »Mal was anderes, so schön leicht schräg geschnitten.« Lieber verzichtete ich auf meinen Kommentar, ich wollte mir Mama ja nicht zum Feind machen. Natürlich stand ihr das nicht. Es war ein Schnitt, der alle Weiblichkeit zu 500 Prozent betonen will. Dieser schräge Schnitt ging auch noch genau über ihre weiblichen Hüften. Schwesterherz sagte nur: »Zieh das Kleid sofort wieder aus. Du siehst ja aus wie ein Preisboxer.« In der Ecke sitzend, ließ Mama die Handschuhe fallen und nickte nur noch zustimmend. In diesem Moment hatte ich gesiegt. Alle Kleider, die sich die Braut heraussuchte, hätte ich ihr auch empfohlen. Allerdings vermutete ich, dass sie als Norddeutsche das günstigste Kleid nähme. Weit gefehlt! Sie nahm das teuerste, üppigste mit ganz viel Pailletten. Am Ende lagen sich alle in den Armen, freuten und küssten sich. Selbst ich als Berater bekam einen Kuss.

Doch nicht immer lässt sich, wie ein zweiter Fall zeigt, diese Harmonie erreichen: Sie war rational wie sechs Buchhalter, hochintelligent, Wissenschaftlerin bei der Europäischen Organisation für Kernforschung Cern im Kanton Genf in der Schweiz mit zwei Doktortiteln, reagierte nicht auf Smalltalk. Jedes Wort kam wie ein Schuss aus dem Mund der Einundvierzigjährigen, die im Geschäft so selbstsicher, zielorientiert und knallhart auftrat, dass ich dachte, sie hätte die Gene einer Staatsanwältin und eines Panzergenerals. Beim SemperOpernball hatte sie meine Kleider gesehen, wollte katholisch heiraten. Sie kam ohne jede Begleitung, ohne Ratgeber und sagte zu mir dann doch unvermittelt rührend: »Ich möchte für mein Leben gern eine richtige Braut sein.«

Für ihre Größe 46/48 fanden wir ein Brautkleid mit klassischen Ornamenten. Darin sah sie wirklich sensationell aus. Doch als ich dann die Anfertigung machen wollte, meinte sie: »Das geht leider nicht, meine Mutti will das Kleid auch sehen.« Am nächsten Tag erschien sie mit ihrer Mutter, genauso studiert, achtzig Jahre alt. Und die sagte nur: »In diesem Kleid sehe ich dich nicht!« Ihre Antwort: »Ja, Mutti!« Wir haben dann eine komplett neue Brautberatung gemacht. Die starke Frau, die Männer kommandierte, war Mutti hörig.

Ein Jahr später kam sie mit einer Freundin, ebenfalls Wissenschaftlerin. Und diese nahm ein ähnliches Kleid, wie ich es ihr zwölf Monate zuvor empfohlen hatte. Ich sah es an ihrem verträumten, wie geistesabwesenden Blick, spürte, dass sie in Gedanken die Hochzeit noch einmal feierte: Mit dem ersten Kleid, das nun die Freundin trug, die Stufen des Portals am Dom herabschritt … Höre allein auf dein Herz und nicht auf Mutti!

Püppi bis J.Lo –
welches Kleid passt?

Du willst am liebsten als Prinzessin oder Meerjungfrau zur
Hochzeit gehen? Ob Dein Traum mit der Realität
harmoniert, wirst Du gleich wissen.
Ich teile die Frauen in fünf Grundtypen ein, denen
bestimmte Kleider auf den Leib geschneidert
scheinen:

Püppi: Darunter verstehe ich kleine, zierliche Damen, bis
1,65 Meter groß, die Größe 32 bis maximal 36 tragen.
Ihr könntet Tänzerin oder Model sein, empfindet
trotzdem Eure Körper als Problemzone und
verlangt immer eine Nummer größer. Bei
der Anprobe dann die Überraschung, wie
gut das Kleid sitzt. Eigentlich kann alles
getragen werden. Nur aufpassen, dass die
Proportionen stimmen, dass zum Beispiel beim
Meerjungfrauenkleid dem Fisch nicht der Schwanz fehlt, Du im
Prinzessinnenkleid zu tüllig, wie ein Sahnebaiser, aussiehst. Lasst
den BH ruhig im Schrank! Auch tief ausgeschnittene, rückenfreie Kleider
sind ideal. Nur vom Neckholder rate ich ab – da fehlt ein wenig Brust.

Angekommene sind die Dankbarsten: Frauen mit mehr als zwei
Problemzonen, die in der Regel zu Konfektionsgröße 42 und mehr
greifen. Ich unterscheide die Birne, bei welcher der Popo eine Nummer
größer als der Oberkörper ist. Und die Apfelfigur mit dem etwas
üppigeren Bauchbereich. Äpfelchen kann auch sein, wer noch einen
Rest Babyspeck hat. Euer Kleid ist die A-Linie, das in Deutschland
meistgekaufte Kleid. Zaubert es die Trägerin doch mindestens eine

Konfektionsgröße schlanker. Designer versuchen sich eher an aufregenderen Modellen, doch Ihr macht in der A-Linie stets die super Figur.
Sportlerin nenne ich jenen Typ kompakter Frau, welche Kollegen auch »auf dem Kopf stehende Birne« nennen. Beispielsweise hat der Schwimmsport Euch ein breiteres Kreuz als der Durchschnittsfrau beschert. Kein typischer Kleid-Typ, tragt Ihr eher Hosen, und der Besuch beim Brautausstatter kostet einige Überwindung. Euer erster Satz: »Ich habe kein einziges Kleid im Schrank, wollte nie eins tragen.« A-Linie-Kleider kommen da infrage und gern auch Hängerchen. Vielleicht aus Chiffon, aber immer edel. Am besten mit Trägern – damit die breite Schulter etwas zarter erscheint. Wie die »Angekommene« seid Ihr immer positiv überrascht, was das Kleid aus Euch macht.
»Ich bin so«: Uncharmant sagt vollschlank plus etwas mehr oder Rubensmodell zu jenen Frauen aller Körpergrößen mit oft ererbtem Hang zu den Pfunden. Du kämpfst wie ein Löwe, machst alle Diäten, verlierst trotzdem den Kampf gegen die Waage. Irgendwann akzeptierst Du Dich. A-Linie sieht prima aus. In der Regel liebäugelt Ihr mit dem Prinzessinen-kleid, greift mit großem Selbstvertrauen zum tiefem Ausschnitt. Viele verdecken die Pölsterchen mit Trägerspitze und Tüll. Es gibt aber auch Mädels mit 100 Kilo, die wollen trägerlos zur Hochzeit schreiten. Gar nicht funktionieren Empire-Kleider aus dünnen Stoffen und Flatterkleider, die bei Sonnenschein fast transparent sind.
Dann gibt es noch die J. Lo mit wirklich extremem Selbstbewusstsein, deren großes Vorbild eben Jennifer Lopez zu sein scheint. Ihr seid »Angekommene«, die nach dem Motto »Ich bin so« tragen wollen, was eigentlich »Püppi« vorbehalten ist. Figurbetonte, enge Kleider sind die Klassiker, in die Du hineinschlüpfen willst. Nixen- und Meerjungfrauen-kleider, tief ausgeschnittene, hautenge Stoffe, die alles erblicken lassen, was vorhanden ist. Als ich eine dieser Kundinnen fragte, was der Mann dazu sage, lautete die Antwort: »Der will nur Popo sehen!« Häufig höre ich das Kompliment: »Danke, dass ich genauso sein kann, wie ich bin.«

Ausleihe bringt nur Ärger und Frust

Willst Du einen perfekten Tag? Willst Du die perfekte Braut sein?
Willst Du auch ein perfektes Kleid? **Dann Hände weg vom geliehenen Brautkleid!** Oder meinst Du etwa, es ist das modernste Kleid und ein gutes Gefühl, in eine Garderobe zu schlüpfen, die schon zwei, drei oder vier vor Dir am Körper trugen? Denkst Du, dass man die Gebrauchsspuren der Vorgängerinnen an den Nähten nicht sieht? Habt Ihr Euch nie die Frage gestellt, ob ein Brautausstatter vielleicht auf dem Stück sitzen blieb und ein Verleiher es jetzt auf diese Weise vermarktet? Da schwatzt man kleinen Bräuten große Reifröcke auf – damit das Stück auch der Nachmieterin passt.

Mich einen Skeptiker dieses Kundendienstes zu nennen wäre harmlos ausgedrückt. Ich habe früher selbst Hochzeitskleider verliehen und kam ganz schnell wieder davon ab. Ich ertrug Ärger und Frust der Bräute und das damit verbundene Leid nicht länger. Schon die Tatsache, **dass jede Frau einzigartig und keine wie die andere gebaut ist,** spricht gegen diese Praxis. Ein schönes Kleid mit edlen Stoffen lässt sich nur einmal auf dem Körper der Frau perfekt ändern. **Lediglich Schaufensterpuppen könnten sich untereinander Kleider leihen.**

Ich habe Fälle erlebt, wo die chemische Reinigung die Speisereste der letzten Hochzeit und alte Schweißränder nicht vollständig beseitigte. Und was passiert, wenn das geliehene Kleid kaputtgeht? Willst Du Deine Trauzeugin, die aus Versehen auf die Schleppe tritt, zwingen, die Versicherung in Anspruch zu nehmen? Willst Du den ganzen Tag nur daran denken, das Kleid nicht zu beschmutzen?

Selbst wenn der Geldbeutel klamm ist, kann ich nur vom Leihkleid abraten. Denn viele übersehen die Folgekosten, lesen das Kleingedruckte nicht. **Bei der kleinsten Beschädigung ist der volle**

Preis fällig. Aber keine Versicherung zahlt, wenn dies der Braut selbst passiert. Und das kann schnell geschehen: Brandflecke, Öl und Schmiere von Auto oder Hochzeitskutsche – Tücken lauern überall. Wie oft bleibt die Braut am Stuhl hängen oder es reißt die Schleppe. Dann bemüht man Tante Moni oder Onkel Heinz als angebliche Verursacher – doch das ist Versicherungsbetrug.

Völlig vergessen werden die Emotionen. Was passiert, wenn ich mein Kleid nicht mehr hergeben will, es jedoch schon den festen Nachmieter gibt? Ich sah weinende Bräute, die fast verzweifelten, weil sie sich vom liebgewonnenen Stück trennen mussten.

Mein Tipp zur Brautkleid-Pflege: Ein Hochzeitskleid ist etwas ganz Besonderes, weshalb es ungereinigt und wegen der Gefahr des Mottenfraßes in eine luftdicht schließende Plastiktüte gehört. Meine Oma vertrieb die Plagegeister mit getrocknetem Lavendel im Schrank. Vakuumverpackt wäre natürlich ideal. Wenn Du später in Erinnerungen an Deinen großen Tag schwelgen möchtest, wird die Folie geöffnet. Dann riecht es wie zur Hochzeit, spürt die Nase Gerüche der Speisen, den Schweiß, das Parfum. **Dieses sinnliche Erlebnis bietet nur das gekaufte Kleid.** Dem Leihstück ergeht es nicht anders als einem Faschingskostüm.

Das schmutzigste Brautkleid, das mir je vor Augen kam

»Da sollte mal der Blitz einschlagen!« Früher habe ich das oft gesagt, wenn mich etwas ärgerte. Seit jenem nieselregnerischen Montag bin ich mit solchen ja nie ernst gemeinten Verwünschungen vorsichtig. Dieser verkaterte Tag fing schon unfreundlich an, als am Stadtrand unmittelbar vor dem Auto plötzlich eine Katze die Straßenseite wechselte. Ich stieg voll in die Eisen und kam so abrupt zum Stehen, dass einer der Bügel von den hinter mir lagernden Abendkleidern der neuen Kollektion gegen meinen rechten Ellbogen krachte. Die Mieze war längst aus dem Blickfeld verschwunden, da überlegte ich noch, auf der Stelle umzukehren. Denn schwarze Katze von links nach rechts – da pecht's! So sagte es zumindest Oma. Die glaubte zwar im Leben nicht daran, dass niedliche Katzen unheilbringende Hexen sein könnten, doch man weiß ja nie, meinte sie bedeutungsvoll. Wenn ihr das Bügeleisen einen Brandfleck machte oder die Straßenbahn vor der Nase wegfuhr, hatte meist in den Tagen zuvor eine schwarze Katze ihren Weg gekreuzt – und dies leider nicht in der angeblich Glück verheißenden Variante von rechts nach links. Lautes Hupen erinnerte mich daran, dass auch nach dem wolkenverhangenen Sommerwochenende der Arbeitsalltag wieder beginnen musste. So gab ich Gas und rollte ins Geschäft. Wäre ich nur umgekehrt! Ich hatte noch nicht einmal das Hemd am leicht schmerzenden Arm hochgekrempelt, um nach dem blauen Fleck vom Beinahe-Unfall mit der Katze zu schauen, da kam meine »Hose« mit puterrotem Gesicht und etwas durcheinander ins Büro gestürmt: »Vorn, eine Braut, die Hochzeit ging schief, sie war im Krankenhaus, wir sind schuld!«

Ich wurde aus ihrem etwas konfusen Vortrag nicht recht schlau, dachte nur, da muss etwas Schlimmes passiert sein. Ich habe die gute Frau Hosemann, in deren elegantem Erscheinungsbild und selbstsicherem Auftreten manche Kunden die Chefin vermuten, selten so aufgeregt erlebt. »Ganz ruhig, ich komme, werde selbst mit der Kundin reden.« Ich faltete die gerade aufgeblätterte Zeitung wieder zusammen und begleitete sie zur Kasse. Dort stand eine sichtlich aufgelöste Frau mit Kleidersack. Durch den dünnen weißen Flies schimmerte ein schwärzliches Etwas. Es war das schmutzigste Kleid, das mir in meiner ganzen Karriere je vor Augen kam. Und es war nicht leicht, mit der aufgebrachten Braut, deren Stimme zuweilen in Tränen zu ersticken drohte, Worte zu wechseln: »Empörend! Was haben Sie mir angedreht? Mein Glück ist zerstört. Das Kleid hat mich verletzt. Was machen Sie jetzt?« Aus Halbsätzen, forschen Fragen und Wortfetzen entnahm ich, dass sie das Hochzeitskleid für zu lang hielt und bei der Hochzeit nicht alles glatt gelaufen sein konnte.

Was war passiert? Die Dame kaufte bei uns ein relativ schlichtes Hochzeitskleid aus Taft, ein trägerloses Wölkchenkleid. Mit schräg geschnittener Taille, kleinen Perlen auf den gerafften Falten. Bis zum Saum hatten wir es in Wölkchen gelegt. Im Rücken besaß es eine Schnürung. Trotz gewisser Schlichtheit ein hochelegantes Kleid. Die hauptsächliche Entscheidung für den Kauf: Bei kleinem Budget mit 550 Euro Obergrenze sollte es teuer aussehen. Deshalb war der Taft relativ dünn, eben Futter-Taft oder Crash-Taft der einfachsten Art. Für dieses Kleid empfehlen wir immer eine Unterwäsche-Corsage. Deren mit Plastik ummantelte Metallstäbchen heben die Taille hervor, geben dem Kleid seinen Halt. Aber die 100 Euro für die Corsage wollte sie sparen, sagte bei der Auswahl: »Im Kleid sind ja Stäbchen genug!«

Tatsächlich sind in diesem Kleid vier von der Brust bis zur Taille reichende Stäbchen eingenäht. Die dienen aber lediglich dazu, dem Kleid auf dem Bügel die richtige Figur zu geben. Auf dem Körper der Braut helfen sie wenig. Das wurde ihr auch genau erklärt. Doch

es gibt eben Kunden, die den Fachberatern vorschreiben wollen, was zu tun und zu lassen ist. Sie war völlig beratungsresistent. Weil sie sich beim Kleiderkauf anstellte wie die Henne beim Pullern, hatte die Beraterin bereits versucht, sie in ein anderes Fachgeschäft zu komplimentieren. Denn Ärger war mit ihr quasi vorprogrammiert.

Leider wanderte sie nicht weiter, es kam zum Kauf. Schleier hatte sie einen alten mitgebracht. Sie lieh noch einen Reifrock, passend zum Kleid in zwei Stufen. Ebenfalls die einfachste Variante – den gibt's schon für 10 Euro plus Reinigung! Niemand konnte ahnen, wohin die Reise geht …

Die vierunddreißigjährige Restaurantfachfrau mit winzigem Budget wollte prunkvoll heiraten. Ich habe tiefstes Verständnis für Frauen und Paare, die wenig Geld verdienen und deshalb unter enormem Druck stehen. Durch kleine Preisnachlässe kann ich da manchen Wunsch wahr werden lassen. Unsere Kundin hatte jedoch einen Hang zur Hochstapelei. Für die Feier mieteten sie und der Bräutigam ein uraltes Rittergut – von den cleveren Besitzern hochtrabend Schloss-Residenz genannt – samt Gartenbenutzung. Hier konnten das Paar und mehrere Gäste auch übernachten. In der Kirche war sie noch die strahlende Erscheinung. Schwiegermutter, Bräutigam, die ganze Gesellschaft war verzückt vom Kleid. Langsam machten sich jedoch die fehlende Corsage und ein weiteres Problem bemerkbar: Sie hatte – um auch hier zu sparen – auf ihrem eigenen trägerlosen BH bestanden. Diese Trägerlosen haben es so an sich, zu rutschen. Ich kann mir lebhaft vorstellen, wie die Braut sich immer wieder nach vorn beugte, das abgleitende Kleid raffte, ihren BH samt Kleid an der Brust packte und neu in Position zu bringen versuchte. Irgendwann gingen die feinen Nähte auf, welche die vier Stäbchen arretieren. Die hohe Luftfeuchte des schwülwarmen Tages ließ nach und nach auch die Struktur des Kleides schwinden. Wäre sie oder ein Gast nur auf die Idee gekommen, uns anzurufen – man hätte helfen können. Doch das Missgeschick nahm seinen Lauf.

Ihr Gezupfe wirkte sich irgendwann selbst auf den Reifrock aus, dem zwei Ringe – ebenfalls aus biegsamen Stäbchen – die ausladende Form geben. Zwecks Reifrock-Reinigung sind sie herausnehmbar, und bei starker Bewegung kann es schon mal passieren, dass so ein flexibler Stab herausragt. Jede normale Braut lässt sich helfen, schiebt ihn wieder hinein oder näht die Einfädelungsöffnung fix zu. Nicht so unsere Kundin. Sie machte einen gewaltigen Fehler. Statt das Stäbchen einzufädeln, zog sie es komplett heraus. Mit der tragischen Folge, dass ihr Kleid nicht mehr die ursprüngliche Weite aufwies, nun sogar den Boden berührte. Verständlich, dass sie nun des Öfteren auf ihr Kleid trat, es dann immer wieder heftig hochzog. So pieksten sie die Taillen-Stäbchen zuerst leicht, später sogar etwas verletzend in beide Brüste. Der immer laweder werdende Stoff, eine wie irre an sich herumzerrende Braut – und zu allem Unglück zog noch ein Gewitter auf. Statt im stickigen Raum zu verweilen, suchten die leicht betütelten Gäste unter Bäumen Schutz. Plötzlich gab es einen mörderischen Knall. Drei Frauen und zwei Männer flogen vom Geländer. Einer brach sich den Arm, zwei standen unter schwerem Schock. Eine Brautjungfer fiel um, ihr Herz raste, sie litt unter Atemnot, bekam Krampfanfälle. Bis in zehn Kilometer entfernte Ortschaften war der Donnerschlag zu vernehmen. Hilfe eilte mit Martinshorn und Blaulicht herbei. Notärzte und Krankenwagen brachten fünf Personen in die Klinik. Gott sei Dank konnten alle bis Mitternacht wieder entlassen werden. Potz Blitz! Wenige Meter neben der Hochzeitstruppe war das Himmelsfeuer in eine Eiche eingeschlagen. Einige Meter näher, es hätte Tote geben können.

Wenn ich da noch einen Rat geben darf: Heiratet nie im Sommer auf dem Golfplatz! Auf Golfer lauert von allen Freizeitsportlern die höchste Blitzgefahr. Vier Frauen kamen im Juni 2013 auf dem Golfplatz im hessischen Waldeck ums Leben. Wie ein Beispiel aus dem ostwestfälischen Lage zeigt, haben auch Fußballplätze ihre Tücken. Im Juni 2008 wurden dort neunzehn Menschen gleichzeitig verletzt. Andererseits erzählten mir Freunde von einem Blitzwunder auf der Dresdner Vogelwiese – einem damals noch großen Volksfest – in den 1990er Jahren. Da führte ein Blitz nahe einer Schießbude bei einem Besucher zum Herzstillstand. Kurz darauf schlug ein weiterer ein, der ihn wieder ins Leben zurückgeführt haben soll. Da hatte meine Hochzeitsgesellschaft, die ja wirklich eine Menge falsch machte, fast noch Glück! Das sahen sie natürlich selbst anders. In Panik rannten alle durch den Schlamm. Auch die arme Braut versuchte zu helfen, wo sie konnte. In der ersten Stunde ging es um Menschenleben. Doch als die Notärzte weg waren und sie in den Spiegel blickte, bekam sie einen Schock: Das schöne Wölkchenkleid war ein verschmierter Kugelblitz. Wie ein Lappen hing es an ihr herunter, war unterhalb der Knie triefend nass und schwarz. Den Reifrock hatte sie längst abgestreift. Pflaster zierten ihre Brust. Die Hochzeit war definitiv gelaufen, selbst das Catering hatte man verpasst.

Als sie und ihr Mann eine Nacht darüber geschlafen hatten, gingen sie auf die Suche nach Schuldigen. Ausgerechnet wir sollten die Hauptschuldigen sein! Ich nahm ihr Kleid in die Hand, versuchte, sie zu beruhigen. Doch relativ rasch schaltete sie um, griff an: »Ich gehe an die Presse, hänge das an die große Glocke. Jeder soll erfahren, was Sie mir für ein Dreckskleid angedreht haben«, waren noch die mildesten Worte. Sie wollte das Kleid auch nicht zur Untersuchung im Geschäft lassen, sondern sackte es wieder ein und forderte den Kaufpreis zurück, obendrein eine angemessene Entschädigung für die verdorbene Hochzeit. Ihre Stimme wurde immer lauter und ich immer ruhiger. Wenn ich angegriffen werde und mir nicht einmal Gelegenheit zur Klärung gegeben wird, startet mein Argumentations- und Verteidigungsmodus. Ich wies die Kundin darauf hin, dass, wenn tatsächlich ein Mangel am Kleid feststellbar wäre, wir als Verkäufer die Chance zum zweimaligen Nachbessern hätten. Diese aufgebrachte Kundin hatte ihr Kleid sogar vier Mal persönlich in

Augenschein genommen: bei der Anprobe, der ersten Änderung und dem Aussuchen diverser Accessoires, der zweiten Änderung wegen der Wölkchen und dann bei der Abholungs-Anprobe. Denn so ein Kleid wird zuerst oben passend gemacht, dann folgen Wölkchen und Saum. Wir, und die Kundin auch, hatten penibel alles abgenommen.

Vielleicht muss ich an dieser Stelle mancher Braut einen Zahn ziehen. Ein klassisches Brautkleid, das den standardisierten Zweck der Hochzeit erfüllen soll, kann nicht hundertprozentig bequem sein. Es ist nicht für Alltagstätigkeiten gedacht. Man kann im Brautkleid weder wettlaufen noch Fenster putzen, bügeln oder Spargel stechen. Schon das so beliebte gemeinsame Sägen am Hochzeitsholz ist für das Kleid eigentlich nicht vorgesehen. Ich sage immer: So elegant wie das Kleid ist, sollte man sich an diesem besonderen Tag auch benehmen. Wenn äußere Einflüsse einen Strich durch die Rechnung machen, gibt es dennoch keinen Rechtsanspruch zur Wandlung.

Sie redete sich immer mehr in Rage, drohte schließlich mit allen Medien, sogar dem Staatsanwalt. Eigentlich fehlte nur noch das Jüngste Gericht. Irgendwann merkte sie, dass bei diesem Thema mit mir nicht gut Kirschen essen ist, stimmte der Ausbesserung der Schäden zu. Aus Kulanz haben ich ihr die extrem komplizierte Reinigung noch obendrauf kostenlos machen lassen.

Was sie bei uns versuchte, hörten wir dann auch von allen anderen Dienstleistern. Sie drohte dem Friseur und dem Floristen, forderte Nachlass beim Caterer, selbst den Kremserfahrer wollte sie belangen. Ich werde diese Braut nie vergessen und auch nie verstehen. Aber irgendwie Mitleid für so eine misslungene Hochzeit empfinde ich doch.

Was darf der Bräutigam tragen?

Ihr Bräute steht natürlich im Mittelpunkt der großen Zeremonie, nicht der Bräutigam! Trotzdem muss er zu Euch passen, benötigt ein ansprechendes, schönes Outfit. **Der Mann darf der Braut nicht die Show stehlen, soll jedoch farblich und stylisch mit ihr verschmelzen.** Doch er sollte sich immer einen Schritt zurücknehmen. Es ist oft erheiternd, was die Bräute zur Kleidung der Männer sagen. Häufig: »Meiner trägt seinen Business-Anzug.« Oder: »Er nimmt jenen, den er anhatte, als wir zur Konfirmation geladen waren.«
Ich rate: Schickt den Mann samt altem Anzug ins Fachgeschäft, lasst noch Weste und Fliege aussuchen. Harmoniert das nicht, wird ein ihn begleitender Freund das erkennen: »Du siehst wie ein Hanswurst aus!« Die meisten Männer sind Burschen mit klaren Strukturen. Sie wollen wenig Geld ausgeben, den Klamottenkauf schnell hinter sich bringen. Ganz anders als die Bräute sind sie kaum einkaufsfreudig. Aber eine Stunde Zeit sollte sich der Bräutigam schon nehmen.
Niemals einen Hochzeitsanzug vor dem Kleid kaufen und nie den Hochzeitsanzug kaufen, ohne dem Berater ein Foto des Hochzeitskleides nebst Stoffprobe mitzubringen! Viele Männer wollen die Braut im Schlepptau haben. Das allerdings ist die schlechteste Idee! Viel prickelnder, wenn man sich erst prunkvoll und würdig vor der Trauung sieht. Mama oder der beste Freund sind da viel praktischer als Begleitung. Am besten im Fachgeschäft beraten lassen. Je dünner der Stoff, umso edler sieht er aus. Leider ist er dann aber besonders wenig strapazier- und gebrauchsfähig. Den hochedlen Hochzeitsanzug wird keiner als Alltagsanzug anziehen. Ist das Budget schmal und will man den Anzug auch später, zum Beispiel bei anderen Hochzeitsfeiern, Beerdigungen oder in der Oper, nutzen, gibt's eine Lösung. Ich nenne diese Kreationen »Ball- und Stallanzüge«. Kauft einen

zurückhaltenden Business-Anzug und eine sehr schöne Weste nebst
Fliege dazu. Schneidet die Knöpfe ab und ersetzt sie durch glitzernde
Schmuckknöpfe. Die gibt es mit einem kleinen Steinchen, Perlen oder
auch zurückhaltend zweifarbig in phantastischen Hölzern. Kürzlich hatte
ich eine Braut: bordeauxfarbenes Kleid, bordeauxfarbene Haarspange
und Blüten in der gleichen Farbe. Ihr Bräutigam bekam unter das Revers
eine bordeauxfarbene Stoffapplikation geheftet, die sich nach der
Hochzeit ohne Spuren wieder abmontieren ließ.

Immer steht die Frage für den Herren: hell, dunkel, braun, blau oder
schwarz? Einreiher mit Weste, weißem Hemd, Krawatte, Fliege oder
der stets geschlossene Zweireiher? **Sucht die Harmonie mit dem
Hochzeitskleid!** Für Sparfüchse: Den festlichen Smoking, Stresemann,
Cut und Frack kann man auch leihen. Zu Frack und Smoking ist jedoch
die Armbanduhr verboten. Nicht die passenden Schuhe, Gürtel und
die vielen – je nach Anzugsart oft unverzichtbaren – Accessoires
vergessen: Kniestrümpfe, Strumpfhalter, Hosenträger, Kummerbund,
Einstecktuch, Frackhemd, Manschettenknöpfe, Krawattennadel, Plastron,
Zylinder … **Der Bräutigam sollte nie zu offen gehen, lieber etwas
zugeknöpft erscheinen.** Und wichtig: **Die Anzugsordnung muss zu
Location und zum Rahmenprogramm passen!** Wer in der Scheune
heiratet und schöne Spiele mit Freunden und Verwandten machen
will, muss auf den edlen Seidenanzug verzichten. Sonst reißt durch
die Anstrengung womöglich gleich zu Beginn der Hosenboden. Ich
rate immer zu Ersatzunterhemden und Hemden, auch an Ersatzschuhe
denken. Ist die Gesellschaft angetütelt, kann man die harten Lackschuhe
gegen den bequemen schwarzen Treter tauschen. Es gibt natürlich
auch zu berücksichtigende ethische und Familientraditionen. Früher
heiratete jeder Offizier, Förster oder Schiffskapitän nur in seiner schicken
Ausgehuniform – das ist vorbei. Trachten gibt es jedoch überall. Und
viele moderne Hochzeitsanzüge haben gegenwärtig einen Trend zum
Military-Style oder sehen sogar wie einem Vampir-Film entsprungen aus.

Gold, Silber, Platin

Bei den Trauringen scheiden sich die Geister. Dabei darf das Symbol
unendlicher Liebe nicht zum Zankapfel werden. Wie das Budget beim
Brautkleid sollte auch jenes für die Ringe besprochen werden. Der Mann
will vielleicht Silberringe, von denen ein Stück mit Platinbeschichtung
zwischen 90 und 120 Euro kostet. Die Frau tendiert zum optisch
identischen Ring aus 100 Prozent Platin, der gleich mit 1200 Euro zu
Buche schlägt. Ein Mann will alles günstig, die Frau will alles schön haben.
Deshalb solltet Ihr Euch genau überlegen: **Trage ich den Ring jeden Tag
oder bin ich Ärztin oder Bauarbeiter und werde ihn oft ablegen?** Im
zweiten Fall hat ein Silberring Sinn. Trage ich ihn ständig, ist Platin, das
Struktur und Eleganz behält, die bessere Wahl. Oft taucht die Frage auf:
Platin, Gold oder Palladium? Oder genügt unter Umständen auch einer
aus Titan beziehungsweise Karbon? Den Ehering von heute bekommt
die Frau in zehn Jahren sowieso nicht mehr über den Finger. Deshalb ist
ein Material günstig, welches sich weiten und enger machen lässt.
Wichtigste Frage: Passt der Ring zu mir?
50 Prozent der jungen Eheleute tendieren zu Weißgold, Platin, Palladium,
Silber, simplem Stahl oder Mischungen diverser Materialien. Die andere
Hälfte – ganz klassisch – zu Gold.
Trefft bereits zu Hause eine Ringvorauswahl, macht Euch im Internet
über die Preise schlau! Vor allem muss klar sein, welches Material infrage
kommt. Denn nur das Material bestimmt den Preis, nicht, ob die Ringe
nach links oder rechts geschliffen sind. Jede Ringberatung wird bei
schlechter Vorbereitung sonst für die Beteiligten zur Qual. Läuft der
Mann ständig wie ein aufgepumpter Affe um diesen Tisch herum und
fragt: »Was kostet der?«, fehlt es augenscheinlich schon vor der Ehe an
gemeinsamer Kommunikation. Zirkonia-Steine kann ich nicht empfehlen,
nur Brillanten. Der Brillant überlebt Euch, selbst wenn Ihr hundert Jahre

alt werdet. Der kleine Zirkonia bekommt irgendwann einen schwarzen Fleck.

Wenn Ihr alles richtig machen wollt, liebe Männer, steckt beim Ringkauf zurück. Euer Ring sieht sowieso schlicht aus. Die Glitzerelster ist die Frau. Lasst sie entscheiden, mit welchem Ring sie sich wohlfühlt. Seid großzügig, denn dieser wird das ganze Eheleben lang getragen. Er erinnert sie dann ständig an Eure Knausrigkeit oder Großzügigkeit. Wir haben Hunderte Kreationen im Angebot. Auch die vielen schönen modischen Ringe, welche in Werbefilmchen angepriesen werden. Der Schönste ist für mich allerdings der klassische von Oma – ein polierter Goldring ohne jeden Schliff.

Wenn ein Paar mit dem Ring der verstorbenen Oma kommt, lassen wir einen ähnlichen für den Bräutigam machen. Zur bestehenden Gravur aus Omas Zeit kommt dann noch jene der Braut hinein. Bei exotischen Exemplaren mit typischen Ornamenten griechischer und türkischer Märkte erkennt man noch Jahrzehnte später, woher sie kommen. Ich tendiere zu halbrund bombierten Ringen ohne großen Firlefanz – zwar nicht der neueste Schrei, doch klassisch zeitlos und lange haltbar. Natürlich sind auch eventuelle Metallallergien zu bedenken. Moderne Ringe mit scharfen Kanten und tiefen Ornamenten ziehen Fäden, zerkratzen bei ungeschickten Handbewegungen Autoscheiben, sind regelrechte Bakterien- und Schmutzfallen. Kunden bringen da die verrücktesten Kreationen vorbei: mit dem ersten Zahn vom Baby, Krematoriums-Asche vom verstorbenen Opa.

Apropos **Gravur: Früher gab es diese nur innen, heute auch außen.** Graviert werden immer Hochzeitsdatum und Vorname des Partners. Ich hatte ein Paar, die ließen »Goethe & Gardine« verewigen. Denn als sie sich lieben lernten, las sie gerade Goethe und ihr Nachbar hängte für sie die Gardine auf. Als dabei die Stange samt Dübel auf den Fußboden sauste, brachte dies beide einander näher. Das hat für mich mehr Sinn als »Ich liebe dich in Ewigkeit«, verkleinerte Fingerabdrücke, Porträts oder Familienwappen per Laser einbrennen zu lassen.

Gott sei Dank ist der Platz begrenzt!

Für die Ringwahl ist Zeit, wenn das Brautkleid ausgesucht ist. Ihre Anfertigung dauert nicht länger als drei Wochen. Beim Juwelier Eures Vertrauens werdet Ihr Fachbegriffe wie Bombierung (abgerundete Innenwölbung), Profil (Ringform, abgerundet, flach, eckig) oder Legierung (Mischung diverser Materialien) hören. Auf jeden Fall kann der in Deutschland gekaufte Ring hier auch reklamiert werden. Das geht mit jenem vom Goldbasar nicht. Goldring ist auch nicht gleich Goldring. Im Ausland stecken – das wäre hierzulande undenkbar – in vielen 333er Goldringen noch Reste von Nickel. Dies kann gesundheitlich gefährlich werden.

Faustregel: Je schlichter ein Ring, umso einfacher seine Pflege, desto edler sieht er aus!

Rubens XXL –
»Können Sie bitte, bitte helfen?«

Wo auch immer ich auf Reisen nach neuen Trends Ausschau halte, Freunde und Geschäftspartner besuche – an regennassen und kalten Tagen verschlägt es mich zumeist in eins der großen Museen des Landes. Ob im Museo del Prado zu Madrid, in der National Gallery of Art in Washington D.C., in Münchens Alter Pinakothek oder in einer der berühmten Sammlungen zu Berlin, Wien oder Florenz. Mit schlafwandlerischer Sicherheit steuere ich auf die Kolossalgemälde des flämischen Barockmalers und Diplomaten Peter Paul Rubens zu. Schon als Schüler stand ich fasziniert in den Dresdner Alten Meistern im Zwinger, berauschten mich seine Nymphe mit dem trunkenen Herkules, »Leda mit dem Schwan«, die von der Jagd heimkehrende Diana oder die Göttinnen Hera, Athena und Aphrodite im »Urteil des Paris«.

Vor vierhundert Jahren zauberten das flämische Genie Rubens und seine Schüler auf meist riesige Leinwände die korpulentesten Gestalten. Und alle Welt hielt üppige Rundungen in höchstem Maße für attraktiv, todschick, für die Schönheitsformel schlechthin. Kaiser, Könige, Fürstbischöfe und reiche Kaufleute in ganz Europa waren scharf auf XXL-Damen in Natur und auf der Leinwand, holten sie in Himmelbetten und Hofstaat, zierten Säle und Salons ihrer Schlösser und Paläste mit ihnen. Wie die Steinzeitmenschen waren Rubens und seine Zeitgenossen vernarrt in dicke Beine, üppige Brüste und Popos. Die Menschen sahen in ihnen Attribute von Jugendlichkeit, Attraktivität, Fruchtbarkeit. Kein anderer Frauentyp galt als so verführerisch und gebärfähig. Auf Männerseite wiederum: Nur füllige Adlige, Bürger und Kirchenleute wurden als intelligent, gesund und wohlhabend angesehen. O weh, wenn die Frau einer Barbie-Puppe ähnelte. Dann musste sie mit dem Fluch leben, siech, krank und gänzlich ungeeignet für das Kinderkriegen zu sein. Wer das Vermögen dazu besaß, schränkte deshalb seine Bewegung auf ein Mindestmaß ein, stopfte sich mit fetten und reichlich gezuckerten Speisen den Bauch voll – um dem Ideal zu entsprechen.

So sollen es noch die Kalabari in Nigeria halten, wo dicke Frauen als wunderschön gelten. Um Traummaße zu erreichen, schickt man die Bräute vor der Hochzeit auf »Fattening Farms«, wo sie sich so viele Kilo wie möglich anessen. Nach erfolgreicher Zunahme bejubelt das ganze Dorf die so aufgeblühten Afrikanerinnen. Bis heute bleibt mir unverständlich, warum sich Einzelhandel und Internet in Europa auf die Hungerhaken konzentrieren. Fragt mich eine Frau, »Uwe, bin ich für die Hochzeit nicht zu dick?«, denke ich an die Rubensweiber und mache mich auf, ihr Traumkleid zu finden. Bei mir ging noch keine wie Bib, das Michelin-Männchen, aus dem Laden. Kurvige können so süß, so verspielt aussehen, üben damit auf viele Männer einen hocherotischen Reiz aus.

Weil sich wohl herumspricht, dass ich ein großes Herz für sie habe, sind mittlerweile 30 Prozent meiner Kundinnen von der etwas großzügigeren Gestalt. Eines Tages stand wirklich das dicke Ende vor der Tür! Die sechsundzwanzigjährige Jacqueline war etwas ganz Besonderes, auf dem Gebiet der Übergrößen fast eine Doktorarbeit wert. Geboren am 28. Juli und damit am gleichen Tag wie Jackie, die einstige First Lady der Vereinigten Staaten, Frau von John F. Kennedy. Gleiches Sternbild, aber wirklich gar keine Ähnlichkeit mit der einst bestgekleideten und am meisten fotografierten Frau der Welt. Während Frauen rund um den Globus die geometrisch-schlichten Kostüme und Pillbox-Hüte der einen Jacqueline kopierten, würde das meiner wohl kaum passieren. Sie kam in Oma-Hosen vom Vietnamesen, legerem Oberteil, ausgelatschten Schuhen und vermutlich mit kaputter Wirbelsäule anspaziert. Astrologen würden den unübersehbaren Unterschied auf nicht übereinstimmende Geburtszeiten und -orte oder die Aszendenten schieben. Doch vielleicht liegt es nur an Genen und Stoffwechsel. Und daran, dass die Weltberühmte aus einer Bankiersfamilie stammte und die besten Universitäten besuchte. Braut Jacqueline erlebte Kindheit, Jugend und Lehre als Tochter eines Fahrers der Stadtreinigung mit vier Geschwistern in Wuppertals Quartier Oberbarmen-Schwarzbach. Die Köchin und Mutter eines kleinen Buben bezog Hartz IV. Doch sie schrieb mit Kugelschreiber auf kariertem Papier einen rührenden Brief: »Ich bin gut im Saft und habe deshalb Probleme, ein schönes Kleid zu finden. Rund um Düsseldorf besuchte ich fast dreißig Hochzeitsgeschäfte und probierte sicher hundertzwanzig Kleider an – keins passte. Ich bin fast am Verzweifeln. Mein Freund ist sehr krank, wir haben nicht viel Geld. Um meine kleine Familie perfekt zu machen, will ich heiraten. Können Sie bitte, bitte helfen!« Den Brief schmückte sie mit einem bunten Tulpenstrauß, gemalt mit sieben Filzstiftfarben. Ich weiß es genau, da ich ihre Zeilen, als sie einige Tage unerledigt auf dem Schreibtisch lagen, mehrfach in die Hand nahm, bevor ich sie anrief. Irgendwie rührte mich ihre Geschichte, empfand ich Mitleid mit der Frau, deren Freund an dem unheilbaren Morbus Bechterew – der Versteifung und Verknöcherung von Knochen und Gelenken – litt.

Und da stand sie nun halbnackt vor mir: Konfektionsgröße 68, stattliche 1,81 Meter Bauchumfang – nie vorher hatte ich so viel lebendiges Fleisch gesehen. Da genügte nicht mal mein Schneidermaßband. Es endet bei 150 Zentimeter. Ich brauchte ein zweites! Der String-Tanga – durch ihre Fülle unsichtbar. Ich erinnere mich vor allem an ihre drei Bauchschürzen. Die erste verdeckte die Oberschenkel, die zweite die Mumu, die dritte überlappte die zweite Bauchschürze.

Die Beleibten sind meist die einfachsten, weil anspruchslosesten Frauen. Sie wollen nichts weiter als authentisch und schön sein. Sie haben schon so viele Enttäuschungen, Demütigungen, auch viele böse Worte erlebt. »Ich war ein dickes Baby, ein dickes Kind, ein dicker Teenager. In der Schule nannte mich ein Lehrer mal gegenüber Mitschülern Riesenbaiser«, verriet mir Jacqueline von ihren

Qualen. Als sie vor Jahren ein Kleid in die chemische Reinigung brachte, witzelte die Aushilfskraft: »Für Zirkuszelte gibt's keine Reklamation.« Sie war auf der Stelle umgekehrt, verbrannte aus Frust das Teil. Spott und Gelächter ließen sie unsicherer werden. Sie kaute wie verrückt Körner, trank Pulver und nahm ab. Kurze Zeit hielt sie ihr Gewicht, dann nahm sie wieder zu und wog mehr als vorher. Ihr Leben – eine ständige Achterbahnfahrt zwischen Höhen und Tiefen der Kilos und der Seele. Wem man Illusionen raubt, der ist auch mit weniger zufrieden. Deshalb sind viele Schwerwiegende besonders dankbar.

Als Brautberater muss ich spätestens jetzt Tacheles reden. Manche Frauen vertragen das, andere nicht. Und so sagte ich etwas verschmitzt zu Jacqueline, was ich schon mancher Frau vorschlug: »Es gibt jetzt zwei Varianten. Entweder rede ich Klartext. Darf ich da entwaffnend ehrlich zu Ihnen sein, als wenn ich Sie selbst zum Altar führe? Oder soll ich Ihnen in den Po kriechen? Dann bin ich sehr geschmeidig und einfühlsam, sage nur, was Sie vielleicht sehen und hören wollen.« Die zweite Variante wählte noch niemand! Wer zu mir kommt, weiß mittlerweile, worauf er sich einlässt. Meine vielen Mitarbeiter – alles Frauen – dürfen natürlich nicht so mit den Kunden umspringen. Trotzdem müssen sie diese in die richtige Bahn lenken. Einem Mann, das hat mir die Erfahrung gezeigt, wird da mehr verziehen. Also nehme ich wirklich kein Blatt vor den Mund. Und habe für die Kundinnen mit sehr großen Konfektionsgrößen – also über 56 – einige Vorbereitungen getroffen. Auf keinen Fall dürfen sie auf die Plastikhocker steigen – sie würden zusammenbrechen. Auch sind die Kabinen und Ankleidezimmer besonders groß und gut durchlüftet – damit man genügend Luft zum Atmen findet. Die Kurvenreichen müssen auch etwas früher kommen, damit sie rechtzeitig alles anprobieren können, wir für Eventualitäten eine Lösung finden. Mit ihnen ist die Anprobe nun einmal komplizierter. Sie können nicht, um etwas zu ergänzen, schnell zu Karstadt rübergehen. Auch ich bin besonders gefordert. Bei Größe 32 hängen zehn

Kleider an meinem kleinen Finger. Von den XXL-Kleidern schleppe ich höchstens zwei an beiden Händen auf einmal in die Umkleidekabine.

Für Mädchen, die ja schon seit Jahren alle Geheimnisse kennen, wie sie ohne Sport und Essensverzicht Betrachter ihres Körpers optisch verwöhnen, gibt es mehr Tricks denn je. Da ist die in Amerika erfundene Shapewear-Unterwäsche, die Speckröllchen minimiert, wegdrückt, die Kurven eleganter formt – und in der man höllisch schwitzt – der Renner. Diese Bodyformer verschlanken alles – Oberschenkel, Bauch, Po. Schon Ur-Ur-Oma schwor auf zig Varianten Schnürbrüste und Korsetts. Von den Unter-Corsagen gelten heute jene mit festen Stäben als die Wirkungsvollsten. Doch immer wieder gibt es Bräute, die sich das Geld für die Unter-Corsage sparen. Da wird mit Binden und Wickeln bandagiert. Doch Vorsicht! Nie ohne ärztliche Aufsicht, denn es kann dabei zu Blutstau und Atemnot kommen.

Eine handelsübliche Corsage, diese enden bei 110 Zentimetern, war für Jacqueline leider nicht mehr nutzbar. Ich hatte ihr deshalb schon am Telefon vorgeschlagen, einen gut sitzenden BH mitzubringen. An diesem kann man mit viel Arbeit auch das Corsage-Kleid aufbauen. Und jetzt war ich überrascht, welch phantastischen Busen sie besaß. Viele Frauen geben beim Schönheitschirurgen ein Heidengeld aus, um solch Kunstwerk zu erhalten – sie hatte es schon, ganz ohne Busenschnipsler. Bei den beleibteren Frauen existieren zwei Typen: eine mit großen Brüsten, die anderen ohne. Und dann gibt es noch den Typ Frau, der eigentlich gar nicht so übermäßig üppig ist, jedoch durch rundes Gesicht und riesige Brüste dick wirkt. Während wir das für ihre Figur passende Kleid aussuchten, erklärte ich, worauf es noch ankommt: keine String-Tangas bei der Hochzeit und keinen Slip anziehen, der die Pobacken formt! Bei der Unterwäsche einer XXL-Braut kommt es nicht auf Schönheit, sondern allein auf Zweckmäßigkeit an. Der Mann kennt und liebt sie ja sowieso. Ihr Kleid sollte schon wegen der oft vorhandenen Hämatome komplett undurchsichtig sein. Brautunterwäsche ist ganz anders als die Alltagsunterwäsche. Zur Hochzeit herrscht das Grundprinzip: Wir wollen lange Beine und einen kurzen Oberkörper – damit die Braut schlank und geschmeidig ausschaut. Oft haben XXL-Damen ein wunderbares, glattes Gesicht und sehr schöne Haare. Mit diesen Haaren und einem guten Visagisten kann man sportlicher wirken. Ein rundes Gesicht wird durch geeignete Farbe schmaler. Der erfahrene Visagist legt über Rundungen Schatten, schminkt die Augen größer und empfiehlt eine Frisur, die nicht das Unvorteilhafte noch zusätzlich unterstreicht.

Für die kurvenreichen Bräute braucht man auch ein spezielles Strumpfband, das ich immer aus dem Rest des Brautkleides nähen lasse. Selbst die Kette muss bei kräftigem Hals und Nacken eine Spezialanfertigung sein. Diese Y-Ketten vermeiden, dass der Hals kräftiger, wuchtiger wirkt. Ich gebe immer zu bedenken, die Schleppe kurz zu halten. Denn sie ist ja viel breiter als normal. Und da man das Brautsein kaum trainieren kann, wird alles viel zu schwer. Durch die Zahl der Meter und die Raffungen trägt die XXL-Braut in der Regel die drei- bis fünffache Stoffmenge einer schlanken Braut am Körper. Deshalb sind ab Größe 46 auch gestaffelte Größenaufschläge üblich. Natürlich riet ich Jacqueline zu einem weichen, dezenten, zurückhaltenden Schleier. Über die Schulter bis zur Armbeuge gelegt, lenkt er brillant von kräftigen Oberarmen ab. Lohnenswert ist, um das Kleid ein Unterbrustband von innen und außen zu setzen. Innen mit einem mindestens 5 Zentimeter breiten Gummi. Dieser zieht es an den Körper heran, das Kleid baumelt nicht mehr herum.

Jetzt habe ich aber viel zu viel aus dem Nähkästchen geplaudert, meine Trickkiste zu weit geöffnet. Dick und schick – das muss kein Widerspruch sein, sagte ich und strengte mein Köpfchen diesmal ganz besonders an.

Jacquelines A-Linien-Kleid für knapp 1000 Euro war eine reine Sonderanfertigung. Den Taft ließ ich schon unter der Brust auseinanderfließen. Seitlich fügten wir Öffnungen mit Tüll an. Die Träger wurden bei der Anprobe an ihrem Körper modelliert. Sie wünschte sich, obwohl es meinem persönlichen Geschmack widerstrebte, noch rote Röschen um die Arme. Je fülliger die Braut, umso kleiner sollten die Applikationen sein. Weniger ist meist mehr. Oft tragen sie cremefarbene Stoffe, die zu ihrem leicht gelblichen Hautbild passen. In arabischen Ländern werden die korpulenten Bräute weiß geschminkt oder lassen sich die Haut bleichen. Chinesinnen gehen mit Sonnenschirm umher, damit ihre Haut weiß bleibt. Es wird auch dicke Creme ins Gesicht geschmiert, um keine Farbe anzusetzen.

Plötzlich hörte ich es aus der Umkleidekabine schluchzen. »Ich liebe das Kleid. Das ist meins, das bin ich«, jauchzte sie. Mit Schwiegermutter und Freundin brach Jacqueline in Tränen aus. Ich gab meiner XXL-Braut noch viel mit auf den Weg: Sie solle Bodylotions testen, die Transpiration verhindern, und sich schnell stabile Schuhe mit extrem festem Absatz besorgen, diese jeden Tag bis zur Hochzeit einlaufen. Dann sagte ich ihr, dass man am besten mit der Freundin den Toilettengang im Reifrock üben soll. In den USA gelten, seit man sie bei Partys im Weißen Haus sah, gerade handgemachte Meerjungfrauenkleider als der letzte Schrei. Diese sind hauteng auf den Körper genäht, besitzen keinen Reißverschluss, nur Knöpfe. Zum An- und Auskleiden werden mindestens 30 Minuten benötigt. Mit ihnen ist es schier unmöglich, Toiletten aufzusuchen. Weshalb sich Frauen neuerdings für die Hochzeit sogar Inkontinenz-Einlagen tragen. Aber darauf kann meine XXL-Rubens-Braut im Kleidertraum ihrer Sehnsüchte getrost verzichten.

Ich konnte später vom Fenster aus beobachten, wie sie überglücklich, Hand in Hand, mit ihrem Liebsten Richtung Bahnhof eilte. Wie viele Frauen, die besonders gut im Futter stehen, hatte sie einen schlanken Freund.

Drei Stunden
für Haar & Make-up

Sollen Frisur und Make-up wirklich perfekt sein, wollt Ihr mit
wunderschönem Haar, Gesicht und Händen vor dem Altar stehen, gibt
es viel zu bedenken. Wie beim Kleid sind **kluge Beratung, langfristige
Vorbereitung und viel Zeit** dafür unerlässlich. Oft legen sich ja
Brautberater und Friseur mächtig für die Kundin ins Zeug, geben das
Beste. Doch nicht immer ist das Beste der Experten auch das Beste für
die Braut. Nur wenn Brautberater und Coiffeur Hand in Hand gehen,
kann das Ergebnis optimal werden. Denn die Haarkünstler denken
natürlich an Frisur und Gesicht, vergessen mitunter Kleid und Schleier.
Der größte Fehler ist, beim Hochzeits-Outfit die Probefrisur in der
Kalkulation zu vergessen. Diese ist bei vielen Profis bereits in der
Frisur vom Hochzeitstag enthalten und dadurch scheinbar kostenlos.
Wer die Haare macht, muss natürlich wissen, was Tango ist. Stehen
zum Beispiel der Ritt auf dem Hochzeitspferd oder eine Fahrt im
Cabrio bevor? Mit **Probefrisur** und **Probe-Make-up** geht Ihr dann
ins Brautmodenfachgeschäft, sucht die Accessoires aus. **Lasst Euch
unbedingt von den gleichen Bezugspersonen begleiten, welche
bereits beim Kleiderkauf dabei waren!** Dieser ist übrigens komplett
abgeschlossen – da wird nicht mehr dran gerüttelt. Bleibt standhaft
gegenüber Brautkleidnörglern. Es gab schon Stylisten, die redeten der
Braut ihr Kleid aus. Lasst keine Experimente an Eurem Körper zu – alle
verfälschen! Fangt auch nicht an, Euch selbst zu betrügen! Selbstbetrug
ist die versteckte Form der Eitelkeit. Fallstricke lauern überall: Bei Kleid
und Stylisten habt Ihr nicht gespart, aber beim Lippenstift. Doch der
schöne rote der Freundin erweist sich als nicht kussecht … Achtet auf
kleinste Details, dass wirklich alles hochzeitstauglich ist! Friseur und

Visagist – nicht jeder, der es selbst von sich glaubt, verkörpert wirklich beide Berufe gleichermaßen exzellent in sich. Hört Euch bei anderen Bräuten um. **Lasst Euch nicht von angeblichen Referenzen einwickeln, von Phantasienamen wie Hair Academy, Hair Artist oder Hair Fashion blenden.** Leider sind heute viele Luftikusse unterwegs. Ich rate immer zum gut geführten Fachgeschäft und zum Friseurmeister oder der Friseurmeisterin, die eine ordentliche Ausbildung durchlaufen, bei der Meisterprüfung unter den Augen einer Fachjury ihr Können unter Beweis gestellt haben. Diese sind auf jeden Fall in der Lage, außergewöhnliche und faszinierende Frisuren zu machen. Wer auf Nummer sicher gehen will, erkundigt sich bei der Handwerkskammer nach Innungsmitgliedern. Schlagt Ihr meinen guten Rat in den Wind, können schon vor dem Brautkuss die Nadeln über Euer Gesicht rieseln oder die mit dem 3,50-Euro-Hairspray angepappte Haarpracht löst sich spätestens bei der Hochzeitssuppe in Luft auf. Fragt, ob Frisur und Make-up selbst bei 30 Grad Außentemperatur, Schweiß, Klimaanlage und hoher Luftfeuchte in Form bleiben. Lasst Euch keine Haarteile einbauen, die nicht authentisch erscheinen. Eine Kundin hatte ein besonders sportliches Kleid und ließ sich gegen meinen Rat die Frisur durch mehrere Haarteile aus Polyester verlängern. Das Spray war auch nicht glücklich gewählt. Die Pracht lud sich elektrostatisch auf, ihr Kopf sah ganz schnell so wirr wie der von Albert Einstein aus. Euer Make-up muss zu Tages- und Jahreszeit, zu Typ und Kleid passen. Weißes Kleid und helle Haut, dazu rote Sommersprossen – da hat der Brautberater das falsche Kleid ausgesucht! Dann muss der Visagist den Reparaturpinsel ansetzen, um das nur unter Kunstlicht probierte Kleid auszugleichen. Denn diese Braut sieht aus wie eine, die sich kurz vor dem Kreislaufkollaps entschied, zu heiraten. Deshalb sind Stylist und Visagist mitunter die letzte Instanz, ein Brautkleid zu retten. Nicht immer ist Muttis Schlafzimmer für die große Prozedur vor der Hochzeit ideal, für die Ihr mindestens drei Stunden einplanen müsst.

Dutt, Chignon, Banane, Haarkranz, Curlies, Perlen, Steine, Blüten, Spangen – **nicht alles, was gerade modern ist, muss Euren Kopf**

zieren. Vertraut nur jemandem, der Eure Haare kennt! Solltet Ihr
Schmuck und Accessoires selbst im Ramschladen kaufen – Vorsicht! Es
gibt Haarkämme aus Asien, die nach 30 Minuten abbrechen, allergische
Reaktionen auf der Kopfhaut hervorrufen. Oft ist der im Fachhandel
angebotene Haarschmuck auch viel leichter als jener vom Basar. Mancher
kommt trotzdem auf 500 Gramm. Entscheidet Ihr Euch für die üppige
Variante, kauft lange vorher einen provisorischen Fascinator, einen
billigen Hut, tragt beides zur Probe auf Arbeit, testet, ob Ihr davon keine
Migräne bekommt. Wer unbedingt gut behütet zur Hochzeit schreiten
will, bedenkt: Hüte hinterlassen eine Schweißkante, pappen die Haare
zusammen. Bis Ihr ins Bett geht, muss deshalb der Hut auf dem Kopf
bleiben. Auch ist es ein Risiko, die Haare von der Freundin machen zu
lassen. **Vergesst auf keinen Fall die Maniküre. Die Hände mit den
Trauringen wollen alle bestaunen.**

Auch »untendrunter« schick und perfekt!

Liebe Brautleute, Ihr habt euch ein wunderschönes Kleid und einen schicken Anzug gekauft! Denkt bitte daran, dass ihr Euch in der Hochzeitsnacht vermutlich aus den Roben pellt und **dann die weiblichen Formen so umschmeichelt sein sollten, dass es auch am Morgen noch lecker aussieht.** Ich kenne viele Mädels, die ihre Brautdessous schon vor dem Kleid besorgen. Das kann gründlich schiefgehen. Denn die Unterwäsche richtet sich nach dem Kleid. Ihr solltet **so wenig wie möglich, aber so viel wie nötig tragen.** Nötig ist seit über 400 Jahren zumeist die **Corsage.** In ihr ersetzt man die Träger durch geschlossene Caps und Stäbe. Letztere halten Eure Brust in der idealen Höhe. Ich meine mit einer Corsage nicht, was Ihr in jedem Billig-Modehaus hängen seht. Rollen sich die Stäbe schon auf dem Bügel nach außen, hält darauf niemals das Brautkleid. Brautkleid-Corsagen sind Spezialanfertigungen, welche unter 100 Euro in der geeigneten Qualität nicht zu finden sind. Ihr großer Vorteil: Das Brautkleid lässt sich mit der Corsage verbinden. Am Rücken und auf den Caps nähen wir Druckverschlüsse auf. So bleibt die Unterwäsche unsichtbar und das Kleid, wo es soll.

Natürlich könnt Ihr auch zum **BH,** den es in fast unzähligen Varianten gibt, greifen. Er hat den Nachteil, dass er öfters mal zurechtgerückt werden muss. **Entscheidend ist das Kleid und welcher BH dazu passt:** Die eleganten schulterfreien Kleider sind eine besondere Herausforderung. Bandeau-BHs oder Balconett-BHs mit abnehmbaren Trägern verleihen der Brust Form und Halt. Da die Cups dieser Varianten im Gegensatz zum Vollschalen-BH oben fast gerade abschließen, sind beide – wie der Halbschalen-BH – auch für alle Kleider mit geradem

Ausschnitt geeignet. Der Außenträger-BH zaubert bei Kleidern mit weitem Ausschnitt ein großartiges Dekolletee, bleibt jedoch selbst verborgen. Zum Neckholder-Hochzeitskleid wird vielfach der Multiway-BH empfohlen. Für die ganz figurbetonten, extrem sexy Hochzeitsroben aus feinsten, sich eng an den Körper schmiegenden Materialien, kommt ein BH mit feinen glatten Cup-Schalen in die engere Auswahl. Schalen- oder T-Shirt-BHs verhindern bei tollem Dekolleté unerwünschte Abdrücke. Push-Up-BHs oder Dekolletee-BHs sind die erste Wahl bei den Hochzeitskleidern mit tiefem Ausschnitt. Für die trendigen tiefen Rückenausschnitte gibt es natürlich auch BHs. Dieser tiefgelegte Wonderbra hat statt des normalen Verschlusses lange Bänder, die man um die Taille wickelt. **Tragt unter dem Brautkleid, was Euch auch sonst bequem ist.** Also Pantys, Strings oder die ganz klassische Slip-Variante. Denkt immer daran, Ihr könnt den Sitz des kneifenden Slips kaum korrigieren. Das wird schon durch den Reifrock unmöglich. **An Strümpfen empfehle ich nur halterlose.** Beim Gang zur Toilette kommt man aus keiner Strumpfhose raus, weil das Kleid bis unter die Taille eng und nicht beweglich ist. Strapse gehen also auch nicht. Kniestrumpf und Füßlinge sehen bäuerisch aus, verbieten sich von selbst. Also entweder – wenn man es kann, wenn man es aushält oder wenn es zu heiß ist – überhaupt keinen Strumpf. Oder eben die halterlosen, zum Kleid passenden Strümpfe. **Auf keinen Fall die billigen, welche herunterrollen.** Zur noblen Corsage gibt es Ausführungen mit drei Gummirändern, die eine Hochzeit gut überstehen. Allerdings nur, wenn man sich nicht zu sehr mit Bodylotion eincremt. **Wegen der Laufmaschen sind Reservestrümpfe ein Muss.** Es gibt auf dem Markt der unbegrenzten Möglichkeiten mittlerweile aber auch ganz ausgefallene Hochzeitskleidmodelle, bei denen keinerlei Unterwäsche möglich ist. Da arbeiten wir für das bessere Gefühl maximal einen Cup oder einen Push-up ein. Bedenkt aber in der Euphorie des Kaufes: Wenn Ihr unter dem Kleid splitternackt seid, wird der lüsterne Gast oder Onkel, der Dich ganz dicht an sich heranzieht, fast am blanken Busen kleben! Dazwischen nur die hauchdünne Spitze.

Fiasko beim Polterabend und andere Peinlichkeiten

Ich führe keine Statistik über nicht abgeholte Hochzeitskleider und die damit schon vor der Trauung gescheiterten Ehen. Doch mir scheint, dass es jedes Jahr mehr werden. Die zwei Hauptschuldigen auf der Anklagebank heißen für mich: Junggesellen- oder Junggesellinnenabschied und Polterabend! Mindestens sechs von zehn geplatzten Hochzeiten – so hat es Hochzeits-Staatsanwalt Uwe berechnet – gehen auf deren Konto. Es ist wie verhext. Schlendere ich am Nachmittag oder Abend über den Berliner Ku'damm, stoße ich mindestens auf zwei dieser skurrilen Gesellschaften: Männergruppen oder die Mädelsvariante in ausgeflippten Kostümen, meist sehr angeheitert und häufig Wochen vor dem Polterabend noch mal richtig Unfug treibend. Dieses Mittelding zwischen Fasching, Klamauk, Mobbing, Flatratesaufen und Sexismus halte ich für das wirklich Primitivste, was so an Sittenverfall mit Filmen und TV-Serien wie »Hangover«, »Brautalarm« oder »Last Vegas« aus England

und den USA herüberschwappte. Ob sie nun mit Bollerwagen, Bier-
bike, per Stretchlimousine oder gar einem Partybus die Gegend un-
sicher machen, ihre Rituale sind ähnlich dämlich. Alle tragen das
gleiche T-Shirt. Frauen küssen wildfremde Männer. Der oder die
bald aus dem Kreis der Junggesellen Ausscheidende wird durch ein
besonders affiges Kostüm bloßgestellt, ja gebrandmarkt. Oft müssen
die so durch den Kakao gezogenen Hauptpersonen einen Nuckel im
Mund tragen oder in der Öffentlichkeit betteln und hausieren, beispielsweise Lollis, Kondome oder Likörfläschchen an Passanten ver-
hökern. Die Einnahmen dienen nur einem Zweck – dem gemeinsamen Suff. Beschränkt sich diese von Freunden oder Trauzeugen
organisierte fragwürdige Feierei in Deutschland gottlob nur auf einen Tag, ist im englischsprachigen Raum mitunter mehrtägiges Ge-
hirnabschalten angesagt, gibt es sogar auf diesen Blödsinn speziali-
sierte Agenturen. Eine schockierte Freundin musste in Irland eine
solche »Hen Night« beziehungsweise »Hennenabend« im Nachtklub
mit rein weiblicher Gästeliste miterleben. Dieser vorhochzeitliche
Brauch begann harmlos mit Geschenken an die Braut, setzte sich mit
wüstem Alkoholkonsum und splitternackten Vibratorspielen fort,
endete im Vollrausch, bei dem drei Frauen wegen Alkoholvergiftung
klinisch behandelt werden mussten.

Eine Braut verriet mir neulich in der Umkleidekabine, dass sie
von ihren Freundinnen ein gut verpacktes Geschenk bekam. Sie
sollte erraten, was drin sei. Bei jedem falschen Tipp musste sie ein
Kleidungsstück ablegen, einen Whisky trinken. Am Ende war sie
völlig entblößt und ziemlich betrunken. Sie hat sich danach schrecklich geschämt und mied seither den Kontakt mit den Anstifterinnen.
Ich hörte von Partys, wo man Drogen untermixte, kiffte, Ecstasy
oder KO-Tropfen verabreichte.

Liebe Bräute, liebe zukünftige Ehemänner, lasst Euch ins Stammbuch schreiben: Wer so etwas aus dem Ruder laufen lässt und ohne
jegliche Grenzen hemmungslos über die Stränge schlägt, hat keine
Hochzeit verdient. Wem der Abschied so unheimlich schwer fällt,

der sollte einfach bei seinem liebgewordenen Leben ohne Verpflich-
tungen bleiben! Manche Ehen schafften es ja auch früher nur bis zur
Scheidung. Doch heute gibt's immer öfter schon viel früher Total-
schaden. Ganz gefährlich sind da die Polterabende. Wer die wohl erfunden hat? In der Bibel steht davon kein Sterbenswörtchen. Ihren
Ursprung zu beweisen ist Generationen von Forschern noch nicht
gelungen. Zumindest das Zertrümmern von Steingut und Porzellan
halten manche für ein Relikt germanischer Opferriten, andere deu-
ten die angeblich aus dem Dunst des Mittelalters herrührende sym-
bolische Vorwegnahme der Defloration in der Hochzeitsnacht hinein. Wie bei der Silvesterknallerei soll Lärm böse Geister, Monster,
Drachen, von Teufel oder Satan gesandte Widrigkeiten und irgendwie auch Krankheit und Tod vom jungen Paar fernhalten. Die Ent-
sorgung des Scherbenhaufens stellt die erste Probe des gemeinsamen
Anpackens dar. Wenn das schon schiefgeht, solltet Ihr gleich alles
abblasen. Passt auf! Glasscherben bringen Unglück. Wenn jemand
aber sogar heimlich einen Spiegel poltert, hat das Paar angeblich sieben Jahre Pech. Allerlei heidnischer Schnickschnack kann das Höl-
lenspektakel begleiten. Von einem aus dem Bremer Umland hörte
ich folgendes: Schlägt bei ihm im Dorf die Glocke vom Kirchturm
zur Mitternacht, muss unverzüglich die Hose des Bräutigams mit
einem Eibenzweig vom Friedhof, dem Schwanz eines Ferkels und
einem Stück Fußnagel verbrannt, die Asche nebst einer Flasche Kla-
rem beerdigt werden. Das bei gemeinsamen Unternehmungen oft
benutzte Paar Schuhe der Braut wird in Höhe ihrer Körperlänge
an die bemooste Seite einer alten Trauerweide genagelt – damit sie
dem Manne nie fortläuft.

Anders als früher gibt es heute keine ehernen Zeitpläne für die
Bräuche und Feste rund um die Hochzeit mehr. Logischerweise steht
am Anfang die Verlobung. Oder auch nicht. Denn manche verloben
sich jede Woche neu und heiraten nie. Andere haben sich nie verlobt
und geben plötzlich bekannt: Wir sind verheiratet! Die Praxis der
Freundschafts- und Verlobungsringe, die links getragen werden, hat

hierzulande eigentlich keine Tradition, ist das Ergebnis intensiver Verkaufsbemühungen der Ringhersteller. Normalerweise schenkt nur der Verliebte seiner Auserwählten einen Ring. Natürlich wird man sich den Schwiegereltern vorstellen oder ihnen vorgestellt werden. Eine Verlobungsfeier oder die förmliche Bekanntgabe der Verlobung halten nur noch wenige für opportun. Im Gegensatz dazu ist der Polterabend für viele unerlässlich, auf dem Lande kann er sogar ein Muss sein. Damit Braut und Bräutigam nicht zu verkatert heiraten, ist der Hochzeitsvorabend schon längst nicht mehr der Termin der ersten Wahl. Auf jeden Fall ist ein Polterabend die Möglichkeit, mit Bekannten, Freunden, Nachbarn und Dorfbewohnern zu feiern, die den Rahmen der Hochzeit sprengen würden. Mit meinem Geschäft hat das, da keine vorgeschriebenen Kleiderordnungen existieren, nichts zu tun. Wir spüren nur die negativen Auswirkungen.

Wie bei der Braut mit den zwei Golden Retrievern Castor und Pollux aus Hannover. Die Versicherungskauffrau hatte sie als Welpen bekommen. Ob Arbeit, Freizeit, Urlaub – beide waren die letzten sechs Jahre nie von ihrer Seite gewichen. Bei der Brautkleidanprobe kümmerte sich der künftige Mann um die Vierbeiner. Wir brachten ihnen Wasser und Hundefutter vor die Tür. Damit sich die Hunde nicht erschreckten, verzichtete das Paar auf die Polterei beim Polterabend. Doch dann kam die Überraschung der Freunde – ein opulentes Feuerwerk! Und das ging komplett schief. Beide Hunde büchsten aus, wurden über Tage nicht gesehen. Die Frau war mit den Nerven so am Ende, dass sie die Hochzeit ausfallen ließ. Mit Knall und Bumm hatten Gäste ihr ganzes Glück zerstört.

Je weiter man von der Stadt ins Dörfliche kommt, umso größer und toller werden die Polterabende. Aber meist auch zivilisierter. Weil Entgleisungen – auch die ungeplanten verbalen –, die sich in der Anonymität der Stadt verbergen lassen, hier in aller Munde bleiben. Die Dorf-Polterabende sind zwar heftiger, aber nie pervers. Da wird aus Jux schon mal eine ganze Lkw-Ladung Waschbecken und Ofenkacheln geworfen. Besonders wo die Freiwillige Feuerwehr, diese verschworene Männergemeinschaft, ins Spiel kommt, muss man auf allerhand böse Scherze gefasst sein. Toilettenbecken und Badewanne im Haus sind plötzlich mit Sand gefüllt und Blumen bepflanzt. Die Hauptsicherung wird rausgedreht und in absoluter Finsternis tritt das Paar auf mit Wasser gefüllte Luftballons. Nachthemd und Schlafanzug werden zusammengenäht – manch Brautpaar raubt dies den letzten Nerv.

Ein gar nicht mehr so seltener Sonderfall ist die Polterhochzeit, die am Hochzeitstag die traditionelle Feier mit dem Polterabend verknüpft.

Egal, was und wie gefeiert wird – wir sind immer mittendrin in Freud und Leid. Denn Brautkleider werden oft erst einen Tag vor der Hochzeit abgeholt. Manche haben schon eine gemeinsame Wohnung oder ein Haus mit dem Bräutigam, wollen unter allen Umständen vermeiden, dass er in seiner Neugier das Kleid sieht. Damit es sich in voller Pracht entfaltet, richtig gut aussieht, dämpfen wir es auf. Das geht zu Hause, wo ein Kleid vielleicht im Schrank zusammengequetscht auf seinen großen Tag wartet, nicht so professionell. Wird die Braut in der elterlichen Wohnung eingekleidet, holen es mitunter die Mütter vier oder fünf Tage vor der Hochzeit ab. Oft macht sich die Braut auch beim Friseur und Stylisten schick. Die besten Vertreter dieser Zunft haben dafür Separees. Warum erinnere ich mich aber so oft an negative Beispiele, an schiefgegangene Fälle? Es ist mein mitfühlendes Herz, das mich mit den Bräuten leiden lässt.

Denn werden Spaß und Schabernack übertrieben, kann das Polterabendfass überlaufen, droht die Hochzeitsexplosion. Freunde eines Gastronomen organisierten für den Bräutigam, der eine frühere Angestellte zum Altar führen wollte, einen wahrlich pompösen Polterabend. Der Clou: Drei Kellnerinnen waren als Servicekräfte verkleidete Edel-Hostessen. Jene bildhübschen und äußerst freizügigen Studentinnen, die sich zum BaföG gern was dazuverdienen. Doch die Party-Gag-Organisatoren hatten nicht mit der Schwiegermutter gerechnet. Diese belauschte den künftigen Schwiegersohn mit einer der drei Rotlicht-Schönen, als es im Aufwaschzelt knutschend zur Sache ging, machte heimlich Beweisfotos. Zwanzig Minuten später war die halbe Gesellschaft – alle zur Braut gehörenden Personen samt dieser – verschwunden. Das Kleid wurde rückabgewickelt, indem die Braut eine Abstandszahlung leistete. Ich sagte tröstend zu ihr: »Wenn Sie solche Freunde haben wie ihren Mann, brauchen sie keine Feinde.«

Die Kellnerin fand wenig später ihr Glück bei einem Rechtsanwalt, ist heute Mutter einer süßen Tochter. Der verhinderte Bräutigam hat gerade die überübernächste neue Liebe am Wickel. Typisch für ihn: Die Mädels gleichen der verflossenen fast aufs Haar. Hoffentlich wiederholt er nicht auch den gleichen Fehler.

Geld spielt keine Rolle – angeblich

Wer wie ich Zehntausende Bräute eingekleidet und auf den schönsten Tag des Lebens vorbereitet hat, den sollte eigentlich nichts mehr aus der Fassung bringen. Doch dieser Parvenü – so nannte man schon im alten Frankreich unkultivierte Emporkömmlinge, die zwar schnell zu Geld kamen und sich besseren Kreisen zugehörig fühlten, aber nicht in gleichem Maße guten Anstand und Sitte inhalierten – hätte mir fast den Tag verdorben. An einem Donnerstagnachmittag tänzelte der Mittvierziger mit hochgekämmter blondierter Mähne in mein Herrenmode-Geschäft in der Gewandhausstraße. Während Bräute über einen extra Eingang mit Prachttreppe von der Wilsdruffer Straße in die Salons defilieren, haben die anderen vier Abteilungen diese geschichtsträchtige Adresse. Wie dem Namen Gewandhausstraße unschwer zu entnehmen ist, wurden in dem heute noch als Hotel vorhandenen Gewandhaus am Ende der Straße seit dem 18. Jahrhundert Stoffe und Tuchwaren gehandelt, warteten Gewandschneider auf nobelste Kundschaft.

Ich glaube kaum, dass der auf jungen Dandy getrimmte Rolex-Snob im Einreiher mit Weste, dessen ungebügelte Hose und Turnschuhe gar nicht zur teuren Prada-Sonnenbrille passen wollten, sich der Historie bewusst war. Gegenüber meinem Mitarbeiter zückte er, mit dem Oberkörper leicht wippend und durch kühnen Kopfschwung seine hochtoupierte Frisur noch mehr zur Geltung bringend, sofort eine Visitenkarte. Unter eingeprägter goldener Krone und farbigem Wappen prangten das Adelsprädikat »von« sowie acht Vornamen vor dem Namen, der ihn als Freiherren eines uralten Geschlechts auswies. »Gestatten, von …, können Sie mir einen Hochzeitsanzug empfehlen? Geld spielt keine Rolle!«, stellte er sich vor.

Und dann beschäftigte er drei Angestellte fast zwei Stunden lang. Ihm schwebte eine bonfortionöse Marke als Maßanzug vor, die seinem Adelsstatus gerecht würde. Er wollte etwas viel Besseres als Hugo Boss und Karl Lagerfeld zusammen. Es sollte sowohl klassisch, supermodern und hochedel sein. Neben ein berühmtes Modelabel an sichtbarer Stelle müsse auch das Wappen seiner vornehmen Familie gestickt werden. Mit selten anzutreffender Überheblichkeit behandelte er meine sichtlich angefressenen Angestellten, die trotzdem die höflichen Dienstleister spielten. In Rage, dass sie seinen Wünschen nicht genügend nachkamen, verlangte er schließlich den Chef persönlich. Mir war sofort klar, dass es mit so einem hochnäsigen Kunden kein Spaziergang werden würde. Also ließ ich beiläufig fallen, dass auch Jetset-Größen, TV-Moderatoren und Persönlichkeiten aus Politik, Wirtschaft und Wissenschaft schon zu »Fashion by Uwe Herrmann« griffen. Da probierte er noch einen Stresemann, den man normalerweise beim Gala-Dinner oder Staatsempfang trägt. Der große Gesellschaftsanzug aus alleredelstem Tuch verfügte über steigende, satinbesetzte Revers, Schöße mit Mittelschlitz, Hose mit doppeltem Seidengalon ohne Umschlag, Frackhemd mit Piquébrust, Kläppchenkragen, Manschetten mit Knopflöchern, weiße Piquéschleife, weiße Piquéweste. Er hatte schon die schwarzen Seidenstrümpfe und passende schlichte schwarze Lackschuhe an. Als ich ihm sagte, dass ein Juwelier auf die goldenen Manschettenknöpfe sein Wappen gravieren könne, sah ich ein selbstgefälliges, zufriedenes Grinsen über sein Gesicht huschen. Alles saß wie angegossen. Doch nachdem er sich immer wieder vor dem Panoramaspiegel gedreht hatte, versteinerte seine Miene. Aus ihm platzte heraus: »Wenn hier wenigstens Armani, Cerruti oder Ralph Lauren draufstehen würde. Aber Herrmann – das kann ich der Ehre meiner Familie wirklich nicht antun.« Ein Satz wie ein Peitschenhieb. Er wurmte mich.

So wie es mich ärgerte, als eine Mode-Bloggerin meine Kreation wenig kreativ nannte. Jene modernen Modekritiker fühlen sich heute übermächtig. Am liebsten wollen sie über Leben und Tod der Designer bestimmen. Ich nenne sie die Kinder von Caligula. Dieser halb wahnsinnige römische Kaiser machte sich durch grausame Hinrichtungen und Willkürakte einen Namen. Der Sadist musste nur seinen Daumen senken – und Widersacher waren des Todes! Wie vor 2000 Jahren Caligula scheint heute manch Modeblogger seinen Daumen nach Gutdünken zu heben oder zu senken. Doch im Gegensatz zu den wirklichen Modejournalisten, die ihr Fach studierten und über subtile Kenntnisse zu Stoffen und Entwicklungen verfügen, knipsen einige Blogger nur gestrige Mode ab. Schade, dass es überall Leute in Chefetagen gibt, die auf solche Mainstream-Wellenreiter reinfallen. Gewiss, auch ich bin ein Quereinsteiger, und es war mir nie peinlich. Ich habe schon als Kind angefangen, meine Ideen und Träume zu leben. Mein erstes Kleid schneiderte ich für Piggy, meine Puppe. Da war ich sechs Jahre alt. Oma Charlotte und Mutti halfen mir noch etwas beim Nähen. Ich suchte Stoffreste aus ihrem Flickkorb. Wenn ich bei Nachbarn Flaschen und Altpapier sammelte, um mir etwas das Taschengeld aufzubessern, war es die größte Freude, Stoffe aus Lumpenhaufen zu angeln. 1978 wollte ich eine Hose haben wie die schwedische Popgruppe ABBA. Da trennte ich die Beine einer Blue Jeans aus dem Westen an den Seiten auf, fügte den seidig glänzenden Stoff einer roten Fahne und Metallreißverschlüsse ein. Auf gleiche Art fabrizierte ich Hemden. Meine größte Freude war, wenn Freunde fragten, wo ich diese geilen Sachen gekauft hätte …

Mein Weg zum Kleid begann Anfang der 1990er Jahre. Ich lernte nahe Thessaloniki einen Griechen kennen, der Pelzmützen herstellte. Heute würde ich nicht mehr mit Tierfellen handeln, die armen Geschöpfe tun mir echt leid. Doch damals verschwendete ich keinen Gedanken an so etwas. Ich verkaufte zuerst gemeinsam mit Rosi, meiner Mutter, Blaufuchs, Silberfuchs, Rotfuchs, Kaninchen und Nerz auf dem Dresdner Striezelmarkt, dem wohl ältesten Weihnachtsmarkt Deutschlands. Danach Webpelze auch auf anderen Märkten und später im eigenen kleinen Geschäft auf der Hauptstraße in der Dresdner Neustadt. Doch im Frühling und Sommer wird man so was nicht los. Da meinte eine befreundete Kollegin: »Nimm doch ein paar Kleider von mir mit rein!« Als ich merkte, dass ihre Abendkleider super liefen, setzte ich mich in meinen Opel und fuhr zum Otto-Versand nach Hamburg. Dort übernahm ich zum Schnäppchenpreis zweihundert Abendkleider mit kleinen Fehlern aus Retouren. Erst habe ich sie professionell gereinigt und dann mit einer Schneiderin durch kleine Accessoires verschönert. Als ich merkte, dass die aufgehübschten Kleider Käuferinnen fanden, habe ich die ersten selbst kreiert. Zu Hochzeitskleidern war es dann nur noch ein Schritt. Meine Angestellte hatte eines Tages keine Lust mehr, für den Winter Webpelze zu nähen, erklärte: »Lieber wären mir Hochzeitskleider.« Das brachte mich auf die Marktlücke. Ich fing mit Pelzjacken für Brautkleider an. Schließlich landete ich in der Braut- und Abendmode.

Doch wie ging das mit dem unsympathischen Adelsherrn aus? Er schwirrte von dannen, ohne auch nur ein Taschentuch zu kaufen! Aber meine Verbeugung an der Tür muss ihm irgendwie geschmeichelt haben. Einige Wochen später schickte er seine Frau zum Aussuchen von Brautkleidern zu uns: fünfundzwanzig Jahre alt, zierlich, Traumfigur. Sie kam allein und war das ganze Gegenteil von ihm. Eine gelernte Gärtnerin, bescheiden, ehrlich. Sie hatte einen kleinen Buben in die Beziehung mitgebracht und gerade den zweiten Jungen geboren, sah aber noch aus wie Lady Di in der Blüte ihrer Jugend. Ihr war es peinlich und sie hielt es für pure Verschwendung, für die Hochzeit drei Kleider zu kaufen. Doch ihr Mann hatte es so festgelegt: ein Kleid für das Standesamt, ein weiteres für die kirchliche Trauung, Mittagessen und Kaffee sowie Nummer drei für das abendliche Fest mit 250 Gästen. Ich spürte ihr schlechtes Gewissen, solch Heidengeld für den schönen Schein auszugeben.

Aber sie hatte Angst, nein zu sagen. Wie sie mir verriet, war sie als Halbwaise in einfachen Verhältnissen aufgewachsen. Der Adlige hatte sie bei einer Miss-Wahl kennengelernt und versprochen, ihre schwer herzkranke Mutti mit ins Haus aufzunehmen und über seine private Krankenversicherung die besten Ärzte zu suchen. Fast wie im Märchen, wo sich der Prinz ins arme Aschenputtel verliebt. Ich machte mir trotzdem ernsthaft Gedanken um sie.

Frauen unter dreißig fallen für gewöhnlich nicht auf Heiratsschwindler herein. Je älter die Damen werden, umso öfter werden sie allerdings beschwindelt. In unseren Tagen scheint das Gewerbe des typischen Heiratsschwindlers, der Zeitungsannoncen schaltet, sich zum Tête-à-Tête trifft, bei einer Frau einschmeichelt, um auf ihre Kosten zu leben, sie um Geld und Gut bringt, langsam auszusterben. Schnelle Autos und Outfit allein bringen die Frauen nicht mehr um den Verstand, durch Internet und Google werden sie gewarnt, lassen sich hiesige Kriminelle leichter enttarnen. Allerdings lauert in den Segnungen der modernen Zeit auch gleich wieder die größte und heimtückischste Falle: Romance Scam! Unzählige Frauen allen Alters sind Opfer dieser gefälschten Profile in Singlebörsen. Banden vorzugsweise aus Ghana und Nigeria haben sich auf die Online-Dating-Seiten spezialisiert. Sie fischen hier zielgerichtet einsame Herzen heraus, gaukeln spontane Verliebtheit vor, pflegen über lange Zeit zum Beispiel E-Mail-, WhatsApp- und Skype-Kontakte. Alles mit dem Ziel, per Western Union oder einem Auslandskonto Geld einzusammeln – für das Flugticket zum ersten Date, für die plötzlich erkrankte Tante, den Verkehrsunfall. An Schwindelgeschichten mangelt es nie, immer weitere Zahlungen werden erbeten. Versiegt der Geldquell, verschwindet auch das Internetprofil des Scammers.

Einem Heiratsschwindler war die junge Mama aber nicht auf den Leim gegangen. Dass sich ein reifer Herr mit einer blutjungen Frau schmückt, ist seit biblischen Zeiten üblich. Ich wurde kürzlich mal gefragt, was ich als Designer für ein Alter bevorzuge. Und antwortete mit einer Metapher: Stellen Sie sich vor, ich wäre kein

Modedesigner, sondern Obst- und Gemüsegärtner, bewirtschaftete ein kleines Feld mit Erdbeeren. Würde ich da die von Oma vor zwanzig Jahren eingeweckten, überzuckerten Früchte essen? Oder nicht lieber jene frischen vorziehen, die voller Vitamine stecken und den reinen, unverfälschten Geschmack bieten? Bei den jährlich rund tausend von mir ausgestatteten Hochzeiten – so schätze ich – sind rund zehn Prozent der Bräutigame wesentlich älter als die Bräute. Genau kann ich das allerdings nicht sagen. Denn wenn Männer mitkommen, dann meist Väter. Und die unterteilen sich in drei Gruppen: erstens den preisbewussten Papa. Zweitens jene, die Papas Liebling begleiten, nur dabei sein und bezahlen wollen – egal, was das Kleid kostet. Die dritte Gruppe ist die emotional besonders berührende. Es sind Witwer. Da gibt es oft ergreifende Szenen, höre ich Sätze wie: »Wenn Mama das noch erleben dürfte …« Im Moment, wenn das richtige Brautkleid gefunden ist, die Last von allen fällt, sich Romantik und Gedanken der Braut kreuzen, sie überlegt: Das wird das schönste Kleid meines Lebens. Wie werde ich aussehen, wenn ich vor den Altar schreite und Mutti ist nicht mehr da? Diese Minuten vor dem Spiegel sind für viele ein Gedenkgottesdienst für Mama. Und in diesem Moment des Innehaltens lasse ich Vater und Tochter in Ruhe, ziehe mich zurück.

Ältere Ehemänner haben meist einen besonderen Background, sind Autohausbesitzer,

Unternehmer, Zahnärzte, Leute mit Jahreseinkommen über 100 000 Euro. Wahre Liebe über Generationen treffe ich besonders in Akademikerkreisen. Häufig verlieben sich Studentinnen und junge Absolventinnen in ihren älteren Professor. Die Frauen kommen zu mir als ganz normale Kundinnen. Und weil sie so blutjung sind, empfehle ich ein freches, ein sexy, ein sportliches, zu ihrer Figur passendes Brautkleid. Da kontern sie meist: »Ich möchte es doch lieber etwas konservativer.« Ups, meine Frage kommt da wie aus der Pistole: Sind sie Quäkerin, Jüdin oder Muslima? »Nein, ich heirate meinen Professor, er ist vierzig Jahre älter«, bekomme ich zu hören. Und ihre Vorstellungen ähneln sich auffallend: »Machen Sie mich bitte ein paar Jahre älter und meinen Mann jünger.« Sie nehmen sich dann ein zurückhaltendes Kleid, das sie reifer wirken lässt. Der Mann wird in etwas Sportliches hineingezwängt. Sogar in hellblaue Hemden zum englischen dunkelblauen Anzug mit Weste aus hochwertiger Seide, Schuhe mit Glitzer-Effekt.

Nun hatte es meine Braut weder mit einem Professor noch einem Porsche-Händler zu tun. Deshalb zog ich einen Bekannten zu Rate, der sich in der Welt der Adligen auskennt und mit Genuss gelegentlich Klatsch und Tratsch aus Burgen und Schlössern verbreitet. Der sagte gleich: »Ein Adelsmann solchen Namens ist mir noch nie untergekommen.« Und er fügte hinzu, dass noch vor hundert Jahren jedes Schneiderlein neben Maßband, Schere und Bügeleisen einen Gotha – das genealogische Handbuch des Adels, ein damals unverzichtbares Who's who der feinen Gesellschaft – neben Gütermanns Nähseide und Tuchballen im Regal stehen hatte, um nicht auf einen falschen Aristokraten hereinzufallen, der eventuell sogar mit der Ware, ohne zu bezahlen, flöten ging. Tags darauf das Ergebnis seiner Recherchen. Der Mann der jungen Frau, die gleich drei Brautkleider bestellt und – zu seiner Ehrenrettung muss ich sagen – ordentlich bezahlt hatte, darf zwar den Namen einer bekannten Adelssippe tragen, gehört aber keinesfalls dem Adel an. Er hatte sich vor zehn Jahren gegen Honorar von einem alten, unter Geldnot leidenden

Adligen adoptieren lassen. In bunten Blättern und TV-Shows tummeln sich einige solcher Gestalten. Nach deutschem Namensrecht kann der angenommene Name wie ein Künstlername in den Pass eingetragen werden.

Unser »falscher« Adliger kam nach 1990 im Osten durch Spielautomaten zu einem kleinen Vermögen, war später mit einer Jeansladenkette und einem Yachtverleih gescheitert, hatte für kleines Geld ein verfallenes Rittergut auf dem Dorf gekauft, das er mit Phantasiewappen im Internet als Schloss anpries. Die Märchenhochzeit fand mit vierspänniger Kutsche, Ehrensalven durch den Schützenverein und tatsächlich rund 180 Gästen statt. Ein Partyservice soll noch heute auf der unbezahlten Rechnung sitzen. Wie ich hörte, ging der »Schlossherr« nach der Feier in Privatinsolvenz.

Die Familie ist aber noch beisammen. Denn seine Frau, die viel gescheiter als ihr angeberischer Mann ist, kam jüngst durch Erbschaft eines in die Staaten ausgewanderten Großonkels plötzlich zu einem Vermögen, hat allein Vollmacht über die Konten, lässt den Mann jetzt als Gärtner und Hausmeister für sich arbeiten. Und sie führt ihren Mädchennamen, will mit dem Titelschwindel nichts zu tun haben.

Wedding ohne Blasen

Vom Hochzeitsschuh hängt alles ab! Er ist viel wichtiger, als man denkt, und muss sehr bequem sein. **Der Brautschuh garantiert, dass das Kleid exakt eine Handbreit (entspricht etwa der flachen Frauenhand beziehungsweise 2 Zentimetern) über dem Boden endet.** Nur in genau dieser Höhe sieht es so aus, als ob das Kleid bodenlang sei, die Braut schweben würde. Willst Du mit High Heels oder Pumps zur Trauung gehen, um Dich ein paar Zentimeter größer zu mogeln und später auf einen bequemen Schuh wechseln, riskierst Du die Katastrophe. Denn unweigerlich wirst Du auf das Kleid treten. Zuerst auf den inneren Saum, dann stolperst Du, fällst hin, holst Dir eine blutige Nase, und im schlimmsten Fall zerreißt das Kleid auch noch. Außerdem sehen alle Gäste die »Dachskante« – statt des Spitzensaumes einen hässlichen schwarzen Dreckrand unten am Kleid.

Ich kenne keine Braut, die es in ihren Schuhen länger als zwölf Stunden aushielt. Selbst der geübtesten Ballerina brennen dann die Füße. Deshalb, nach 22 Uhr, wenn alle Fotos gemacht sind, streifen viele die Schuhe ab, manche gehen nur noch barfuß. Weil der Fuß der Braut im Verlauf des Hochzeitstages um eine halbe Schuhgröße anschwillt und sich die Schuhe nicht in gleichem Maße ausdehnen, meine Empfehlung: **Beim Kauf immer eine halbe Größe zugeben.** Das lässt sich wunderbar mit einer Frischesohle aus der Drogerie, der Halbsohle zum Einlegen oder wenigstens mit etwas in die Spitze gestopfter Watte ausgleichen. Nicht nur Form und Leiste des Schuhs müssen perfekt sein. Ich rate zum soliden **Schuh mit breitem Stempel – etwa drei Zentimeter im Quadrat.** Diese kleine Investition lohnt auf jeden Fall. **Der richtige Brautschuh ist ein Stoffschuh:** außen Satin, innen weiche Polsterung für ein echt gutes Tragegefühl. Lieber einen komplett geschlossenen, statt des halboffenen Schuhs. Letzterer hat vier Kanten mehr, die drücken

und Ursache für Blasen sein können. Der Schuh darf auch **keine Sandale** sein. Einzige Ausnahme: Du trägst ein seitlich geschlitztes Kleid, quasi ein Abendkleid in Weiß. Auch **Peeptoes sind ein No-Go.** Viele wollen, damit sie sich die Zehen lackieren können, in diese schlüpfen. Doch da der Gast nur den Vorderschuh unter dem Kleid sieht, erwecken sie den Anschein, die Braut würde barfuß laufen. Rund 140 Euro müsst Ihr für den Stoffschuh kalkulieren – er lässt sich durch einen kleinen Aufpreis nach Euren Vorgaben beziehungsweise Stoffmustern in jede Wunschfarbe einfärben. Das wird besonders bei Farbmotto-Hochzeiten immer wichtiger. Es gibt sogar Frauen, die zwingen ihre Ehemänner heute, Socken, Hosenträger, Schnürsenkel und Haarspitzen in der Mottofarbe zu tragen. Angelina, eine Porzellanmalerin aus Bayern, der ich zum megaschönen Vintagekleid die Stoffschuhe lieferte, hat diese selbst mit dem Kleidermuster verziert. **Clevere tragen die um die Hälfte preiswerteren Turniertanzschuhe** zur Hochzeit. Allerdings mit Leder-, statt der für Tänzer üblichen Chromleder-Sohle. Diese wäre für die Straße gar nicht geeignet. Turniertanzschuhe gibt es in Creme, Weiß und anderen Farben. Und sie verfügen über eine gepolsterte Sohle und eine fußanschmiegende Innenfutterung. **Auf jeden Fall Schuhe mit Riemchen!** Schon manche Braut blieb vor der Kirche im Abtreter oder beim Fotoshooting in der Wiese stecken. Hat man Riemchen, bleibt der Schuh immer am Fuß. Damit sie nicht drücken, mache ich meinen Bräuten innen ans Riemchen ein Silikonband. Statt einzulaufen, versucht die Schuhe zum Beispiel beim Bügeln einzustehen, damit sie nicht kaputt gehen! Denn wer nebenbei Hausarbeit macht, kann hängen bleiben, hat plötzlich einen schwarzen Striemen auf dem Stoff.
Die Herren tragen ihren Schuh immer passend zum Anzug, wobei die Sockenfarbe mit jener des Gürtels korrespondieren muss. Ich spreche da von einem guten aus Leder, keinem klappernden Gummitreter mit Holzabsatz aus Irland!

Ansteckblume, Schleier, Schmuck

Der Hochzeitsteufel hat die Accessoires gemacht – stöhnen die Männer. Doch ganz ohne kommt wohl keine Braut aus. Es gibt Hunderte, und ständig werden neue erfunden. Ich muss mich hier auf die wichtigsten konzentrieren. Mit den Accessoires kannst Du Deinem Kleid eine ganz andere Note geben. Beispielsweise klassisch, im Stil der zwanziger Jahre oder jung und verspielt. Das schlichte, figurbetonte Kleid bekommt durch den 1,50 Meter langen Spitzenschleier, durch Kette und Gürtel mit Spitzenornament, Stulpen mit Spitze einen klassischen Look. Braut-Accessoires sind wie Dekorationen einer schönen Hochzeitstorte. Du kannst alle verzaubern, bei wenig Stilempfinden aber auch alles verderben. Dann gleichst Du dem geschmückten Pfingstochsen oder dem peinlich mit Lametta, Fondantkonfekt, Pfeffernüssen und Glaskugeln überladenem Weihnachtsbaum. Meine Faustregel: Weniger ist oft mehr!

Ich fange immer mit dem Schmuck an. Brauche ich eine Kette? Will ich eine Kette? Nehme ich vielleicht Omas oder Mamas? Gar was Geborgtes? So beginnt die Qual der Wahl. Klassisch sind auf jeden Fall Perlen. Jede Perle eine Träne, sagt der Volksmund. Zur Hochzeit natürlich nur Freudentränen. Modeschmuck aus Glas oder Strass – es gibt wirklich für jeden Geldbeutel etwas. Und in der Regel trägt man diesen speziellen Hochzeitsschmuck nur einmal. Nur die heute immer seltener werdenden Königshäuser lassen ihn extra anfertigen. Show- und Jetset-Stars, die aus dem TV bekannten Schönen und Reichen zeigen bei der Zeremonie zwar gern extra teuren Schmuck. Meist ist der aber nur beim Juwelier ausgeliehen.

Ob Perlen, Gold, Silber, Platin – es gibt nur wenig edle Materialen, aber viele Kettenformen. Diese sollten sich wieder nach dem Dekolletee richten. Die Y-Kette passt in der Regel nicht zum geraden Ausschnitt, die V-Kette aber zum V-Ausschnitt. Eine klassische Perlenkette verleiht immer eine seriösere Note, macht Dich aber auch etwas älter. Deshalb empfehle ich Perlen eher sehr jungen Bräuten, zumal wenn sie einen älteren Mann heiraten. Entscheidend ist auch, ob meine Haut das Material überhaupt verträgt. Viele Ketten haben sogar für den Rücken eine Verlängerung, die das Schmuckelement von vorn in der Rückenansicht wieder aufgreift. Bei den Ohrringen ist die Frisur zu beachten. Hochgesteckte Haare sehen mit längeren Ohrringen eleganter aus. Bei offenen Haaren genügen kleine Steckerchen. Diadem, Haarband, Blumen, Gesteck – wie will ich die Haare schmücken? Alles muss sowohl zum Kleid als auch zum Schmuck passen. Trage ich beispielsweise ein Spitzenkleid und die Perlenkette von Oma, dann wirkt ein Glitzer-Strass-Diadem aufgesetzt und des Guten zu viel. Da wäre etwas ganz Schlichtes, vielleicht eine einzige Perle, die bessere Lösung.

Schleier oder nicht Schleier – das ist die Frage. Mein Empfinden: Die perfekte Braut braucht einen Schleier! Zumindest für die erste Hochzeit, bei der dritten würde ich darauf verzichten. Der Idealfall für den Schleier ist die symmetrische, akkurate Frisur. Dafür benötigt Ihr nur noch etwas Gestecktes am Haar, wo der Schleier Halt findet. Dies kann ein Dutt, ein Knoten oder Flechtwerk sein. Selbst im Lockengewölle lässt sich der Schleier befestigen. Der Schleier sollte so weit oben wie möglich angebracht werden. Denn er muss fallen, darf nicht auf Schultern oder Hals liegen. Unter den Schleiern gibt es wieder jede Menge Varianten. Beim klassischen trägerfreien Kleid muss er den Rücken vollständig verdecken. Nur beim sehr tiefen Rückenausschnitt ist ein Kompromiss zu finden. Der Länge des Schleiers setzt oft nur das Budget ein Limit. Vier bis sechs Meter lange Schleier, die man auch Schleppenschleier oder Kapellenschleier nennt, habe ich schon oft verkauft.

Die Durchschnittsbraut ist allerdings – je nach Konfektionsgröße, größere Größen bedingen längere Schleier – mit einem 60 bis 100 Zentimeter langen Exemplar zufrieden. Viele Frauen fühlen sich beim schulterfreien Kleid mit Schleier angezogener. Wenn feiner, zarter Tüll, den man nach vorn über die Schulter nehmen kann, auf der Haut liegt, lassen sich dicke Oberarme kaschieren, fallen Trauung und Hochzeit noch romantischer aus. **Fascinator – der große Hingucker – wird heute gern als Schleierersatz verwendet.** Dieser festliche Kopfschmuck kann aus Stoff, Spitze oder Federn gefertigt sein. Manche Braut trägt in der Kirche Schleier, später Fascinator. Ältere, elegante Bräute bevorzugen heute fast nur den Fascinator. Junge, verspielte werden zu Schleier, Haarbändern oder dem Blumenkranz greifen – nur beides zusammen passt meist nicht. **Bei den Handschuhen sind eigentlich nur Stulpen** (also mit freien Fingern) im Trend. Die kürzeste Variante endet wie eine Blusenmanschette am Handgelenk, andere reichen bis zur Armmitte, zum Ellenbogen oder Oberarm. Den Verzierungsmöglichkeiten mit Spitze, Glitzer oder Glassteinen sind keine Grenzen gesetzt.

Brautbeutel (der ist immer rund) oder Tasche? Gebraucht werden sie eigentlich nicht. Doch viele Mädels sagen, dass sie ihnen Sicherheit geben, sie einfach etwas in den Händen haben wollen. In den Beutel passen nicht viel mehr als Taschentuch und Pfefferminzdrops, emanzipierte Frauen haben hier noch ihren Personalausweis stecken. Es sind immer süße Accessoires für Hochzeitsfotos.

Zur Braut gehört natürlich auch ein Strumpfband – um die blaue Farbe zu haben. Der Brauch sagt ja, man benötigt zur Hochzeit was Altes, was Neues, was Geborgtes und was Blaues – die Farbe der Reinheit, der Treue. Ich habe Cremeblau, Weißblau, reines Blau und auch andere Wunschfarben im Angebot. Das Band hält schon

lange keine Strümpfe mehr, ist nur Deko. Manche versteigern es, für
andere ist es wie Schleier oder Fächer Erinnerungsstück.

**Auf jeden Fall ist es eleganter, einen Fächer zu nutzen, als mit der
Speisekarte vorm Gesicht zu wedeln.**

Vergesst die Brautschirme nicht! Da gibt es Deko-Schirme, die höchstens
als Fotomotiv taugen, aber auch welche mit echtem Regen- und UV-
Schutz. Bei 35 Grad im Schatten ist ein Schirm unerlässlich – sonst ist das
Make-up futsch, fallen die Haare zusammen.

Ringkissen können das I-Tüpfelchen sein. Ich habe schon Hochzeiten
erlebt, da brachte der treue Familienhund das Kissen samt Ringen zum
Standesbeamten.

Die Aufzählung lässt sich fast unendlich fortsetzen: Brautgürtel mit
und ohne Blumen, Haarkämmchen, Haarnadeln, Curlies, Schals, Stolas,
Jacken …

Mein Alptraum:
Schwiegermonster im Geschäft!

Würde die gute Fee mich fragen, welche zwei Personen sie bei Brautberatungen wegzaubern darf, wäre meine Antwort klar: manch künftigen Ehemann und viele Schwiegermütter!

So selten ein Gemahl in spe Gott sei Dank auch dabei auftaucht, so lästig kann er werden. Wie geistig verwirrt laufen sie durch die Reihen der Brautkleider. Dabei werden kaum Kleider selbst angeschaut. Sie starren vielmehr auf Preisschilder. Ihnen sitzt die Angst im Nacken, die Künftige würde das Budget überstrapazieren. Schon wenn ich die Auserwählten begrüße und frage, wie stellen Sie sich denn Ihre Frau Braut vor, gibt's fast ausnahmslos die gleiche Antwort. »Das ist mir eigentlich egal. Sie wird in jedem Kleid schön aussehen, doch teuer werden darf es nicht.« In diesem Fall frage ich nach der Budgetgrenze, zeige den Anwesenden die infrage kommenden Kleider. Dann nehme ich Braut und Mutter beiseite. Die verraten meist: »Wir machen doch für das Kleid eine Anzahlung. Diese teilen wir dem Bräutigam als vollen Preis mit. Wir haben schon etwas Geld beiseite gelegt, mehr muss er gar nicht wissen!« Halten Männer die Gefahr für gebannt und haben den Eindruck, alles bewege sich in die von ihnen gewünschte Richtung, schwirren sie meist ab zum Mediamarkt.

Tausendfach komplizierter sind da Schwiegermütter. Ich träume seit vielen Jahren nie von realen Frauen, doch von Kundinnen, die Probleme machen. Sie kommen während der Nacht, schleichen sich als böse Königin, als Monster auf feuerspeiendem Drachen oder als barbusige Folterzwergin, manchmal gleich eine Streckbank hinter sich herziehend, in meine Gedanken. Keine Woche vergeht, in der ich nicht irgendwann schweißgebadet aus dem Schlaf schrecke. Denn keine Woche im Geschäft ohne Schwiegermütter!

Wie gestern: Braut Sabrina, eine liebenswerte Diätköchin vom köstlichen Jahrgang 1990, das Gesicht wie die Barbie-Puppe. Wunderschön anzuschauen, mit mandelförmigen, blaugrün-strahlenden Augen, Zähnen wie aus der TV-Werbung, vollem Haar, rotblond und schulterlang, schönen Händen. Sie war fast perfekt: schmaler Oberkörper, Mega-Hammer-Taille, üppige weibliche Rundungen am Po und etwas kräftige Oberschenkel. Im Schlepptau natürlich Uwes Alptraum – ihre Schwiegermutter! Da geht es mir wie Gollum, der Figur aus Tolkiens Phantasiewelt. Einerseits ist die Mutter des Bräutigams eine hochgeschätzte und zu akzeptierende Beraterin der Braut, doch mitunter entpuppt sie sich als Schwiegermonster. Manchmal fühle ich mich wie ein Ghostbuster, der aus dem weißen Schloss der Hochzeitsträume den bösen Geist vertreiben muss.

Sehr oft sehe ich, dass die Frau zwar den Mann ihrer Träume gefunden hat, aber bei der Brautberatung fällt es mir wie Schuppen von den Augen, wen sie da noch mit geheiratet hat. Deshalb mein Rat an alle Bräute: Prüft, wenn die Lovestory noch am schönsten ist, ob die »liebe« Schwiegermama nicht einen großen Strich durch die Ehe-Rechnung macht! Denn viele von denen wollen zwar das schönste, das klügste, das beste Mädchen auf der Welt für den großen Jungen. Aber eigentlich wollen sie eine Schwiegertochter, die ihnen selbst gleicht oder zumindest dem Bild entspricht, das sie von sich selbst gern sehen. Deshalb solltet Ihr unbedingt eine Testphase einlegen, herausfinden, in was für eine Familie Ihr einheiratet. Männer gibt es wie Sand am Meer, aber die falsche Schwiegermutter kann Dein Leben zur Hölle machen! In vielen Jahren habe ich meine Schwiegermutter-Strategie entwickelt. Zu Beginn lasse ich sie nebst Braut, deren Mama und Schwester durch die Räume mit den Kleidern gehen. Dann nehme ich mir die Schwiegermutter zur Seite, ziehe sie vielleicht mit folgenden Worten ins Vertrauen: Ich sehe, Sie lieben Ihren Sohn und Ihre Schwiegertochter. Sofort holen die Schwiegermütter Kataloge und Fotos heraus. Sie fühlen sich geschmeichelt, als VIP, als die wichtigste Person. Und sie finden es wundervoll, dass der Brautberater nicht etwa der Braut oder deren Mama, sondern ihr, der Schwiegermama, den Vorzug gibt. Natürlich bleibt das dem Rest der Gesellschaft nicht gänzlich verborgen. Deshalb erfand ich die Drei-Phasen-Brautberatung oder Schwiegermutter-Mehrschritt-Therapie. So schnappte ich mir in einem günstigen Moment Braut Sabrina zusammen mit der Schwiegermutter und ließ den Rest durch die Reihen der Hochzeitskleider turteln.

Während ich Sabrina zuflüsterte, dass sie das jetzt überstehen müsse, sagte ich laut: Wir wollen doch einmal hören, wie Schwiegermutter über das Kleid denkt. Und dann ließ ich die erfahrene Dame, die selbst wie dem Modekatalog entsprungen ausschaute, nur das Make-up zu dick auftrug, reden: »Herr Herrmann, welche Frage? Schauen Sie sich dieses Gesicht, diese feinen Hände an, wie ein Model. Da kommt natürlich nur ein eng anliegendes Kleid mit langer Schleppe infrage. Damit die Blumenkinder auch was zu tragen haben.« Ich kommentierte das nicht, ließ sie Kleider aussuchen. Um des lieben Friedens willen lasse ich die Schwiegermutter-Kleider meist auch anprobieren. Doch in der Regel sind sie weder passend noch schön.

Das erste war ein sehr preisgünstiges für 590 Euro, ein weißes Meerjungfrauenkleid mit Schnürung bis zu den Pobacken. Triumphierend sagte sie: »Dies wird sitzen wie eine zweite Haut!« Das zweite von ihr ausgesuchte Kleid war wieder weiß und etwas preisintensiver: 1600 Euro! Gleicher Schnitt, edlere Stoffe … Ich fragte sie vorsichtig: »Da ihre Schwiegertochter sehr weiblich proportioniert ist, sollten wir doch eine andere Konfektionsgröße nehmen.« Fragend schaute sie mich durch ihre Brille an, wie ich das wohl meine. Ich lege eine Konfektionsgröße immer danach fest, wo der Körper die größten Rundungen im konfektionierten Bereich hat. Und das war bei Sabrina nun einmal ihr Po. Deshalb suchte ich eine 40 aus, obwohl sie im Oberteil Konfektionsgröße 32 hat. Auf jeden Fall fühlte sich Schwiegermama, weil sie die erste Person war, gebauchmiezelt. Ich bot ihr ein Gläschen Sekt an, ließ sie mit einem Katalog voll Brautfrisuren gemütlich Platz nehmen. Ihren Part hatte sie ja glänzend gemeistert.

Danach wandte ich mich – für die lange Warterei entschuldigend – an Brautmutter und die Schwester. Ihre beiden Kleider nahm ich auch in Empfang und ließ sie ebenfalls in Haarkataloge blicken. Aus der Ferne vernahm ich, wie beide Parteien in Disput über die Brautkleider gerieten. Jetzt erst fragte ich das erste Mal die Braut: In was sehen Sie sich denn? Was haben Sie sich für ein Kleid vorgestellt? Sie sah mich an: »Herr Hermann, Sie sagten öfters in ihrer Sendung den Satz: Darf ich ehrlich sein? Meine Mutter sieht mich in dem einen, die Schwester in dem anderen und die Schwiegermutter in einem ganz anderen Kleid. Ich weiß wirklich nicht mehr, was ich anziehen soll. Alles, was mir gefiel, wurde gestern schon in einem anderen Brautgeschäft madig gemacht. Suchen Sie doch bitte einfach eins aus, das mir steht.« Ich fragte nach dem Budget. Sie erklärte: »Maximal 2000 Euro, günstiger ist besser.« Ich nahm sie bei der Hand: »Wir gehen jetzt mal ohne die ganze Gesellschaft vor den Spiegel.« Dort zeigte ich ihr mit Hilfe des Bandmaßes ihre technische Realität. Denn es gibt immer eine Realität, in der sich die Bräute selbst sehen, und dann die unbestechliche des Bandmaßes. Schließlich suchte ich mit dem Versprechen, dass sie ihre 32er/36er Konfektionsgröße im Taillenbereich behalten und an der Seite ihres Freundes – auch ohne dass wir irgendwelchen Pipifax machen müssen – mega hammermäßig aussehen würde, zwei Kleider heraus. Dann saßen wir gemeinsam in der Anprobierrunde.

Ich ließ den von der Schwiegermama ausgesuchten Kreationen den Vortritt. Jenen, welche die Braut frech, sexy und extravagant aussehen lassen sollten. Dann wurde eins von meinen Kleidern dazwischen geschoben. Später die von Brautmutter und Schwester und zum Schluss mein Favorit, den ich gemeinsam mit der Braut herausgesucht hatte.

Die Braut hatte den von mir gern akzeptierten Wunsch, nur mit einem Mädchen zu verschwinden. So ging meine Assistentin mit Sabrina in die Umkleidekabine. Heraus kamen sie mit dem Mermaid-Kleid von Schwiegermutter. Die arme Braut fühlte sich wie eine aufgebrühte Wurstpelle, wollte in diesem Aufzug eigentlich gar nicht die Kabine verlassen. Ich sagte: »Um die Hüften ist das die richtige Konfektionsgröße, doch um Brust und Taille müssen wir gewaltig annähen, acht Zentimeter auf beiden Seiten. Dann sieht es technisch normal aus.« Mutti und Schwester nahmen die Hand vor den Mund, sagten lediglich: Oh! Strafende Blicke der Schwiegermutter fielen auf die zukünftige Familie: Was sollte dieses ungezogene Oh? Und auftrumpfend sagte sie: »Oho, du siehst sehr schön aus. Jetzt erkennt man auch mal deine weiblichen Kurven, die du sonst immer so kaschierst.« Sabrina fragte sie: »Bist du sicher, dass das auch deinem Sohn gefällt?« Im tiefsten Brustton der Überzeugung kam da nur: »Natürlich, es ist ja mein Sohn!« Und sofort fragte sie mich: »Könnte ich gleich das zweite Kleid sehen?«

Das zweite brachte das gleiche Ergebnis, nur mit etwas besserem Stoff. Nun präsentierte ich das erste Kleid, das die Braut zusammen mit mir ausgesucht hatte. Mit perfektem Schnitt, oben sehr eng anliegend. Mit zwei Klammern gab ich der Corsage provisorisch die nötige Straffheit. So sah es wirklich wie eine zweite Haut aus. Sie hatte einen großen Organza-Überrock, der nicht breiter als ihre Hüften war. Sie stellte sich auf den Hocker, schwankte vor Mutter und Schwiegermutter – als ob sie den Hochzeitstanz machen wollte. Man spürte, sie fühlte sich wohl, lachte: »Ich sehe aus wie ein Topmodel.« Schwiegermama schaute, als ob sie der Blitz getroffen hätte, und spuckte die Worte heraus: »Mein Kind, das steht dir zwar gut. Aber das bist nicht du. Du wirkst in diesem Kleid verkleidet, es versteckt deine komplette Weiblichkeit.« Die Schwiegermama schaute mich fragend an, ob ich noch weitere Kleider probieren lassen möchte. Mutter und Schwestern gefiel es sehr gut. So ging es bis es zum finalen Kleid. Mein Topfavorit und der der Braut: Eng anliegende Corsage, Soft-Tüll-Kleid.

Sie hatte mir erzählt, dass ihr Hochzeitsthema rosa sei. Und so schlug ich vor, unter das schöne Kleid rosa Tüll, ein ganz zurückhaltendes Pastellrosa, zu legen. Wie eine Diva schritt sie aus der Kabine: Die Corsage mit ganz glattem Satin überspannt. Auf diesem im Unterbrustbereich eine zwölf Zentimeter starke Spitze, natürlich alleredelste Brüsseler Spitze. Mutter und Schwester jauchzten: »Sabrina, du siehst in dem Cremerosa wunderschön aus!« Zähneknirschend musste auch die Schweigermutter zugeben, dass Weiß nicht Sabrinas Farbe war. Denn zu rotbraunen Haaren passt nur Cremefarbe, fast nie Weiß. Wieder machte Sabrina Tanzbewegungen, hatte Tränen in den Augen, sagte: »Das ist mein Kleid!« Mir fiel ein Wackerstein, nein ein ganzer Felsbrocken vom Herzen. Ich wähnte mich im Finale, wollte gerade die Braut drücken.

Da fauchte die Schwiegermutter: »Das ist vielleicht dein Kleid. Aber ich bin nicht mitgekommen und habe dann überhaupt keinen Einfluss. Ich sehe dich nicht in diesem Kleid.« Mir lief es abwechselnd kalt und heiß über den Rücken. Fast hätte ich Schnappatmung bekommen. Diese Hexe, die macht dir jetzt am Ende alles kaputt! Es war wie der Mückenstich ins Auge. In diesem Moment hatte ich jedoch das Gefühl, dass mir ein Engel zur Seite stand, mich die Muse küsst. Statt sie frech zu stoppen: Halten Sie endlich den Mund, seien Sie froh, dass die Schwiegertochter sich so gut fühlt, sagte ich: »Ich glaube, Sie haben recht!« Da guckten mich riesige Monsteraugen an. Sie war sprachlos, dass ich in ihr Horn blies. Und blankes Entsetzen bei der Braut und ihrer Mutter, dass ich mein eigenes Kleid madig machte. »Bei diesem Kleid fehlt der I-Punkt. Darf ich Ihnen was zeigen.« Ich ging zu Schwiegermutters unmöglichem Meerjungfrauenkleid. »Das ist eine sehr edle Spitze. Was halten Sie davon, dass wir die sehr edle Spitze aus dem von Ihnen herausgesuchten Kleid auf die Corsage machen?« Und zeigte die von der Schwiegermama ausgewählte Spitze, die wirklich viel edler war. Schwiegermutter rief begeistert: »Ja, Sie haben recht, jetzt ist das Kleid richtig schön!«

Und so fanden wir mit dem Schmierentheater den Konsens. Nach dieser Brautberatung bin ich schnurstracks nach Hause gefahren, habe die Sense genommen und das Schilf vom Teichrand geköpft – nur, um mich abzureagieren. Dabei kam mir Oma Charlottes »Schwiegermutterstuhl« in den Sinn. Nicht etwa eine Sitzgelegenheit, sondern ein monströser Kaktus mit elend langen, tückischen Stacheln – sein Name ein Zeichen oder wie die Lateiner sagen: »Nomen est omen!«

Oft stelle ich mir die Frage: Warum sind Schwiegermütter häufig die Bösen? Natürlich kenne ich auch aufmerksame, fürsorgliche, nette Schwiegermütter. Es muss nicht immer der sich überall einmischende, gemeine, hinterhältige und negative Energie verbreitende Typ sein.

Doch auch mir als erfahrenem Brautberater bleiben manche Abläufe unerklärlich. Warum müssen Schwiegermütter opponieren, alles zerreden, kaputtmachen. Meine Erklärung, die ich mir beim Sensen zurechtlegte: Vielleicht sieht sie die Braut als Konkurrentin oder liebevoller gesagt, als Mitbewerberin: Denn das junge Ding kocht jetzt für den Sohn, nimmt ihr nach achtundzwanzig Jahren das Liebste. Bald soll ihr Ein und Alles von so einer jungen Hüpferin beturtelt werden – geht das gut? Ich habe es am eigenen Leib gespürt. Mir fallen Episoden von einer verflossenen Freundin ein: Sie kochte wie ihre Mama, sie bügelte, wie sie es bei ihrer Mama sah. Die damalige Freundin wollte meinen Haushalt managen, wie sie es von zu Hause gewohnt war. Ich denke: Vielleicht meinen es viele Schwiegermütter gar nicht so schlecht. Sie wollen nur, dass der Junge sein gewohntes Zuhause behält. Da kommen zwei Familien mit völlig unterschiedlichen Gewohnheiten und Traditionen zusammen wie zwei tektonische Platten, die wie Naturgewalten aufeinandertreffen. Mitunter kann die »böse« Schwiegermutter gar nichts dafür. Nicht immer ist sie die Unverschämte und die Braut die Arglose. Nicht jeder Konflikt geht von der »alten« Dame aus. Der Einzige, der darunter leidet, ist der arme Bräutigam. Er muss versuchen, auszugleichen, darf weder seiner Mutter noch seiner Frau in den Rücken fallen.

Deshalb Uwes guter Rat: Fragt, bevor ihr plant und macht, zuerst die Schwiegermutter, versucht, einen Konsens zu finden, versucht, die Dämonen zu bannen! Auf zehn Hochzeiten kommen mindestens drei querschießende Schwiegermütter. Das hat weder mit arm oder reich, mit klug oder dumm, gesund oder krank zu tun. Meist geht es um Nebensächlichkeiten, um Organisation und Ablauf der Hochzeit. Die Kleiderfrage ist dann nur Auslöser für Dinge, die schon vorher nicht im Reinen waren. Ich sehe oft, wie die Stimmung kippt. Vor allem, wenn es Organisations- und Absprachedefizite gibt. Oder damit, dass die Braut einfach nicht in die Familie passt. Sohn katholisch, Tochter Atheistin – da knallt es! Schaue Dir die Schwiegereltern an, dann weißt Du, wen du heiratest! So wie Braut oder Bräutigam mit den eigenen Geschwistern reden, werden er oder sie auch bald mit Dir reden. Viele geplatzte Hochzeiten und Scheidungen haben den Grund, dass in die falsche Familie eingeheiratet wurde. Wenn trotz Liebe die Diskrepanzen zu groß sind – kulturelle, religiöse, geistige, finanzielle –, dann wird es platzen. Oder eine beziehungsweise einer ist das Dummchen, der Dumme, muss ständig nachgeben. Ich behaupte, spätestens bei der abschließenden Ringberatung zu wissen, wie lange die Reise gut geht. Aus der Art und Weise, wie beide miteinander umgehen. Es hat zum Beispiel gar keinen Sinn, einen Egoisten zu heiraten.

Tragisch ist, dass ich zwar mit geübtem Blick fast immer die Zukunft erkenne. Doch es gehört nun einmal nicht zur Ringberatung, die Eheprognose mitzuteilen …

Rätselhafte Krankheit:
der Brautzilla-Virus

Amor sandte seinen Pfeil beim Rucksack-Abenteuerurlaub in Nepal. Auf einem Pick-up, der sechs Leute nach ihrer ersten strapaziösen Trekkingtour über staubige Holperpisten ins Hotel der alten Königsstadt Bhaktapur bugsierte. Tanja, die zweiundvierzigjährige Kunstwissenschaftlerin, Expertin für Glas des 17. bis 19. Jahrhunderts, hatte sich trotz Bergschuhen den Knöchel verstaucht und Blasen an den Füßen. Oliver, der zwei Jahre jüngere und mit seiner Jesus-Frisur sehr alternativ wirkende Start-up-Unternehmer der Biotechnologie, war bei einem Halt extra für sie hinab zum reißenden Gebirgsfluss gestiegen, linderte mit seinem nassen Taschentuch ihre Schmerzen. So kamen die Dauersingles ins Gespräch und sich allmählich näher. Eigentlich wollte sich keiner von beiden je binden. Ewig frei und unabhängig bleiben – das war ihr Motto. Sie hatte ihren Ausgleich beim Sport, joggte jeden Tag mindestens 90 Minuten. Er mied Fitnessstudios wie der Teufel das Weihwasser, war der Natur sehr zugewandt. Stundenlang beobachtete er Ameisen und Käfer. Ja, die Organisation der Ameisenstaaten, in denen es sogar Armeen gibt, faszinierte ihn über alle Maßen. Wenn er die kleinsten Wesen der Natur beobachtete, vergaß er alles um sich. Doch der Funken der Liebe änderte alles. Sie standen sich geistig nahe, entdeckten viele Übereinstimmungen. Und der schlaksige Oliver fand sie auch körperlich interessant: ihren knabenhaften Körper mit dem kleinen, zierlichen Busen, dem makellosen Rücken, ihr unschuldiges Aussehen. Nach einigen Monaten zogen Tanja und Oliver zusammen. Und nach einem Jahr war klar, dass sie gemeinsam den weiteren Weg beschreiten wollten.

Ich erinnere mich ihrer Konfektionsgröße 34 und der sanften Gesichtszüge. Sie hatte feingliedrige Finger, Model-Beine, süße 75A-Knospen. Als die 1,78 Meter große Tanja erstmals im Geschäft war, wollte sie das Hochzeitskleid nur leihen. »Ich ziehe es ein einziges Mal in meinem Leben an. Da ist der Kauf doch reinste Ressourcenverschwendung«, sagte sie. Ich musste laut lachen: Alle Bräute wollen das Kleid in der Regel nur einmal anziehen und kaufen es trotzdem. »Warten Sie ein paar Wochen, dann sehen Sie das ganz anders.« Es war zu spüren, dass sie keine Lust auf eine große Hochzeit hatte. Trotzdem gönnte sich das Paar achtzehn Monate Planungsphase. Als sie ihr 900 Euro teures Kleid nach vier Monaten in Augenschein nahm, die Frage: »Kann dazu dafür auch ein Diadem als Kopfschmuck tragen?« Zu ihrem Kleid schien mir das sehr unüblich. So empfahl ich wattierte Naturblumen – echte Blumen, durch Wattestäbchen feucht gehalten, damit sie die Köpfe nicht hängenlassen, elegant vom Friseur in die Haare gebunden. Verkneifen konnte ich mir allerdings nicht, nach dem Sinneswandel zu fragen. »Lieber Herr Herrmann, Sie hatten ja so recht. Unsere Feier soll wirklich schön werden«, fing sie an.

Zuerst hatte sie ihre Schwester informiert, dann eine Freundin. Diese erzählte es der ganzen Weiberclique, und plötzlich wollten alle dabei sein. Beim Mann war es ähnlich. Bruder und Schwester und deren Kinder meldeten sich an. Obwohl lange Funkstille in der Familie geherrscht hatte, schienen beim Thema Vermählung alle begeistert. Und so wurde aus der kleinen Hochzeit von zehn Personen in Mamas Schrebergarten ein Fest mit mindestens hundert Gästen. Längst war die Gartensparte für den Termin Mitte September nicht mehr fein genug. Es musste eine Strandhochzeit im Dünenhotel in Ahrenshoop auf dem Darß sein. Denn eine Freundin schwärmte von dem exklusiven Badeort mit der urwüchsigen Westküste, den traumhaften Sonnenuntergängen, dem Rauschen der Ostseewellen. Statt im eigenen geschmückten Auto zu fahren, orderte man eine weiße Hochzeitskutsche, vierspännig gezogen, der Kutscher in Livree. Auch Bräutigam Oliver, der passend zum Vintagekleid eigentlich in moderner Holzfällerkluft heiraten und wie ein Naturbursche aussehen wollte, konnte sich der Euphorie nicht entziehen. Den Bescheidenheitszahn hatten ihm Freunde und Familie längst gezogen. Da brauchte meine Herrenabteilung keine Überredungskünste mehr. Er griff zu einem leicht uniformierten Gehrock: klassisch wirkender Brokat mit schlichtem Stehkragen. Vier Glasknöpfe, die seine Frau persönlich aussuchte, am Revers. Dazu ein Plastron mit kleinem identischen Glasstein in der Mitte. Cremefarbenes Hemd und Weste passten hervorragend zum Creme ihres Kleides. Seine Steine aus böhmischem Glas, in die zur Befestigung beim Juwelier extra Löcher gebohrt werden mussten, fanden sich jetzt auch im Vintagekleid. Die Braut verriet: »Mein persönliches Feng-Shui. Damit unsere Hochzeit unter einem guten Stern steht!« So kam eins zum anderen. Die schlichte Fete von Rucksack-Touristen mutierte langsam zur Mega-Hochzeit.

Ich bemerke seit Jahren eine geheimnisvolle Wesensänderung, die fast ausschließlich Bräute trifft. Sie planten ein Bäumchen, und plötzlich wird es ein ganzer Wald. Verliebt legen sie ein schmales Budget fest. Aber mit jeder Woche wird alles pompöser, perfekter und natürlich viel teurer. Oft geschehen diese aberwitzigen Vorbereitungen und Bestellungen, ohne die Männer einzuweihen. Selbst aus dem Versenden der Einladungskarten machen Frauen eine Wissenschaft, wollen schließlich gar die Spitze vom Hochzeitskleid auf sie kleben. Oder lassen fünfzehn Monate vor der Hochzeit Kekse backen mit der Aufschrift »Save the Date!«.

In diesem Moment beginnen Männer erstmals, richtig über die Zukünftige nachzudenken. Die Hochzeitsplanung öffnet ihnen die Augen. Ein Großteil von Stress und Zoff bis hin zur abgesagten Hochzeit geht auf diesen rätselhaften Brautzilla-Virus zurück. Es ist sicher hart, den Eifer mancher Bräute mit dem japanischen Filmmonster und Abkömmlingen der Riesenechse zu vergleichen. Doch wer wie ich die schlimmsten Blüten, die dieser tragische Wahnsinn treiben kann, erlebt hat, kommt nicht umhin, sich schaurige Gedanken zu machen. Ist es eine frauliche Hormonumstellung oder die Blockade gewisser Hirnzentren zwischen Hochzeitsantrag und Hochzeit? Nicht immer lässt sich der Virus durch glasige Augen, völliges Austicken, Schreikrämpfe und heulendes Zusammenbrechen sofort diagnostizieren. Oft tarnt sich der entschwundene Verstand hinter dem manchen Frauen eigenen Hang zur Perfektion. Jeglicher Versuch einer Immunisierung – Fehlanzeige! Wie äußert sich der Virus zuerst? Es gibt keine anderen Gesprächsthemen mehr als Hochzeit. Thema Nummer eins: die Trauung. Thema zwei die Hochzeitskutsche. Thema drei das Brautkleid. Thema vier das Hochzeitsessen. Keine Minute, in der du nicht erinnert wirst, dass die Hochzeit näher rückt. Es ist wie psychologische Kriegsführung. Mancher Mann duckt sich nur noch weg vom Kreuzfeuer der auf ihn niederprasselnden Hochzeitssalven. Morgens, wenn der Wecker klingelt: »Schatz, nur noch 196 Tage bis zur Hochzeit! Freust du dich schon drauf?« Kurze Zeit später: »Brauche ich für die Hochzeitsnacht nicht dieses süße Negligee?« In dieser Situation denken die Männer natürlich über die seltsame Metamorphose ihrer Frau nach und ob sie überhaupt die Richtige ist. Wer diese harte Probezeit übersteht, meistert auch einen weiten Teil des Lebens, kann getrost einen Hausbau planen.

Damit der Virenbefall nicht ganz so dramatisch wird, mein Rat: Plane die Hochzeit bewusst und mit Verstand. Nicht, dass Du in der Nacht vor dem wichtigsten Tag des Lebens früh wie ein Zombie aufwachst und fragst: In welches Abenteuer habe ich mich eigentlich gestürzt? Zwei Jahre sollte man schon zusammengewohnt, kleine Reibereien überlebt und die Hierarchie der Aufteilung geprobt haben. Der typische Depp wird ja zu Hause so erzogen, dass er wenigstens den Mülleimer wegbringt. Damit ist seine Rolle klar. Doch wie geht man nach zwei Jahren mit dem Feuerwerk im Bett um? Wie ist das Begehren untereinander geregelt? Will man auch später alles gemeinsam machen, oder hat jeder einen Freiraum? Ganz wichtig beim Hausbau Ehe ist zu schauen, auf welches Fundament man baut. Bevor der Virus ausbrechen kann, also der Hochzeitsantrag gestellt ist, sollte vieles klar sein. Denn hat man sich den Virus eingefangen, bleiben die Ohren für nüchterne Fakten versperrt. In der ersten Phase der Inkubation stellt man sich noch viele Fragen: Ist es überhaupt die richtige Frau oder der Mann? Könnte ich noch etwas Besseres finden? Das ist der alte Psychotick von Dauer-Singles! Denn es wird immer etwas Besseres geben. Tragisch für die alte Single-Lady, die erst im Rollstuhl in der Seniorenresidenz zur Erkenntnis gelangt: »Hätte ich doch meine Jugendliebe aus dem Studium geheiratet.«

Dieser Virus bringt Dich in der Anfangszeit mächtig in die Bredouille. Mancher Hochzeitsantrag und manch freudiges »Ja« wird in dieser Phase zurückgenommen. Viel hängt vom Charakter ab und dem Geld. Je weniger Geld zur Verfügung, umso höher der Streitfaktor. Denn die Steigerung von Begehrlichkeiten findet manchmal kein Ende. Bei Vermögenden spielt die Budgetfrage weniger eine Rolle. Da der Virus bei jeder Braut anders mutiert, konnte die Hochzeitswissenschaft allerdings bislang noch keine verlässlichen Daten erheben. Die Symptome treten mal stärker, mal schwächer auf. Nur wenige sind absolut resistent gegen den Brautzilla-Virus. In der Regel Steuerbeamte oder Entwickler von Computerchips. Die beste und einzige Medizin in Brautzilla-Virus-Zeiten ist, ständig miteinander zu sprechen und mit gegenseitiger Achtung den Kommunikationsweg offen zu halten.

Wenn ein Mädel im Stadium eins fragt, was sie tun kann, sage ich: Geh auf eine Wiese und merke Dir innerhalb kürzester Zeit fünf Dinge, die Du siehst. Beispielsweise ein Gänseblümchen, den Maulwurfshaufen, die Weide, den Schatten eines Baumes, Deinen Fußabdruck im feuchten Gras. Dann schließe die Augen und finde noch fünf Geräusche heraus. So kannst Du wieder zu dir selbst finden. Das lenkt ab vom ständigen Kreisen um die Hochzeitsfragen: Wer macht mir die Ohrlöcher? Wer die Blumen? Wo gehe ich zum

Friseur? Was geschieht, wenn der Gastwirt vor der Hochzeit Pleite macht? Was tun, wenn der Strom ausfällt, die Standesbeamtin krank wird, der Pfarrer sich ein Bein bricht? Auf der Wiese kann ich feststellen, bin ich noch in der Lage, zu denken und Wellen von außen aufzunehmen. Wer jedoch die Blumen nicht mehr blühen sieht, ist bereits im Endstadium und verloren.

Beschwert sich Dein Mann, dass der Virus Dich im Griff hat, schreibe einfach Deine Gedanken auf, ordne, notiere Sie und sprich erst danach mit Deinem Freund, was Du vorhast. Raube ihm nicht mit Details den Nerv. Wenn Du nur einmal wöchentlich mit ihm die Liste durchgehst, hältst Du Brautzilla in Schach. Keine langen Erklärungen, der Mann will kurze, klare Ansagen. Denn der Mann ist kein Mädchen!

Ein schon ganz heftig befallenes Mädel fragte mich bei der Brautberatung: »Uwe, wie erfährst du, dass eine den Virus hat?« Ich sagte: Da sitzt eine gut ausgebildete Pilotin im Flugzeug. Sie sieht das Rollfeld, alle Geräte funktionieren einwandfrei. Doch sie kriegt das Flugzeug nicht mehr runter, weil der Treibstoff fehlt. Der Treibstoff ist das Bargeld … Eine andere wollte wissen: »Herr Herrmann, ich bin Mikroelektronikerin wie meine Kollegin. Sie heiratet auch. Irgendwie verändert sie sich. Doch ich spüre diese Veränderung gar nicht bei mir. Muss ich um meine Liebe fürchten, bin ich hochzeitsfrigide?« Meine Antwort: Es braucht ihn zwar keiner, doch der Virus gehört wie das Kaufen der Hochzeitsmandeln und das Brautstraußwerfen eben dazu. Wenn der Virus aber ruhig bleibt, ist es nicht schlimm.

Eine Kundin hatte ihr weißes Kleid mit blauen Swarovski-Steinen und blauen Applikationen bestellt. Am Tag vor der Hochzeit holt sie es ab. Doch meine Mitarbeiterin wird mit ihr nicht fertig, ruft mich um Hilfe: »Kommen Sie schnell. Die Braut feenzt, schreit, hat schon das Handy auf den Boden geworfen! Sie kommt vom Blumenhändler, sah dort gerade ihren Brautstrauß und ist fix und fertig.« Sie war mir ans Herz gewachsen, deshalb eilte ich schnell nach vorn.

Natürlich war mir auch peinlich, dass sie tränenüberströmt durch den vollen Laden gehen könnte. Alle Welt würde denken, wir hätten etwas falsch gemacht. Wo liegt das Problem, fragte ich. Sie zeigte mir ein Foto ihrer Blumen, auf dem nichts Schlimmes zu erkennen war. Wir hatten ihr ja auch extra die blauen Mustersteine für den Floristen mitgegeben. »Die Blumen haben so ein komisches Blau. Ich schmeiße jetzt die Hochzeit«, heulte sie wieder los.

Ich fuhr sie zur Gärtnerei – und alles war im Lot. Das Blitzlichtfoto hatte einen geringfügigen Farbwechsel Richtung Lila vorgetäuscht. Ein typischer Brautzilla – wegen Kleinigkeiten wollen sie die ganze Feier absagen!

Der Brautzilla-Virus hat sogar eine gute Seite. Das ist jetzt etwas sehr Persönliches. Es muss etwas dran sein, weil ich diese Beobachtungen seit zwei Jahrzehnten mache. Wenn Partner keine Kinder bekommen, heiraten sie als Ersatz, um sich persönlich stark zu machen. Was haben beide nicht alles zusammen versucht: medizinische Tests, sie waren zur Therapie. Aber trotzdem blieb ihnen der Kinderwunsch versagt. Inzwischen fanden sie sich damit ab. Nun wird die Frau vom Brautzilla-Virus befallen, vergisst den Kinderwunsch. Sie muss sich ja auch um Kapelle, Feuerwehr, Gästeliste, Hochzeitsreise kümmern. Der Mann ist dabei voll eingebunden. Was beide nicht merken: Der immense Stress, der mit dem vergeblichen Wunsch nach Kindern entstand, ist plötzlich gewichen. Und sie nehmen sich in den Arm! Sie wird schwanger, weil dieser psychische Druck, der Krampf weg sind. Und sie bekommen tatsächlich das Kind, das ihnen bislang nicht vergönnt war. Wenn Frauen gesundheitlich ok sind und plötzlich eine neue Spielwiese haben, passiert das oft. Fazit: Der liebe Gott hatte längst alles vorbereitet, doch der Ofen wurde nicht warm. Jetzt kam der Virus. Und der brachte statt Unglück neues Glück.

Ist der Brautzilla-Virus weg, kommt dann der nächste – der Baby-Virus. Aber da bin ich nicht so der Experte. Generell gilt: Hochzeit vorbei – vom Brautzilla-Virus geheilt.

Der Supergau tritt in den ganz seltenen Fällen ein, in denen der Mann durchdreht, vom Virus befallen wird. Das bedeutet meist das Ende aller Ehepläne, ein Riesenproblem. Denn selbst wenn das Paar die Hochzeit übersteht, lässt man sich danach scheiden. Wenn der Mann vom »Hochzeitsfeuer« gefangen ist wie die Mädchen, dann reißen häufig die zukünftigen Bräute aus. Wenn er das Geld zum Fenster hinausschmeißt, jede Überraschung zum Fiasko wird, ständig neue Bestellungen eintreffen, bekommen die Frauen Angst, dass sich so etwas in der Ehe fortsetzt. Merkt Euch: Fast alle Männer, die so durchgeknallt erscheinen, sind selbstverliebte Tanzlehrer, Möchtegern-Banker und Broker, erfolglose Anwälte, die nur mit ihrem Äußeren und der jungen Braut strahlen wollen, Dauerverlierer, die in der Hochzeit ihren eigenen Narzissmus ausleben.

Brautstrauß, Streukörbchen, Tischdeko

Böse Zungen behaupten: Nach dem Bräutigam sei der Brautstrauß das wichtigste Accessoire einer Hochzeit!

Eigentlich soll sich der Mann auch um den Strauß kümmern. Aber wehe, Ihr verlasst Euch auf die bessere Hälfte. Womöglich kommen Gänseblümchen mit ganz viel Liebe dabei raus. Farben, Formen, Blumensorten sind eine Wissenschaft für sich. Würden wir 500 oder 600 Jahre früher in der Renaissance leben, also zur Zeit von Albrecht Dürer, William Shakespeare oder Martin Luther, müsste Euer Brautstrauß ganz stark duften. Denn seine Aufgabe war es, gegen dicke Luft anzukämpfen. Nicht etwa, weil eine Schwiegermutter giftete, sondern weil Körperhygiene und Wechsel verschwitzter Kleider als unüblich und wenig vornehm galten, Hochzeitsgesellschaften im wahrsten Sinne des Wortes stanken. Übel riechende Gäste und dicke Weihrauchschwaden in der Kirche – da konnte ein stark duftender Strauß die Braut vor der Ohnmacht retten.

Selten sieht man heute noch einen Strauß oder Haarkranz aus Myrte. Verraten sie doch, die Braut ist Jungfrau. Orangenblüten zeigen die zweite Hochzeit an. Mit roten Rosen, die für Leidenschaft, Liebe, Schönheit und Jugend stehen, macht Ihr nichts falsch. Einige weiße untergemischt, die Unschuld und Treue symbolisieren, sind in manchen Gegenden Tradition. Aber Vorsicht! Ist ein roter Blumenstrauß mit nur einer weißen Blüte kombiniert, erklärt man dem Beschenkten per vergiftetem Geschenk den Krieg! Ihr wollt ja nicht schon bei der Hochzeit einen Rosenkrieg anzetteln? Die Gerbera macht alles schöner, ist aber eher was für Bruderherz oder Nachbarin. Niemals eine gelbe Nelke verwenden – Zeichen für Antipathie. Da die Farbe Gelb bei allen Blumen neben Lebensfreude und Heiterkeit auch mit Neid und Missgunst verknüpft wird, halte ich sie für nicht geeignet. Rote Nelken zeigen Leidenschaft, weiße Nelken Treue. Sonnenblumen bedeuten Fröhlichkeit, Lilien Reinheit und Unschuld, Orchideen Cleverness, Ranunkeln magische Anziehungskraft, Strelitzien Einzigartigkeit, Anthurien Exotik, rote Chrysanthemen Liebe, die Iris Kreativität, Energie und auch gute Nachrichten. Ist da etwa Nachwuchs unterwegs, wird die in der Blumensprache geschulte Tante vermuten, wenn sie eine Iris entdeckt.

Holländische Farmen haben die Tulpe zur deutschen Lieblingsblume gemacht. Je dunkler, umso tiefer das Gefühl. Die weiße Tulpe soll sogar endlose Liebe zeigen. Vergissmeinnicht, die für Eitelkeit und Egoismus stehende Narzisse oder das Veilchen, welches die Bitte um Geduld ausdrückt, Flieder für beginnende Liebe oder die Anziehungskraft ausdrückende Amaryllis habe ich eigentlich nie in Brautsträußen entdeckt. Weiße Calla und weiße Lilien gehörten früher nur auf den Friedhof. Das romantische Rosa zeigt sich entwickelnde Gefühle. Orange ist u. a. die Farbe des Buddhismus, Blau die Königs- und Himmelsfarbe und symbolisiert Unerreichbarkeit. Grün, die Farbe des Lebens und der Hoffnung, gehört in jeden Strauß.

Ob Biedermeier-, Wasserfall, Tropfen- oder Zepterform – dafür muss man den richtigen Floristen finden! Nicht jeder um die Ecke schafft es, tolle Blumensträuße zu binden, und Brautstrauß ist nicht gleich Brautstrauß. Deshalb vertraue ich ausgebildeten Meistern des Faches. Ich würde auch kein Geschäft wählen, in dem nicht zwanzig Fotos von selbstgebundenen Hochzeitssträußen vorgelegt werden.

Hat die Hochzeit ein Farbthema, sollten sich Brautstrauß, Streukörbchen und Tischdeko diesem zuordnen. Viele vergessen, dass Brautstrauß & Co. zur Jahreszeit passen und mindestens 24 Stunden überstehen müssen – auch bei Minusgraden oder Hitze! Blumen-Doping – um jedes einzelne Stängelchen eine Nährlösung mit kleinem Leinentuch oder Watte geben – hilft und lässt die Pracht den Tag überstehen.

Sorgsame Männer finden die Favoritenblume der Braut heraus. Nicht jede steht auf Rosen! Ich kenne Ehemänner, die wissen dies selbst nach zehn Jahren tatsächlich nicht. Prüft, ob man Euch gefärbte Rosen verkauft. Manchmal färben diese auf das weiße Kleid ab. Das Malheur lässt sich verhindern, wenn sie mit Wachsspray präpariert sind.

Es gibt das abergläubische Dilemma, dass die Braut den Strauß vorher nicht sehen darf. Deshalb sollte der Bräutigam Schwiegermutter oder die beste Freundin der Braut ins Blumengeschäft mitnehmen. Die Beratung wird viel effektiver, wenn Ihr Stoffproben von Anzug und Kleid, eventuell sogar von den Servietten dabei habt.

Das kluge Paar baut vor, bestellt einen Zweitstrauß. Fällt ein Blumen-Bukett beim Aussteigen in die Pfütze oder wird von einer Tür geköpft, steht die Braut, die den Strauß den ganzen Tag bei sich haben sollte, mit leeren Händen in der Kirche oder beim Fotoshooting. Wie das Stehlen von Maibäumen gibt es mancherorts den Brauch, den Brautstrauß zu entwenden. Den Zweitstrauß könnt Ihr auch guten Gewissens kopfüber hinter Euch werfen. Nach altem Brauch wird jene, die ihn fängt, als Nächste zum Altar geführt.

Den echten Strauß bringt der Ehemann zum Floristen – damit ihn dieser für die Ewigkeit konserviert.

Und jetzt mein vielleicht wichtigster Tipp: Immer ein paar Blümchen für Mama und Schwiegermama kaufen.

 # Annonce bis Danksagung

Es gibt Paare, die beschäftigen zwei Tage lang eine mittelständische Druckerei, andere suchen höchstens einen Schreibwarenladen auf, drucken etwas am Computer oder basteln und falten individuelle Kreationen. Alles hängt von der Art und vom Stil der Feier und selbstverständlich davon ab, wie viel Aufwand man betreiben will. Da kann man mit viel Farbe, hochwertigem Karton oder handgeschöpftem Büttenpapier, mit extra vom Layouter entworfenem Hochzeitslogo, Gold-, Tief- oder Prägedruck eine Menge Geld loswerden.

Bereits über ein Jahr vor der Trauung lassen Bräute heutzutage Karten, Mails oder Keks-Präsente mit der Nachricht »Save the Date« auf Reisen gehen. Dabei werden Termine in vielen Standesämtern nur ein Jahr im Voraus gebucht.

Die richtigen Einladungen schrieb man zu Omas Zeiten – einzuladen war früher immer Aufgabe der Brauteltern – in der dritten Person.

Also: »Renatus & Kunigunde Rotauge beehren sich, herzlichst zur Hochzeit ihrer Tochter … mit … einzuladen.«

Teilen sich heute die Eltern von Braut und Bräutigam in die Kosten, laden beide gemeinsam ein.

Immer mehr Paare sind heutzutage selbst die Gastgeber. Das vereinfacht vieles, auch in der Anrede, die dann viel persönlicher werden kann. Mit der **Einladung,** die neben den **Namen von Braut und Bräutigam mit vollständigen Titeln** (wenn vorhanden) auch **Datum, Ort, Anfahrtskizze und Hotelinformationen** für weither angereiste Gäste enthalten soll, werden die gewünschte **Kleiderordnung und das eventuelle Motto** oder Thema der Hochzeit mitgeteilt. Bei spanischer oder orientalischer Hochzeit, Strand-, Wald-, Mittelalter-, Piraten-, Western-, Bauernhochzeit oder jener im Stil der Goldenen Zwanziger fällt es sicher leichter, den richtigen Dresscode zu finden, als bei Universum-, UFO-, Hunde- oder

Lilien-Hochzeit. **Wichtig sind Antwortkarten, auf denen die Eingeladenen nicht nur mitteilen, ob und mit wie vielen Personen sie kommen.** Es ist mittlerweile sogar üblich, zu erkunden, ob Fisch oder Fleisch verzehrt werden, Lebensmittelallergien vorliegen, die Gäste Diät benötigen, sich zu den Vegetariern oder den Veganern zählen.

Als nächstes sind – wenn nötig – die Kirchenhefte zu gestalten: mit Abfolge der Zeremonie, den Gesangs- und Predigttexten. Neben den Namen des Paares auch jene von Pfarrer, Organist, Trauzeugen, Brautjungfern, Blumenmädchen, Ringträger, Sängern, Musikanten und Vortragenden notieren. Manchmal steht neben Danksagung und Wappen sogar eine Geschichte der sich vereinenden Familien. Bleibt das Gotteshaus für den normalen Publikumsverkehr gesperrt, könnte man an **Einlasskarten** denken.

Unverzichtbar sind Tisch-, Menü- und Getränkekarten. Wer aus der Hochzeit ein Event mit Punkband, Zauberkünstler, Trachtenverein, Bläsergruppe, Spielen, Feuerwehr macht, kann auch dieses Programm drucken.

Um die **Hochzeitszeitung** kümmern sich meist Eltern, Trauzeugen oder Freunde. Ich halte ein **Gästebuch** und im Vorfeld der Hochzeit eine **Geschenkeliste** – wo man sich über wertintensive Präsente austauschen kann – für sinnvoll.

Bei meiner eigenen Hochzeit bekam ich neben Bergen von Taschentüchern, bunter Bettwäsche (die ich hasse), harten Handtüchern und damals gerade modischen braunen Decken mit Pferdemotiv unter anderem zwei Bügelmaschinen, vier Eierkocher und zwei Services geschenkt, die dann unbenutzt im Schrank standen. In Mangelzeiten, in denen

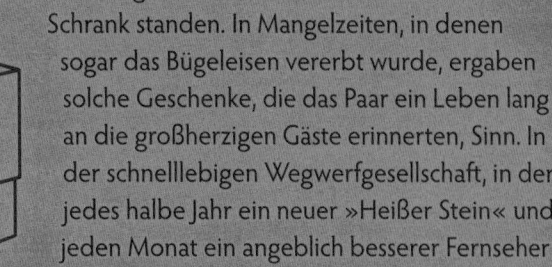

sogar das Bügeleisen vererbt wurde, ergaben solche Geschenke, die das Paar ein Leben lang an die großherzigen Gäste erinnerten, Sinn. In der schnelllebigen Wegwerfgesellschaft, in der jedes halbe Jahr ein neuer »Heißer Stein« und jeden Monat ein angeblich besserer Fernseher

auf den Markt kommen, sind Geldpräsente keine Unhöflichkeit.
Nach der Hochzeit werden an alle Gäste und die helfenden Hände wie
Florist, Friseur, Pfarrer, Caterer, Kneiper, Kutscher usw. **Danksagungen**
versandt. Auch der Brautausstatter liest so etwas gern. Dass Paare nach
der Hochzeitsreise ihre Vermählung per Zeitungsannonce der ganzen
Stadt mitteilen, ist seit achtzig Jahren aus der Mode gekommen.

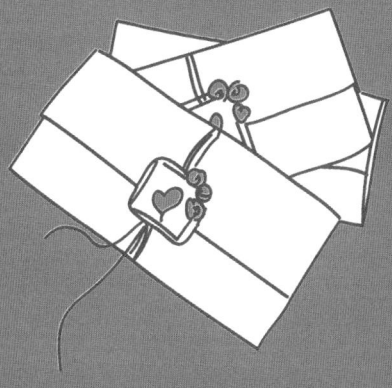

Wenn die Ankleidekabine zum Beichtstuhl wird

Sie war 1,58 Meter klein, zierlich und so unscheinbar wie die sprichwörtliche graue Maus in der Menschenmasse einer belebten Einkaufspassage. Mit strähnigen Haaren, schwarzen Leggins, selbst gehäkeltem, knielangem, sandfarbenem Strickkleid ohne Schmuck, braunen Lederschuhen und Stützschnalle am rechten Ellenbogen kam die fünfundzwanzigjährige Arzthelferin ins Geschäft. Eine Freundin, die wegen der ähnelnden Erscheinung auch ihre Schwester sein konnte, begleitete sie. Der Bräutigam, hagere Gestalt von 1,70 Meter – ein Kindergärtner, hatte sich für die Herrenberatung am gleichen Tag angemeldet. Er nahm einen dunklen, alltagstauglichen Anzug aus edler Schurwolle, der – wie er sagte – in Kürze noch einmal benötigt würde. Trotz seines kommunikativen Berufes wirkte er nicht gesprächig, eher angespannt. Die Braut hatte schon beim ersten Kleid einen Blackout, fing an zu heulen, begann zu zittern, klagte über starke Magenschmerzen. Ich versuchte, sie zu trösten. Bevor sie endgültig zusammensackte, nahm ich sie in den Arm. Danach musste ich mein weißes Hemd wechseln. Tränen, vermischt mit ihrer Augenschminke, hatten große schwarze Flecken hinterlassen. Auf den ersten Blick wirkte sie etwas kühl und apathisch, wie ein Mädchen, dass in die Zwangsehe getrieben wird. Doch dann beichtete sie: »Mein Vater hat Lungenkrebs im Endstadium. Der Arzt gibt ihm noch fünf Wochen – vielleicht. Es ist sein größter Wunsch, unsere Hochzeit zu erleben.«

Blitzhochzeit mit einem gerade verfügbaren Kleid, Hetzjagd nach Friseurtermin, Gaststättenbuchung auf den letzten Pfiff, Gäste im Turbotempo einladen, dazu Blumen organisieren – wofür sich andere zwei Jahre Zeit lassen, musste sie mit ihrem Bräutigam in einer Woche organisieren. Immer unter dem Druck: Schaffen wir es noch? Eigentlich wollten sie noch lange nicht heiraten. Sogar die Freundschaftsringe vom Mittelaltermarkt genügten. Gott sei Dank waren es nicht die Ringe aus dem Kaugummiautomaten! Schnell und unkompliziert – so zeigt es meine Praxis – wird sonst nur in Familien mit geringster Schulbildung geheiratet.

Wegen der Kürze der Zeit konnte es wirklich nur ein Kleid von der Stange sein. Wir haben ständig Hunderte Kleider in fast allen Größen und aktuellen Modellen da. Deshalb machte ich ihr – als sie sich etwas beruhigt hatte – große Hoffnung, eins zu finden. Manchmal komme ich mir bei der Anprobe wie ein Geistlicher vor, wird die Ankleidekabine zum Beichtstuhl. Hier erfahre ich meist recht intensiv, wie die Mädchen ticken. Ich merkte sofort, dass die Kundin nicht aufgeräumt wie andere Bräute war, sich zur Hochzeit nicht überbewerten wollte, weil der drohende Schatten des Todes über der Zeremonie schwebte. Trotzdem wollte sie authentisch aussehen, schön sein. Sie entschied sich für einen Etuikleidschnitt mit kleinem Reif, bodenlang, ohne Arm, ohne Schleppe. Über den dicken Satin war ein feiner Seidenchiffon gelegt. Zwischen Busen und Hals ein transparenter Mix aus dünner Spitze auf transparentem Tüll. Im Unterbrustbereich noch ein dünnes, cremefarbenes Satinband mit kleiner, ebenfalls cremefarbener Schleife so groß wie zwei Fingernägel. Einem kleinen Butterfly ähnlich. Dazu lieh ich ihr Stola und Reif. Sie wollte das Kleid später färben lassen, ohne Reif tragen. Die Stola gab ich nur zur Sicherheit mit, falls sie zwischen Auto und Standesamt im Zug stehen sollte. Beide zogen alles mit bewundernswerter Ruhe durch.

Als sie Reifrock und Stola zurückbrachte, sagte sie: »Papa ist tot! Ich war in der Sterbestunde bei ihm, habe mein Hochzeitskleid getragen. Er ist ganz beruhigt und selig entschlafen.«

Solch Seelenstriptease begegnet dem Brautmodeberater häufig. Beichtvater Uwe hakt natürlich auch geschickt nach: Wie soll das

Kleid aussehen? Was haben Sie sich vorgestellt? Warum heiraten Sie? Aha … und, sage ich nur. Spätestens dann plaudert die Braut frei von der Leber weg. Ich höre von ihrer Familie, ihrer Motivation, wer ihr Gegner ist. »Ich hätte gern Oma und Mutti mitgebracht, aber meine Freundin hat mir gesagt …« Oder: »Ich wäre gern mit der Freundin gekommen, doch sie hat im letzten Geschäft alles durcheinandergebracht.«

Am meisten beichten die Mädels aber über den eigenen Körper. Ich wusste nie, dass Frauen so selbstkritisch sind. Nicht einmal in meinen kühnsten Träumen hätte ich gedacht, dass viele sich selbst so hässlich sehen. Was ich in meinem Beichtstuhl alles sehe und höre, bleibt natürlich ein ewiges Geheimnis und nehme ich mit ins Grab.

Fast jede Frau hat oder bildet sich ein klitzekleines Handicap ein. Oft hängt es mit der Brust zusammen. Manche waren schon zur Busen-OP, nicht unbedingt alle, um den Balkon zu vergrößern. Silikonbrüste sind – ganz ehrlich gesagt – nicht das Beste für den Brautausstatter. Denn bei künstlich vergrößertem Busen fehlt oft das Hinterteil dazu. Das ist wie ein Hochhaus ohne Fenster, im schlimmsten Fall wie ein schlecht gebauter Betonbunker. Beide Brüste sind manchmal von Natur aus unterschiedlich groß, können zu starke Nippel, nicht ganz symmetrische Formen haben. Da das mitunter durch ein Kleid hindurchschaut, hat man für alles Lösungen erdacht – natürlich ohne teure OP beim Schönheitschirurgen!

Entschuldigt, wenn ich Euch jetzt Uwes kleine »Brustologie« unterbreite.

Als Ideal, als Goldener Schnitt gilt immer noch die runde Brust. Im Sommer zeigt sie sich von ihrer prächtigsten Seite. Da ist die Haut sowieso etwas straffer, das Bindegewebe fester. Denn durch Außentemperatur,

Wasserhaushalt im Körper und natürliche Verdampfung sitzt ja auch der Ehering im Sommer fester als im Winter… Zudem wird im Sommer fleißig für die Bikinifigur trainiert. Für das Kleid ist die runde Brust ideal. Die meisten Modehersteller gehen von ihr als Grundbrust aus. Wer sie sein Eigen nennt, findet eigentlich immer passende Klamotten.

Häufig trifft man die Brust, die ein wenig nach links und rechts schielt. Kollegen nennen sie auch Ost- und Westbrust. Die meisten Frauen tragen einen T-Shirt-BH, wo rechte und linke Seite etwas verstärkt sind. Dort korrigiert man mit Pads aus Silikon die Proportionen, drückt die Brüste leicht zur Mitte. So wirkt alles tadellos ausgeglichen. BH und Pads sind also hier die Geheimwaffen. Bräute sollten lediglich den dünnen weißen Chiffon meiden.

Auslaufender Tropfen nennt der Experte jene Brüste, die viel Haut und weniger Bindegewebe aufweisen. Sie haben unterschiedliche Länge. Das Brustende erscheint mitunter wie ein bei minus 16 Grad ins Freie gehängter Luftballon. Da ja die meisten Männer nicht perfekt sind und auch keine absolut perfekte Frau suchen, favorisieren sie gerade diese niedliche Tropfenform. Auch viele ältere Damen haben sie und stehen dazu. Wenn die Kundin es wünscht, kann man diese kleine Ungeschicklichkeit der Natur mit einem starken BH-Bügel und Silikonpads wunderbar ausgleichen.

Jene mit zwei relativ ausgeglichenen Seiten zeigt mittig die schönsten Rundungen. Für einen V-Ausschnitt ist sie sensationell geeignet, die Schönheit des weiblichen Körpers zu zeigen. Je nach Brautkleid schieben wir die beiden Brüste mit Corsage oder BH etwas mehr zusammen.

Die knabenhafte Brust ist für jeden Schneider optimal und die Lieblingsbrust aller Designer. Nachteil der AA- oder 75A-Brust beim Hochzeitskleid, das eher zur deutschen Durchschnittsfrau mit Körbchengröße B passt: Der Busen ist tiefer gelegt als normal. Die knabenhafte Brust schummeln wir per Push-up mit Kissen an der Brustunterseite größer.

Bei der gar nicht so seltenen »Hanni-&-Nanni-Brust«, die mit den unterschiedlichen Geburtstagen, wo die ältere auf die jüngere Schwester aufpasst, ist eine etwas größer als die andere. Ich bin der festen Überzeugung, dass es keine zu hundert Prozent gleichen Brüste gibt. Deine eine Cup-Größe Unterschied lässt sich ganz leicht mit in den BH eingebauten Polstern ausgleichen. Es gibt dann noch eine Form mit großer Verbreiterung der Brustwarze. Das sind ganz weiblich aussehende Damen mit viel Volumen, extremer Körbchengröße 95F. Da gibt es spezielle Schnitte für die BHs. Dort halte ich persönlich immer die Corsage für unerlässlich.

Von der Brust gleich ein Ausflug zu den Oberschenkeln. Da ist der Abstand zwischen linkem und rechtem Oberschenkel wichtig. Männer lieben ja den großen Radstand, den über 50 Prozent durch Bauch-Beine-Po-Training vor der Hochzeit im Fitnessstudio erzwingen wollen. Aber für mich als Designer sind alle wunderschön. Wenn die Oberschenkel zu sehr aneinander reiben, führt das zum etwas wippenden Gang. Diesen kann ich durch einen geeigneten Reifrock vorzüglich ausgleichen.

Sehr oft fragen Bräute, ob sie die starke Behaarung in der Achselhöhle für die Hochzeit wachsen müssen oder die Natur als authentisch belassen sollen. Vor allem Ärztinnen und Steuerprüferinnen, die auf Natürlichkeit großen Wert legen, wollen sich da nicht rasieren, ihre vom Schöpfer gegebene Pracht behalten. Frauen, die Fairetrade Ware aus dem Secondhandladen tragen, kommen oft mit wahren Büschen unter den Achseln. Meist steckt ein Mann dahinter, der diese Natur liebt.

Oft dreht sich die Beichte um einen zu langen oder zu kurzen Hals. Beides gleichen wir über Halsschmuck, Ohrringe, die Form des Ausschnittes aus. Steht der Kopf etwas nah bei den Schultern, tut ein Herz- oder V-Ausschnitt Wunder. Natürlich muss hier auch die Frisur mit ins Spiel kommen. Ich sage immer: Es gibt keinen zu kurzen oder zu langen Hals. Es gibt nur den falschen Schmuck, den falschen Ausschnitt und den ungeschickten Friseur.

Selbst lange Beine sind oft Illusion. Meist steckt ein Zehn-Zentimeter-Absatz darunter oder die gewollte Täuschung. Wenn sie im langen Strick-Businesskleid kommen, schaut man ja auch mehr auf Brüste, Po und Gesicht. Es gibt keine hässlichen Frauen, höchstens rücken sie selbst die falschen Proportionen ins Rampenlicht. Die meisten Frauen sind ja wahre Verpackungskünstler. Und ich verspreche: Uwe macht aus jedem Entlein einen Schwan!

Heute merkt man überall, dass sich die Frauenwelt im Wandel befindet. Sie stehen zu ihrem Körper, investieren mehr in sich selbst als in ihre Männer, stehen auch zu Handicaps. Manchmal erschrecke ich vor ihrer Selbstsicherheit: »Haben Sie etwa was gegen meine Achselhöhlen, rieche ich?«, fauchte mich kürzlich eine Mittdreißigerin an, die vor den Traualtar treten wollte. Ich antwortete natürlich höflich: »Kein bisschen …« Andere wollen den Superpop. Sie ahmen Kim Kardashian nach, fühlen sich trotz A-Linien-Kleid-Figur mit üppigsten Rundungen im Nixenkleid wohl. Viele haben etwas kräftigere Oberarme und auf der Innenseite zwischen Brust und Achsel eine kleine niedliche Fettreserve, die sich wie eine Wulst über den Abschluss des Kleides legt. Diese bekommt man mit einem kleinen kaschierenden Deko-Träger weg. Der kann gleichzeitig ein hübsches Schmuckaccessoire sein – mit einer Blüte, mit Perlen, Strasssteinen oder etwas edler Spitze.

Die Krönung der Körperbeichte: »Ich will mir beim Stylisten noch ein Echthaarteil ausleihen.« Das kann mich leicht zur Verzweiflung treiben. Verändert doch solch Teil Figur und Kleid komplett.

All dieses Selbstbewusstsein und die Selbstkritik sprudeln wie ein Wasserfall auf den Berater ein. Dabei geht es bis in intimste Familiendetails. Oft haben ich das Gefühl, dass mich die Braut als besten Freund und gar nicht als Berater sieht. »Herr Herrmann, ich will noch abnehmen«, höre ich ständig. Von hundert Bräuten wollen hundertzehn abnehmen, egal ob schlank oder wohlbeleibt. Und fast alle schaffen es durch den Hochzeitsvorbereitungsstress. Wie beim Silvesterversprechen plaudern sie, was sie alles mit ihrem Körper anstellen wollen. Da bekomme ich sofort eine Strominfusion, stehen mir die Haare zu Berge. Denn vieles, was sie abtrainieren wollen, kriegen sie nicht weg. Wer Bauchspeck wegtrainiert, verkleinert auch sehr oft seine Körbchengröße. Ich sah Bräute, die standen in voller Pracht vor mir, erklärten: »Herr Herrmann, ich will mindesten zwei Konfektionsgrößen abnehmen, geben sie mir deshalb bitte das kleinere Brautkleid.« Das Ergebnis kann erschreckend ausfallen: Die Mädels nehmen nicht nur an entsprechenden Stellen, sondern auch im Gesicht ab, sehen dann halbverhungert aus. Die schönen weiblichen Rundungen sind weg. Mein persönlicher Ratschlag: Lasst Euch von niemandem was erzählen, bleibt, wer Ihr seid! Denn wer zwei Konfektionsgrößen vor der Hochzeit abnimmt, legt mindestens drei nach der Hochzeit zu.

Bei der Ankleidebeichte kommt auch immer das Versprechen: »Ich werde jetzt bewusster leben«. Dann frage ich: Haben Sie das schon mit Ihrem Mann abgesprochen? Sie fragt: »Wieso?« Will er das denn auch? Möchte er vor der Hochzeit Körner picken oder lieber weiter Schnitzel essen …

Ich gebe zu, es ist eine komplizierte Balance, bei der Kundschaft die Gratwanderung zwischen Traum und Realität zu meistern. Und dafür immer die richtigen Worte zu finden fällt manchmal schwer. Natürlich höre ich in der Kabine auch Stuss und Unsinn. Bräute, die sich besonders lustig finden, plappern geistloses, sinnentleertes Zeug. Ich weiß mitunter nicht, ob das die Mädels wirklich beschäftigt. »Aus welchem Material ist eine Hochzeitseisenbahn?« »Existieren wir wirklich?« »Welche Speisen passen zu diesem Kleid?« Einmal fragte mich eine: »Ich las in der Zeitung, Sie sind Katzenfreund. Gibt's auch Katzenfutter mit Mäusegeschmack?« Das geht bis zu esoterischen Diskussionen. »Herr Herrmann, ich weiß nicht, ob ich Ihnen diese Frage stellen darf: Gibt es eine höhere Macht? Ich fühle mich von unsichtbaren Kräften unter Druck gesetzt. Was soll ich tun?«

Viele erzählen aus ihrem Leben und wollen meine Meinung wissen, ob sie den richtigen Weg gehen. Obwohl das alles eigentlich nichts mit dem Kleid zu tun hat. Und doch hat es etwas damit zu tun! Eine Chefsekretärin, leicht overdressed, erzählte, dass sie bei Oma auf dem Land aufwuchs. Was kann ich da anderes tun, als zu fragen: Soll es ein Kleid für eine ländliche Hochzeit werden? Eine andere Kundin sagte, sie wolle noch ein Facelifting machen. Mit dreißig fand sie sich zu alt. Wir kamen auf Hautcremes zu sprechen, die einen jünger aussehen lassen. Da entgegnete ich: Passen Sie auf, dass sie keine Creme erwischen, die sie fünfzehn Jahre jünger macht. Kinderhochzeiten sind hier verboten. »Passt das Brautkleid zu meinen zwei Hunden, das sind meine Begleiter«, hörte ich auch schon. Das ist doch Ihr Mann, entgegnete ich. Sie: »Ja, der gehört auch irgendwie dazu. Ob meine Hunde den Humor der Hochzeit verstehen?« Oft erfahre ich auch die Erwartungshaltung nach der Hochzeit. Ist die Ehe der Reisepass für ein »Luderleben«, oder fühlen sie sich gerade angekommen? Viele sehen die Feier als Endstation und wissen gar nicht, dass sie nur der Umsteigebahnhof ist …

Jede Hochzeit, auch wenn man sich lange kennt, sollte wohl überlegt, geplant und verantwortungsbewusst durchgeführt werden. Die kurzfristige Vorverlegung, weil durch den sterbenskranken Papa solch außergewöhnlich dramatische Situation entstand, bleibt wohl eine Ausnahme. So habe ich tiefstes Verständnis für den Wunsch des todgeweihten Vaters. Es ist keine Entscheidung zwischen Gewissen und Verstand. Es ist eine Situation, in der man keine Tipps geben, auch nichts richtig oder falsch machen kann. Es bleibt die Entscheidung des Herzens. Das Ende des Vaters ist der Anfang für eine neue Epoche. Beide waren sich sicher, diesen Weg zu gehen. Hätten sie ihn nicht eingeschlagen, würden sie vielleicht ewig Selbstvorwürfe quälen. Man sollte aber nie etwas machen, nur um anderen zu gefallen.

Gute Gründe,
eine Hochzeit zu verschieben

Mich erreichen unzählige begeisterte Dankschreiben, kaum Beschwerden. Die Bewertung einer Kundin, die sich in einem Internetportal mokierte, wurmt mich bis heute. Es war eine jener Damen, die uns fünf Monate vor der Hochzeit fragen: »Eigentlich bin ich schwanger. Passt das Kleid, welches ich heute probiere, dann auch noch?« Selbst intelligente Leute stellen immer wieder diese sich doch selbst beantwortende Frage.

Die zweiundzwanzigjährige Bürokauffrau, Konfektionsgröße 34, mit blonden Locken und kleiner süßer Tunika aus München, kam mit Mutti, Schwiegermama und Trauzeugin. Ich sah es sofort: »Sie sind doch schwanger?« Überrascht meinte sie: »Das sehen Sie? Im Büro hat es noch keiner gemerkt. Ich bin im dritten Monat. Wir heiraten, wenn wir im siebenten sind.«

Solch ein Fall ist die Quadratur des Kreises. Sie hatte sich schon zig Umstandskleider angesehen. Alle im Empirestil, maximal Brust zeigend. Doch ihr Traum war ein figurbetontes, normales Brautkleid. Mitbewerber auf dem Brautmodemarkt steckten ihr ein Kissen drunter, sodass sie auf Konfektionsgröße 46 kam. Aber das verschiebt höchstens alle Proportionen. Vor Jahren testete ich mal einen aufblasbaren Bauch – da stimmten Brust und Schultern nie. Jeder, der Frauen in diesem Zustand ein Kleid verkauft, will nur an das Geld der Kundin. Deshalb riet ich: Kommen Sie vier Wochen vor der Hochzeit. Wir testen dann, ob es ein normales Brautkleid oder ein Umstandskleid sein kann. Weil ich so ehrlich war, wurde ich schlecht bewertet! Man kann natürlich mit 300 Euro Kosten den Änderungsversuch unternehmen. Perfekt wird das nie!

Dreifaches Glück vor, nach oder mit der Hochzeit – das will ich hier beleuchten. Braut, Bräutigam und Brautbaby im Bauch – was noch zu Omas Zeiten ein Mega-Geheimnis war, zum Ausstoß aus Familie, Dorfgemeinschaft, der guten Gesellschaft führen konnte, sorgt heute in Deutschland und weiter westwärts – das konservativere Polen möchte ich da einmal ausnehmen – nicht mal mehr für Schulterzucken. Es interessiert, außer der Schauplatz wäre der Vatikan, einfach keinen mehr.

Doch für den Brautberater ist es von höchster Wichtigkeit. Deshalb gehe ich detektivisch vor: In welchem Monat sind Sie? Wann wollen Sie heiraten? Mir fehlt eine Glaskugel, die mich in die Zukunft blicken lässt. Ich weiß nur, dass sich jeder menschliche Körper anders entwickelt. Der 32er Popo geht selten in die Breite, wird eher ein spitzer Bauch. Hat sie schöne weibliche Rundungen, vielleicht in den Größen 46/48, kann es passieren, dass man das Baby selbst im siebten oder achten Monat noch gar nicht sieht. Darunter sind Frauen, die plötzlich vom Nachwuchs überrascht werden oder ihn vor den Männern geschickt verbergen.

Da ich weiß, dass sich selbst positiver Stress auf das Kind niederschlagen kann, bohre ich nach: Wie viele Gäste sollen kommen? Was habt ihr alles geplant? Denn es gibt immer zwei: den Berater Uwe Herrmann und den Menschen. Manchmal stehen sie sich wie Duellanten gegenüber. Mensch Uwe denkt: Darf ich reden? Ich habe schon viele Schwangere gehabt, bei denen alles gut ging. Aber es kann auch viel schiefgehen! Geschäftsmann Uwe denkt: Dreißig Mitarbeiter wollen am Monatsende ihren Lohn, der Vermieter Miete, Lieferantenrechnungen harren der Überweisung. Verkaufe ihr das Kleid! Der Steuerberater hält meine Taktik für eine große Dummheit, ja für völlig unkaufmännische Verweichlichung. Denn am Ende siegt bei mir immer der Mensch Uwe. Und so bekommt – ob sie es nun hören will oder nicht – jede Braut den Rat: Bring das Kind in Ruhe zur Welt, verknüpft eventuell seine Taufe mit der Hochzeit.

Manchmal stehen natürlich wirklich wichtige Gründe im Raum, vor denen ich mich nicht verschließe. Sie war im fünften Monat schwanger, hatte schon vier Kinder verloren. Unbedingt wollte sie unter die Haube, wählte ihr Empire-Kleid. Hochzeit sollte im siebenten Monat sein. Dann bekam sie ein Problem mit dem ungeborenen Kind und ihrer eigenen Gesundheit. Wochenlang lag sie still im Bett. Ich brachte ihr das Traumkleid in die Klinik. So etwas geht mir sehr nahe, beschwert mein Herz. Ich erzähle es nur, weil Braut und Kind alles gut überstanden. Es wurde ein Mädchen, ein Frühchen im achten Monat. Am Wochenbett, das nun auch Krankenbett war, verriet mir die Frau noch, einen Herzfehler zu haben. Alle Ärzte hatten ihr vom Kinderwunsch abgeraten …

Andere halten mit dem Baby im Bauch den Druck bis zur Hochzeit nicht mehr aus, wollen diesen feierlichen Akt unerbittlich durchziehen. Damit schaden sie eventuell sich und dem ungeborenen Leben.

Ein guter Freund, Oberarzt der Gynäkologie an einer großen Klinik, der jedes Jahr hunderte Babys zur Welt bringen hilft, hat mir von so einem Fall erzählt.

Seine Patientin hatte den sechsten Tag der 33. Schwangerschaftswoche – also etwas über sechs Wochen vor der Geburt – als Hochzeitstag festgesetzt. Am Tag vor der Hochzeit, sie telefonierte gerade mit der Blumenbinderin, platzte durch den Stress die Fruchtblase. Ein Aufenthalt außerhalb der Klinik ist ab diesem Zeitpunkt nicht mehr denkbar. Denn der Druck in der Gebärmutter verändert sich, sie zieht sich zusammen. Meist wird die Wehentätigkeit und damit der Geburtsvorgang ausgelöst. Mit einem Handtuch zwischen den Beinen brachte sie der Bräutigam noch im eigenen Auto in die Klinik. Sie hat schrecklich geweint. Man genehmigte allerdings, dass die Standesbeamtin zur Trauung in die Klinik kam. Der Bräutigam feierte dann allein mit den achtzig Gästen, sandte mehrmals per WhatsApp Filmchen. Auch von der Hochzeitstorte, dem Spanferkel und der Eisbombe bekam die Braut ein Stück gebracht. Selbst Stationsschwestern und Assistenzarzt wurden von der Hochzeitsgesellschaft mit Köstlichkeiten bedacht. Zwei Tage danach purzelte ihr Junge gesund auf die Welt.

Hochschwangeren rate ich prinzipiell von der Feier ab. Außer es stehen triftige Gründe im Raum. Die katholische Familienehre, der Mann, der zum Bundeswehreinsatz nach Afghanistan oder Afrika kommandiert wird, der Flug zum Mond oder Mars.

Von mir wollte eine schwangere Braut sogar mal das Geld zurück. Auch sie glaubte nicht, dass Kinder selten nach der Stoppuhr kommen, sondern wann sie wollen. Als ich mich skeptisch zeigte, meinte sie: »Wir heiraten doch im achten und nicht im neunten Monat! Dann kam drei Tage vor der Hochzeit das Kind. Sie hatte das Kleid zu Hause, die Hochzeit fiel aus! Zwei Monate später tanzte sie im Laden an: »Das Ding ist ungetragen. Ich will mein Geld, nehmen Sie es zurück.« Und dann setzte sie der Bosheit noch die Krone auf: »Wenn Sie keine Einsicht zeigen, gehe ich an die Presse. Denn das Kleid passt mir nicht mehr. Sie finden sicher eine andere Schwangere oder eine Dicke, der Sie es verkaufen.« Als Alternative bot sie noch an, das alte Kleid gegen ein Passendes zu tauschen. Ich fragte: Entschuldigung, wo liegt unser Fehler? Wir haben sie sogar schriftlich auf das Risiko aufmerksam gemacht. Sie waren schwer begeistert von dem Kleid, in dem man ihren Bauch nicht sah. Wir haben alles richtig gemacht. Als junge Mutter finden Sie plötzlich, dass das Glück auf meiner Seite und das Unglück auf Ihrer Seite liegen würde. Wutentbrannt ging sie: »Ich werde Sie nicht weiterempfehlen!«

Durch die Globalisierung wird heute viel schneller und einfacher schwanger geheiratet. Gibt es doch viel weniger Hemmnisse. Vielleicht wird schwanger heiraten sogar zum großen Trend. Privat kann ich ihn nicht teilen, als Geschäftsmann gerne – Augenzwinkern! Doch ich habe noch nie eine schwangere Braut gesehen, die nackt genauso aussah wie eine andere. Jede Frau ab viertem Monat ist ein Unikat. Das ihr auf den Leib geschneiderte Kleid wird unter den weltweit fast vier Milliarden Frauen kaum einer anderen passen, wenn sie sensationell aussehen will. Es ist also die absolute Schnapsidee, zu glauben, für das maßgeschneiderte Schwangerenbrautkleid eine Zweitverwertung zu finden.

Uwe weiß: Ich überzeuge euch nie ALLE, finde es in unserer bürokratischen und teuren Zeit ja gar nicht so unvernünftig, wenn eine sagt: Lass mich jetzt schnell standesamtlich meine Ehezugewinngemeinschaft begründen. Denn leeres Bett, volle Kosten – Singles leben nun einmal teurer. Die große Hochzeit kommt kirchlich nächstes oder übernächstes Jahr.

Wer vor der Geburt des Kindes heiratet, hat tatsächlich etwas Ämterstress weniger, der gemeinsame Familienname verursacht weniger Papierkram. Ich sage in so einem Fall: Machen sie nur die kirchliche zur großen Hochzeit mit prachtvollem Kleid. Für das Standesamt genügt ein hübsches Buntes. Bei beratungsresistenten Kundinnen halte ich auch mal die Klappe. Wenn man über Schwangere redet, ist die Körperform ungemein wichtig.

Sie sollte nicht wie eine Bratwurst aussehen, die sich aus dem Kleid pellt. Auch nicht, als würde sie gerade aus der Sauna kommen. Sexy und authentisch – das muss hier harmonieren. Da kommen nach meiner Sicht nur Empirestil oder A-Linie infrage. Andere Stilrichtungen lassen keinen Platz für das Bäuchlein. Viele vergessen, welch rasante Veränderungen der weibliche Körper in dieser Zeit durchmacht. Ich habe schon wunderschöne Äpfelchen-Brüste zur Walze oder zum Kegel mutieren sehen. Weil der Körper befiehlt: Busen wachsen!

Was kann man da für Stoffe empfehlen? Weich fließenden, festen Taft als Unterrock und schönen dicken, weich fließenden Chiffon oder drei Lagen dünnen, weich fließenden Chiffon. So wirkt es elfenhaft und nicht zu kompakt. Durch die Schwangerschaft wirkt die Frau ja bekanntlich im Gesicht runder und weicher, fraulicher. Frauen, die Babys kriegen, sind auch emotionaler. Im elfenhaften Kleid wirkt sogar die Heulsuse richtig niedlich. Ich würde Schwangeren immer zu Trägern raten, die sie sich bei ihrem ungewohnten Busen meist sowieso wünscht. Der Träger gibt ihr letzte Sicherheit. Dann ist noch zu unterscheiden zwischen der Braut, die ihre Schwangerschaft zeigt, und jener, die sie eher verbergen möchte. Wir haben schon sehr schöne Umstandskleider in dickem Lycra-Stoff genäht. Die schwangere Braut in ganz dicker Lycra, schon Strickware ähnlich, kann megageil aussehen – aber leider immer auch etwas gewöhnlich. Etwas edler ist da schon das Georgette oder Crepe Georgette. Selbst Kleider in Wickeloptik aus ganz dünnem Chiffon sind möglich.

Alle weich fließenden Materialien wirken an der schwangeren Braut wohlgefällig. Selbst die Stoffunterbrechung – beispielsweise durch ein Unterbrustband aus Satin – ist denkbar. Dieses Band dekorieren wir gern mit Strasssteinen, Perlen, Pailletten, man kann es sogar mehrfarbig und gebatikt machen – passend zu den Blumen. Auch ein Kleid aus Stretch-Spitze – Spitze die sich ausdehnt – ist empfehlenswert. Die gibt es ja auch bei der fraulichen Unterwäsche. Letztere muss ganz bequem sein, undurchsichtig und den Brüsten Stabilität verleihend.

Können Sie es nicht lassen, kaufen Sie als Schwangere das Brautkleid frühestens sechs bis sieben Wochen vor der Hochzeit. Schwangerschaft und Brautkleid – da sind wir im Hochrisikosektor.

Lassen Sie die Geldbörse so lange wie möglich in der Tasche. Wer unbedingt im siebenten Monat heiraten will, nie vor dem sechsten Monat kaufen. Nur so lässt sich die Passform noch beeinflussen. Nur Schuhe nehmen, die ihren Körper entlasten. High Heels sind das absolute No-Go. Quetschen sie sich nie in Schuhe. Keine Scheu vor dem Bequem-Schuh, den man eigentlich der älteren Dame empfiehlt. Wollt ihr unbedingt die Hochzeit mit Babybauch durchziehen, macht viel Schwangerengymnastik und delegiert den Stress auf ein breites Freundinnen-Feld ab. Lasst einen genauen Drehplan machen und gebt die Bewirtung am besten an eine Catering-Firma ab. Baumstammsägen fällt natürlich aus. Und auch alle anderen mit Anstrengung verbundenen Spiele sowie gutgemeinten Späße. Selbst ein Feuerwerk mit Knall und Donner kann das Kind im Bauch erschrecken. Laute Technomusik ist ebenfalls verboten. Denkt daran, das Baby hört alles mit.

Schwangere vertragen auch keine fünf Hochzeits-Locations. Kirche, ein Ort und Schluss. Der Ruheraum für die Braut, wo sie die Beine hochnehmen und etwas abnicken kann, ist selbstverständlich. Auch Stützstrümpfe gehören ins Handgepäck. Schwangeren Frauen wird häufig übel. Wer sich auf seiner eigenen Hochzeit vor aller Augen erbrechen muss … Habt Ihr endlich genug, lasst Ihr jetzt von dem Unsinn ab? Hört auf mich! Macht den Termin im Standesamt im Umstandskleid ohne Stress. Verschiebt die große kirchliche Hochzeit oder freie Trauung um eineinhalb oder zwei Jahre. Dann kann Euer Wonneproppen schon stolz die Schleppe tragen!

Düstere Stunden und mein treuer Tiescher

Es gibt Sonnentage, an denen alles gelingt, ich Bäume, ja ganze Wälder ausreißen könnte. Und es gibt düstere Stunden, die man nachträglich am liebsten aus dem Kalender streichen möchte, weil sie einem wie der Schlag in die Magengrube die Luft abschnüren. Nur gut, dass die Holperwege, die das Leben bereithält, nicht vorhersehbar sind. Wer jung und gesund ist, denkt kaum über das Alter, unheilbare Krankheiten, Leid und Tod nach. Als hofften wir auf Unsterblichkeit, verdrängen wir die unausweichlichen Schattenseiten unseres Daseins. Doch manchmal ist das Leben wirklich grausam. Unerträglich, wenn Kinder von uns gehen müssen, keine Rettung möglich ist, mit ihnen unbarmherzig die Hoffnungen und Wünsche von Eltern, Geschwistern, Verwandten und Freunden wie flackernde Kerzen im Wind erlöschen.

Mein Beruf bringt es mit sich, neben unendlich viel Schönem und Inspirierendem, vollendetem Glück und vor Freude überquellenden Herzen auch immer wieder mit schmerzlichen Schicksalen konfrontiert zu werden. Wie das der jungen Frau mit den rehbraunen Haaren, die, gerade vierundzwanzig Jahre alt, ihr Brautkleid bestellte. Eine schleichende Krankheit, Multiple Sklerose, begann, ihren Körper zu lähmen. Nach kurzer Zeit war sie an den Rollstuhl gefesselt, später konnte sie ihr Bett nicht mehr verlassen, starb im Hospiz. Das letzte Mal, dass sie sich aus dem Rollstuhl erhob, war in meinem Brautkleid vor dem Altar.

Nie gehen mir die lebenshungrigen, verschmitzten, wie der helle Sirius am abendlichen Himmel funkelnden Augen eines kleinen Jungen aus dem Sinn, dessen Lebenslicht das Schicksal so rasch ausblies. Dabei begann jener Tag mit einem harmlosen Anruf, wie ich sie immer mal wieder bekomme. Ein mir von manchen Storys bekannter Fotograf einer großen Zeitung rief an und fragte: »Uwe, kannst du uns mal kurz einen Hochzeitsanzug und ein Kleid leihen?« Ich hakte nach, ob dies für ein Fotoshooting sei. »Nein, für eine echte Hochzeit!«

Ich bin doch kein Kostümverleih, war meine Erwiderung. Da erzählte er im Telegrammstil: »Wir haben hier eine zu Herzen gehende Geschichte. Ein kleiner Junge, der weiß, dass er bald sterben wird. Sein größter Wunsch ist, zusammen mit der kleinen Schwester die Hochzeitsfeier von Mama und Papa zu erleben.« Ich war skeptisch, hielt das für eine Ente. Denn nie hatte ich gehört, dass ein Kind so einen Wunsch äußerte. Ich schlug vor: Bringe die Eltern und den Jungen vorbei, dann entscheiden wir gemeinsam.

Tatsächlich kam der Fotograf mit besagter Familie an einem kühlen Apriltag zu uns. Ich schätzte den Vater in Jeans, Polohemd und plastinierten schwarzen, schlecht geputzten und ausgetretenen Schuhen, auf Anfang vierzig. Er sah aus wie jemand, der manche Abende seinen Kummer in der Lieblingskneipe ersäuft. Die Mutter, eine etwas abgehärmte Frau mit kurzen Haaren. Zwischen ihnen der quirlige, fünf Jahre alte Sonnenschein Pascal. Ich drückte dem Jungen die Hand, fragte: He, wie geht es? Er: »Prima!« Vater und Mutter erzählten mir dann von seinem Leid: »Der Junge war immer kerngesund, machte Sport, spielte mit seiner drei Jahre jüngeren Schwester. Vor einem Jahr brach für uns die Welt zusammen. Pascal hatte ständig blaue Lippen.« Eine Ultraschalluntersuchung brachte die erschreckende Diagnose: Vom Becken, am Herzen vorbei, bis zur rechten Schulter erstreckte sich ein großer Tumor. Auf der Intensivstation des Uniklinikums entschieden sich die Ärzte sofort für eine hochdosierte Chemotherapie. Obwohl sich sein Zustand dramatisch verschlechterte, hielt der Bub tapfer durch. Zwischenzeitlich machten die Ärzte den Eltern vage Hoffnung. Für einige Wochen konnte ihr Junge sogar nach Hause. Riesig seine Freude, als Blumenjunge bei der Hochzeit eines befreundeten Paares auftreten zu dürfen. Doch bevor für ihn mit Anzug und Blumenkörbchen die große Stunde kam, musste er wieder ins Krankenhaus. Erst zur Chemo, dann zur Kur. Und danach die Hiobsbotschaft der Ärzte: »Unsere letzte Untersuchung ergab, dass sich auch in der Lunge Ihres Sohnes Metastasen ausgebildet haben. Wir sind an den Grenzen der gegenwärtigen Medizin angelangt, schätzen, dass es ihm noch drei bis sechs Wochen relativ gut gehen kann. Wie der Körper dann reagiert und wie lange er noch leben wird, lässt sich heute nicht mit Gewissheit sagen.«

Damit Pascal doch noch Blumenjunge sein konnte, zogen die Eltern ihre eigentlich für das Jahresende geplante Hochzeit vor. Weil das arbeitslose Paar jedoch über keine Geldreserven verfügte, wandten sie sich an die Öffentlichkeit. Und fanden in der Tageszeitung mit ihrer Hilfsorganisation »Ein Herz für Kinder« Partner, die die Organisation in die Hand nahmen. Die Trauung auf Schloss Weesenstein, Florist, Friseur, Hochzeitswagen, Caterer und letztlich unser Part – alles Spenden! Meine Mitarbeiterin ging mit der Mutter durch die Reihen der Discount-Hochzeitskleider. Sie wählte dann ein Corsage-Kleid aus Satin mit Carmen-Ausschnitt und Chiffon-Überwurf. Dazu auf der rechten Seite eine hellblaue Blüte, von der zwei Organza-Bänder herunterhingen. Währenddessen nahm ich mir Pascal zur Seite und sagte: Wir gucken mal, ob wir für dich einen Anzug finden. Ich hatte gerade einen Posten sehr schöner preiswerter Knabenanzüge aus Paris bekommen. Meine ganzen Gefühle gehörten nur diesem Jungen. Der 1,04 Meter kleine Knirps mit blauen Augen und blonden Haaren gab mir seine kleine Hand und wir gingen in die Abteilung, wo die Kinderanzüge hängen. Ich konnte mir gar nicht vorstellen, dass er so sterbenskrank war. Er rannte durch den Laden, freute sich, dass Mama ein Kleid aussuchte, lachte, schaute neugierig umher. Er war ein richtiger kleiner Zappelphilipp, nicht zu bändigen. Mir erschien die ganze Sache etwas suspekt, weil der Junge so mopsfidel war. In einigen Wochen sollte er nicht mehr unter uns weilen? Warst du im Krankenhaus, fragte ich. Da formte er seine Hände etwa zum Handball: »So einen großen Tumor haben sie mir aus dem Bauch geholt.« Und sein nächster Satz: »Ich bin nicht mehr lange da.« Mir wurden die Augen feucht, als er das sagte. Ich finde es ja wunderschön, dass du dir wünschst, das deine Eltern heiraten. Er: »Ja, das ist total schön. Aber eigentlich will ich doch nach Disneyland. Das muss dort schön sein …«

Ich fragte später, ob man auch noch Disneyland hinbekäme. Doch »Ein Herz für Kinder« sagte, dass die Ärzte in diesem Stadium davon abgeraten hätten. Sein Körper könne diese Reise schwerlich überstehen.

Ich habe ihm ein weißes Hemd mit beigefarbener Schleife ausgesucht und einen beigefarbenen Anzug. Und musste die ganze Zeit über mein eigenes Leben nachdenken. Wie gut ist es mir doch bislang ergangen, welch Glück, dass mein Sohn Philipp, all meine Mitarbeiter und deren Kinder gesund sind. Die Hochzeit wurde innerhalb von vier Tagen aus dem Boden gestampft. Wir legten Sonderschichten für das Ändern des Kleides ein, kürzten die Länge, haben den Rocksaum rolliert – damit er weich fällt. Bei der Kleid-Abholung fragte ich die Mutter: Wo ist der Kleine? »Der wartet schon mit seinem Vater am Standesamt.« Nachdem sich die Eltern das Ja-Wort gaben und ein Pianist Elton Johns »Can you feel the love tonight« gespielt hatte, griff der kleine Pascal ins Körbchen, warf Rosenblätter in die Luft und lachte aus vollem Herzen. Die Freude ließ ihn in jenem Moment vergessen, dass er nur noch kurze Zeit hatte. Eines Morgens im Sommer las ich dann, dass sein tückischer Keimzellentumor gesiegt, das kleine Herz des tapferen Pascal für immer zu schlagen aufgehört hatte. Da schossen mir die Tränen in die Augen. Ich nahm mir für den weiteren Tag frei, verließ den Laden durch die Hintertür, fuhr nach Hause, setzte mich an meinen Teich.

Selbst Kater Tiescher, der seit einem Jahr bei mir lebte, muss gespürt haben, dass ich in Gedanken versunken und tieftraurig war. Denn er streichelte mit seinem Schwanz nur leicht meine Beine, legte sich dann ganz ruhig ins Gras und verharrte so eine ewig lange Zeit. Der Kleine ist jetzt im Himmel, von all seinen Qualen erlöst, dachte ich. Und wenn es einen lieben Gott gibt, darf er vielleicht im beigefarbenen Anzug mit der beigefarbenen Schleife am blütenweißen Hemd neben dem Alten, der seit Urzeiten bis in alle Ewigkeit über das Universum wacht, sitzen.

Wie gut geht es da meinem anhänglichen Tiescher. Für den bin ich sicher ein Gott, der ihm den Weg ins irdische Katzenparadies bereitet hat. Ich wollte im Haus keine Tiere haben, dachte Katzen sind bösartige Kreaturen, dumm und gefräßig, die dich nur als Futternapf sehen. Jedoch kam eines Sonntags ein Kater, setzte sich auf meine Terrasse, nahm aber kein Futter an und verschwand wieder. Tage später ging ich mit Winnie, meiner damaligen Lebensgefährtin, im Wald spazieren. Wir fanden ein leeres Vogelnest. Und im Nest lag der junge Kater: blutig im Gesicht, die Wangen offen, aus denen bereits die Maden kamen. Er muss in einen Kampf geraten und übel zugerichtet worden sein.

Wenn Katzen kein Herrchen haben, keinen Keller und merken, es geht ans Lebensende, dann ziehen sie sich in den Wald zurück, bauen sich zum Sterben ein Nest. Ich holte Gummihandschuhe, und wir brachten ihn zum etwas verwunderten Tierarzt. »Das ist doch nicht Ihr Kater, der ist völlig dehydriert.« Ihm das Fell hochziehend, meinte er sogleich: »Der lebt höchstens noch zwei Stunden.« In diesem Moment empfand ich Mitleid für die arme Kreatur: »Päppeln Sie ihn wieder auf, Geld spielt keine Rolle.« Als da die Augen des Arztes glänzten, wusste ich: Der Kater hat eine Chance. Wasserspritzen, Vitamine, Antibiotika – nach vier Tagen der Anruf: »Sie können ihn abholen!« Ich machte ihm auf der Terrasse ein Katzenbett, doch plötzlich stand er in der Stube – und ich brachte es nicht übers Herz, ihn wieder rauszuschicken. Winnies Vater brachte eine Katzenklappe an. Das war 2008. Seitdem habe ich ihn im Hause. Ich nannte ihn Tiger, auf Sächsisch »Tiescher«. Seit ein Redakteur bei einer Home-Story in meinem Haus nur mit halbem Ohr hinhörte,

denkt alle Welt, der Kater hieße »Ziescher«. Der Fellnase ist es vermutlich egal.

Kennengelernt habe ich ihn als ganz schlanken Kater, jetzt ist er
vollgefressen, passt kaum noch durch die Klappe. Seit ich ihn habe,
weiß ich: Katzen sind genauso intelligent wie Hunde, nur anders.
Tiescher hat keine Glashütter Armbanduhr. Aber er weiß, wann ich
nach Hause komme. Er merkt sich, wann ich losfahre und wann ich
ankomme. Fahre ich vor, steht er schon da. Und das nicht nur aus
Liebe, sondern weil er fressen will. Mein Kater begleitet mich ohne
Leine bei Spaziergängen. Wenn ich sage, wir gehen zum Tierarzt,
springt er freiwillig in den Katzenkorb. Denn er kam vom Elend der
Straße ins Luxusleben. Mit Edelfutter, Fußbodenheizung, mit me-
dizinischer Betreuung wie ein Privatpatient und mit gegenseitigen
Streicheleinheiten.

Könnten Tiere und Menschen heiraten – ich würde sofort meinen Kater heiraten, sogar gleichgeschlechtlich. Denn er ist der beste
Freund geworden, den es in meinem Leben gibt. Er geht mit mir
große Runden und redet mit mir. Ich glaube fast, in ihm steckt die
Seele meiner Oma Charlotte. Als sie noch lebte, war sie meine einzige Vertrauensperson. Bei ihr hatte ich das Gefühl, sie hat dich lieb.
Er schläft auf meinem Bauch ein. Allerdings sind für meine Katzen
Schlafzimmer und Küche Tabuzonen. Katzen – sie haben richtig gelesen. Ich habe noch einen zweiten Mitbewohner: Püppi. Sie ist eine
gestrandete Mieze, die vorher bei meiner Nachbarin wohnte. Diese
übernahm sie von ihrer Tochter aus der Stadt, weil deren neuer
Freund eine Katzenhaarallergie hatte. Die zwölfjährige Püppi kam
vor sechs Jahren zu mir und ist Tieschers beste Freundin – Liebe auf
den ersten Blick! Sie lernte Tiescher bei vierzig Zentimeter Schnee
kennen, setzte sich zu ihm auf die Terrasse. Ich hatte an diesem
Sonntag die Fußbodenheizung zu hoch gestellt, den Kamin über-
heizt, musste die Tür für etwas Frischluft öffnen. Da schlüpfte Püppi
nach Tiescher rein. Erst eine Pfote, dann die zweite. Ich dachte, er
wird sie verkloppen. Doch Tiescher legte sich auf den Fußboden,

wedelte mit dem Schwanz. Sie guckte immer erst mich und dann Tiescher an – das war ihr Einzug. Sie fraß aus Tieschers Futternapf, er fand das toll. Ich brachte die Katze zurück zur Nachbarin. Doch als ich wieder nach Hause kam, war Püppi schon da – durch die Katzenklappe. Beim Versuch, sie zurückzubringen, drückte mir die Nachbarin einfach den Impfausweis in die Hand. Püppi hat die Nachbarin auch nie mehr besucht. Doch zwei Jahre lang ließ sie sich weder anfassen noch auf den Arm nehmen. Einmal hat sie mich von oben bis unten gekratzt. Der einst todgeweihte Tiescher kratzte mich nie. Püppi ist eben ein typisches Mädchen, das sich sagt: das Haus ist gut, das Futter ist gut, der Kerl ist shit. Sie hat sich für das Haus entschieden, ist sehr zweck- und futterorientiert. Tiescher hat eine gute Seele, Püppi einen mistigen Charakter. Beide sind wirklich grundverschieden. Püppi ist vielleicht deshalb eine Diva, weil in ihr Gene einer British Kurzhaar stecken. Tischer ist eher die Waldkatze.

Fazit: Wer sich mit Tieren beschäftigt, egal ob Wellensittich, Kaninchen, Hund oder Katze, spürt: alle haben eine Seele, alle außer Mücken! Zurück zu den Tabuzonen. Weder Püppi noch Tiescher gehen in die Küche hinein. Das habe ich durch Konsequenz geschafft. Meist wird bei mir zu klassischer Musik ganz ruhig gesprochen. Aber wehe, wen sich eine Katze in die Küche verirren sollte. Da schreie ich wie am Spieß, verteile den ganzen Tag auch keine Leckerlis.

Weil überall im Haus Überwachungskameras sind, sehe ich selbst auf Reisen, was beide treiben. Einmal ließ ich die Küchentür offen. Ich war noch nicht vom Hof, da schlug eine Kamera an. Beide hatten Küche und Speisekammer inspiziert. Doch wenn ich im Haus bin, setzen sie kein Pfötchen hinein. Seit kurzem habe ich Katzen-GPS, das Geburtstagsgeschenk von Philipp und meiner Ex Winnie. Neugierig wie ich bin, interessiert mich, wohin der Weg Tiescher führt, welcher Nachbar ihn eventuell heimlich füttert. Dafür hat er ein kleines graues Halsband mit Sender. Dessen Signal fangen um die Erde kreisende Satelliten auf und senden es an mein Mobiltelefon.

Ich würde gern so mancher Braut beim Mädelsabend den Sender mit in die Handtasche stecken …

Wenn ich mit meinen Tieren zu Hause bin, vermisse ich niemanden. Ich muss mir nie Blödsinn anhören, habe keine Polizistin da oder bekomme Überwachungsanrufe wie »Du wolltest doch 20 Uhr daheim sein. Ich kann das Essen nicht mehr halten.« Apropos Essen: Letztes Jahr schlachtete Mutti Rosemarie mein braunes Lieblingsschaf, das wir Mohammed getauft hatten. Sie lud mich zum Essen ein. Als sie dann sagte. »Mohammed liegt auf dem Tisch, mit Kartoffeln und Rotkraut«, bin ich weinend aufgestanden, konnte keinen Bissen herunterwürgen. Tiere wie Menschen bringen mich manchmal ganz schön aus der Fassung.

Brautjungfern und
Blumenkinder

Achtung! Gefahr! Man muss nicht gleich an den Weltuntergang denken, aber **Blumenkinder können die ganze Hochzeit verderben.** Die bis zu sechs Jahre alten Buben und Mädchen sind ja meist Patenkinder, der Nachwuchs von Geschwistern oder Freunden. **Ihren Einsatz vorher zu üben, kann ich nur empfehlen.** Und sie sind ständig zu beschäftigen. Sonst toben sie wie Rumpelstilzchen um die Braut und kosten Nerven. Deshalb für die Blumenkinder, früher nur Blumenmädchen, **unbedingt eine Aufsicht organisieren.** Während in der Kirche das Ja-Wort gesprochen wird, haben sie vielleicht schon von der Sektpyramide genascht oder diese umgeworfen!
Sie brauchen einen Raum zum Schlafen. Das kann bei der Hochzeit im Freien auch ein Zelt mit Luftmatratzen sein, wo ihnen eine liebe Mutti oder Vati Geschichten vorliest. Denkt immer an Ersatz! Manchmal sind die festlich angezogenen Blumenstreumädchen oder Schleppenträger pötzlich nicht mehr bereit, ihrer Aufgabe nachzukommen, empfinden die Zeremonie als Qual oder stellen sich als scheu und schüchtern heraus. Dann müssen die Brautjungfern, meist Freundinnen der Braut, ihren Job übernehmen. Für diesen auf den uralten Fruchtbarkeitskult zurückgehenden Freundschaftsdienst – **das Streuen der Blumen soll Kindersegen verheißen** – ist man nie zu alt.
Früher trugen die Jungfern Weiß, was heute völlig verpönt ist. Auf jeden Fall erscheinen sie einheitlich gekleidet in der Kirche. Schon lange sind sie **wichtige Beraterinnen und in die Vorbereitung** einbezogen. Am Hochzeitstag helfen sie beim Anziehen, richten Kleid, Schleier

und Schleppe, verwahren den Brautstrauß, betreten vor der Braut die Kirche, verteilen Konfettitütchen, umsorgen sie bei der Feier. Immer seltener kommt für die Kostüme von Blumenkindern und Brautjungfern das Hochzeitspaar auf. Häufig deren Eltern. Damit die Kleinen nicht kunterbunt aussehen, erhalten die Mädchen einheitliche Kleidchen, Haarkränzchen und Schleifen, die Jungen zum Beispiel schwarze Jeans, weißes Hemd und Hosenträger. Ihre Blumenkörbe schmückt man mit farbigen Satinschleifen in der Hochzeitsfarbe.

Oft wird das aus dem Kirchportal tretende Paar mit Reis beworfen – was ebenfalls für Fruchtbarkeit und Kindersegen steht. Als das asiatische Hauptnahrungsmittel hierzulande noch unbekannt war, nutzte man Graupen, Erbsen, Nüsse und Wacholder. Ob Blüten, Konfetti oder Reis – jemand muss alles entsorgen! Sonst senden Stadtreinigung oder Kirche dem jungen Paar die Rechnung. Um nicht auf den Kosten sitzen zu bleiben, verbieten mittlerweile viele Kirchen selbst das Blumenstreuen. Auch solltet Ihr über eine Versicherung nachdenken. Wie oft tritt jemand von ihnen auf die Schleppe. **Der Schleppentritt gehört zu den schlimmsten und zugleich häufigsten Hochzeitspannen.** Wenn Blumenkinder und Brautjungfern im Fokus von Fotoapparaten, Videokameras und Smartphones stehen, vergessen sie alles um sich herum. Ein falscher Tritt der Jungfer auf das Brautkleid, und es macht ratsch. Im schlimmsten Fall steht die Braut mit Strümpfen und Strumpfband vor der versammelten Hochzeitsgesellschaft. Der Schleppentritt kann zudem wie eine Vollbremsung im Sportwagen bei Tempo 100 wirken. Beim Ruck reißen nicht nur Schleppe und Schleier, im ungünstigsten Fall verrutscht auch das künstliche Haarteil der Frisur.

Hochzeitsfotograf –
eine schwere Wahl

Ihr investiert so viel Zeit, Liebe und Geld in jedes Detail. Doch oft
wird etwas höchst Wichtiges außer Acht gelassen. **Das einzige, was
ewig von der Hochzeit bleibt, sind Fotos – und wenn die künftige
Abspieltechnik es erlaubt, auch Videos. W**ie oft wird da ein guter
Bekannter eingesetzt, der Nachbar oder Hobbyfotograf aus dem Dorf
gefragt. Vorsicht! Bei Hochzeitsfotos muss man viel mehr wissen, als die
richtige Belichtung einzustellen, stürzende Linien zu vermeiden und
Köpfe und Füße dranzulassen. Ich habe schon Laienfotografen erlebt,
da war nach der Feier die Speicherkarte leer, hatten Innenaufnahmen
einen üblen Farbstich oder das Paar sah wegen falscher Objektivwahl
verzerrt aus. Die Momente des schönsten Lächelns einzufangen, ist eine
Kunst. Deshalb für die wichtigsten Motive einen Profi ranlassen. Nicht
nur, weil er über die entsprechenden Kameras mit weich zeichnenden
Objektiven, über starke Blitztechnik und eine Beleuchtungsanlage
verfügt. Vor allem, weil er das Auge für die richtigen Blickwinkel, für
die emotionalsten Momente hat. Ein Fachmann besitzt zudem das
Durchsetzungsvermögen und die Lockerheit, Euch zu wunderbaren
Posen zu ermuntern. Er wird die Feiergesellschaft animieren, provozieren
und sie bei Gruppenfotos so gekonnt in Szene setzen, dass nicht einer
schief guckt oder die Augen geschlossen hält. **Es sollen Fotos voller
Natürlichkeit, Eleganz und Unverwechselbarkeit entstehen, von
denen noch die Enkel sagen: Oma, du warst die schönste Braut ever!**
Natürlich hat jeder Fotograf seine eigene Handschrift, seine Erfahrungen.
Doch unter ihnen gibt es nicht so viele, die wirklich exzellent arbeiten,
hochkreativ und kommunikativ zugleich sind und die Hochzeit, das
Brautpaar optimal abbilden. Die Wahl des richtigen Fotografen ist

zeitaufwendig und mühsam. Denn ich kenne keinen 08/15-Knipser, der sich nicht selbst für einen Top-Experten hält. Wenn einer prachtvolle Architekturbildbände, herrliche Landschafts-, Porträt- oder Industriefotos fabriziert, kann er auf dem Gebiet der Hochzeitsfotografie, die ganz viel mit Menschen in Bewegung arbeitet, die Gunst des Einmaligen, des Augenblickes nutzt, eine komplette Niete sein.

Geübte Hochzeitsfotografen brillieren mit einzigartigen Bildern, die man schon auf ihren Webseiten analysieren sollte. Sie kennen Bauwerke, alte Bäume und verträumte Orte, die sich als Hintergrund empfehlen, wissen genau, aus welchem Winkel die Sonne auf die Nase fallen sollte und mit welchen Accessoires das Paar verspielt, romantisch, vornehm, erotisch oder lasziv wirkt. Sie haben Blicke für kleinste Details wie das Strumpfband beim Ankleiden, den Tau auf den roten Rosen, das vor Glück strahlende Blumenstreumädchen, das blitzende Kuchenmesser beim Anschneiden der Hochzeitstorte, den roten Hummer auf dem Büfett, die verschlungenen Hände mit den neuen Ringen während des ersten Tanzes.

Zeigt dem Fotografen Aufnahmen aus Hochzeitsmagazinen, die Euch gefallen, erstellt eine Motivliste, erbittet Angebote und prüft vor allem, ob die Chemie zwischen euch stimmt. Fotografen können sehr teuer sein, 350 Euro bis 1000 Euro kosten. Das hängt von ihrem Status, ihrer Technik, dem Zeitaufwand und dem Auftragsumfang ab – zum Beispiel einer bestimmten Anzahl von Motiven und Abzügen, dem Fotobuch, Einsatz einer Drohne. Man darf nicht vergessen, dass sie An- und Abfahrtszeiten haben und die Foto- und Filmnachbearbeitung Stunden in Anspruch nimmt. Vielleicht genügt ihr Einsatz auch in Standesamt oder Kirche, dem anschließenden Shooting bis zum Festessen. **Es muss im Voraus schriftlich vereinbart sein, ob es eine Vertretung im Krankheitsfall gibt, alle Bildrechte an Euch fallen, Ihr in den Besitz der hochauflösenden Daten kommt oder für Nachbestellungen extra Geld verlangt wird.**

Daneben ist es gar nicht schlecht, wenn zusätzlich zum Profi jemand bei der Feier private Schnappschüsse macht oder kleine Videos dreht.

Die traurige Geschichte von der japanischen Braut

Meine Assistentin Winnie war ganz aufgeregt, wollte mich unbedingt dabeihaben. Alles begann mit dem Besuch eines Mannes und einer reiferen Frau in unserem Brautmodenfachgeschäft. Der Sechsunddreißigjährige war ein Doktor der Pharmazie, eher klein und dunkelhaarig, aber mit extravagant gezwirbeltem Schnurrbart. Die ihn begleitende Dame, in der wir zuerst seine Mutter vermuteten, entpuppte sich schnell als Dolmetscherin für japanische Sprache. Beider Besuch drehte sich um eine Frage: »Ist ihr Unternehmen in der Lage, eine ganze japanische Familie einzukleiden? Sehr hochwertig einzukleiden?«

Nach und nach wurde klar, dass er eine Japanerin heiraten wollte. Der Mitarbeiter einer großen Pharmafirma kannte sich zwar in Tablettenumhüllungen wie kaum ein Zweiter in Deutschland aus, aber nicht mit solchem Krimskrams wie einer Hochzeit. Das bemerkten auch die zukünftigen Schwiegereltern in Japan, die wie die Braut unbedingt ihre Kleider und Anzüge für die Hochzeit in Deutschland kaufen wollten. Und engagierten als seine Beraterin oder Spionin die Dolmetscherin. Auf uns stieß er beim SemperOpernball, dessen hundert Debütantenpaare ich 2010 schon zum dritten Mal exklusiv mit extravaganten Kleidern beziehungsweise Smokings ausgestattet hatte. Meine trägerlosen Rallye-Red-Roben aus plissiertem Satin mit Perlenapplikationen in Wickeloptik, in denen die blutjungen Debütantinnen in aufwendiger Choreografie im Walzertakt über das Parkett schwebten, müssen ihn irgendwie fasziniert haben. Auf jeden Fall hatte sich der Name Herrmann-Design bei ihm eingeprägt. Und wenn die Dolmetscherin nicht mit ihrem kleinen Fotoapparat

heimlich jeden Winkel bei uns knipste, er Winnie nicht gerade mit
Fragen zu Stoffen und Schuhen löcherte, kamen wir mit ihm ins
Gespräch über seine Braut. Er lernte die deutsch sprechende Japa-
nerin in einem Pharmakonzern in Tokio kennen, den er als Verant-
wortlicher eines internationalen Medikamentenprojektes für drei
Wochen besuchte.

Sie hieß mit Vornamen Mei, was im Japanischen Bedeutungen
wie angesehen, berühmt, gefeiert oder großartig hat. Wie es der Zufall wollte, begann sie – allerdings zwei Jahre nach seinem Diplom –
an der gleichen deutschen Universität das Pharmaziestudium. So
waren sie sich zwar nie begegnet, hatten aber die gleichen Dozenten
und Professoren. Bei der gemeinsamen Arbeit, vor allem nachdem
sie abends beim Essen mit Kollegen nebeneinander im vornehmsten
Tofu-Restaurant Tokios saßen, funkte es. Aus der WhatsApp- und
Skype-Freundschaft wurde echte Liebe. Jeden Urlaub nutzte er, sie
in Tokio zu besuchen. Als Mei dann bereit war, nach Deutschland
zu kommen, weil sie als Spezialistin auch hier glänzende Karrier-
echancen hatte, stand der Hochzeit nichts mehr im Wege. Diese
sollte zuerst in Deutschland, danach traditionell japanisch in ihrer
Heimat stattfinden.

Ich führte den Bräutigam und seine besonders neugierige Begleitung durch alle Räume, zeigte unsere vielfältigen Möglichkeiten
und auch die Prominenten-Treppe, wo Fotos meiner berühmtesten
Kundinnen und Kunden hängen. Vier Tage später das Einverständnis ihrer Familie, die seit der Großelterngeneration als vermögend
gilt, in der Präfektur Miyagi einen umfangreichen Immobilienschatz
besitzt. Wenige Wochen später stiegen sie tatsächlich in Frankfurt
am Main aus dem Flieger. Höhepunkt ihrer Schnupperreise durch
Deutschland mit Abstechern nach Berlin, Hamburg, München,
natürlich Schloss Neuschwanstein, Opern und Museen: Dresden
mit der Semperoper, die Sixtinische Madonna im Zwinger, Frauenkirche, Europas älteste Porzellanmanufaktur Meissen und mein
Geschäft. Die Braut mit ihren Eltern, zwei Schwestern und zwei

Brüdern und natürlich der Bräutigam kamen vormittags elf Uhr. Und alle wollten sich tatsächlich einkleiden. Neben Brautkleid und Hochzeitsanzug suchten sie Abend- und Cocktailkleider, diverse Anzüge. Alles in mindestens doppelter Ausführung und individuell. Auf keinen Fall etwas von der Stange. Eine ganz wichtige Forderung: Es musste deutsch aussehen!

So eine phantastisch angenehme Familie hatten wir noch nie bedient. Ihre Höflichkeit war wie von einer anderen Welt. Sie bedankten und verbeugten sich ständig. Andere Kunden, die uns beobachteten, mögen geglaubt haben, die Japaner seien die Brautkleidverkäufer. Mutter und Schwestern nahm ich überhaupt nicht wahr.

Die achtundzwanzigjährige Braut war wunderschön: lange schwarze Haare, lächelnde Mandelaugen, etwas flaches Gesicht, dazu eine Figur wie aus dem Modekatalog mit Konfektionsgröße 32, klassischer 75-A-Brust mit leichter B-Tendenz, relativ kurzer Oberkörper, sehr lange Beine. Künstler würden sagen, sie vereint die Maße des Goldenen Schnitts. Ihre Haut hatte einen weichen, cremefarbenen Teint, verwöhnt von den edelsten französischen Kosmetika. Man sah, dass sie immer Pullover mit langem Arm und bei Sonnenschein einen Regenschirm trug – für den hellen Teint! Wir Europäer wollen uns am liebsten einen goldenen Teint auf die Haut zaubern, nutzen Selbstbräunungscremes, Sonnenschutz- und Mogel-Make-up für falsche Tiefenbräune selbst im Winter. In Asien hingegen ist man verrückt nach weißer Haut, bleicht sich mit sündhaft teuren Seifen, Peelings, Cremes und Lotions aus Schachteln, Tiegeln und Tuben. Manche schmieren sich in zehn Jahren Wundermittel im Wert eines Kleinwagens auf den Body, scheuern die oberste dunkle Hautschicht vom Gesicht – weil auf diesem Kontinent nur blass als vornehm und reich gilt. Zuerst wandelte die Braut mit ihren Augen durch meine Kataloge, dann machte sie einen ausgedehnten Rundgang durchs Geschäft und hatte dennoch nur ein Ziel. Unter Hunderten, ja Tausenden Kleidern erkor sie ein einziges für sich: das verträumte, verspielte Sissi-Kleid wie für eine

Märchenbraut im italienischen Stil von »Morilee by Madeline Gardner« aus New York. Ein riesiges, ein phänomenales Kleid. Meine Oma hätte gesagt, der Riesenscheunendrescher. Es war fast so breit, wie die Braut hoch war. Und sie kam ohne Schuhe auf süße 1,70 Meter. Im Brustbereich wählte die Japanerin edelsten Satin mit teuerstem Tüll überzogen. Über 3000 per Hand aufgenähte Strass-Applikationen in High Glas, nicht wie häufig benutzt in Plastik, zierten die würdevoll bestickte Corsage. Diese feinste Struktur kann man mit Worten gar nicht beschreiben. Da hatten fleißige Hände über Wochen daran gestickt. Darunter einen ganz großen siebenstufigen Tüll-Überrock aus hauchdünnem fließendem Organza-Tüll, alles blütenweiß. Bei jeder Bewegung sah es aus, als schwebe sie auf Wolken. Sie wirkte wie von einem anderen Stern.

Die Japanerin hatte sich in diese Kreation verliebt. Immer wieder tanzte sie vor dem Spiegel, warf kokett den Kopf nach hinten. Ihre blitzenden Augen, ihr zauberhaftes Lächeln, es war unübersehbar – Braut und Brautkleid hatten sich gefunden! Sie wollte ihren Busen schön groß mit Silikon-Pads, welche sie selbst mitbrachte, gepuscht haben. Kaum waren diese im Kleid, hatte sie plötzlich gewaltige Amarillos, die faszinierend echt aussahen. Das war eine der exklusivsten Sonderanfertigungen, wie sie nur Multimillionäre machen lassen. Selbst die Brustwarzen waren mit ganz viel Liebe und Kunstfertigkeit nachgebildet. Wenn das Kleid aus den USA geliefert würde, wollte sie den alten Familienschmuck mitbringen und schauen, ob noch eins unserer vielen Diademe dazu passte. Insgesamt war die Familie – lediglich unterbrochen durch ein langes Essen im Grandhotel Taschenbergpalais Kempinski – bis achtzehn Uhr im Haus.

Die Herren bestellten Stresemanns. Diese hochnoblen Anzüge aus schwarz-grau gestreifter Hose mit einreihigem schwarzen oder anthrazitfarbenem Jacket mit steigendem Revers, hellgrauer Weste, weißem Hemd mit Umschlagmanschetten und silbergrauer Krawatte – ihren Namen haben sie nach einem deutschen

Außenminister – trägt man heute fast nur noch bei Staatsempfängen. Natürlich sollten es Sonderanfertigungen sein, und wir mussten noch eine Zylinderfirma finden, die für Vater und Brüder diese aufklappbaren Kopfbedeckungen anfertigt. In Frankreich wurden wir fündig. Allerdings kostete jeder Zylinder samt Hutschachtel über 500 Euro – das gibt so mancher nicht einmal für den kompletten Anzug aus. Der Bräutigam entschied sich für einen traditionellen deutschen Hochzeitsanzug: ganz in Schwarz, weißes Hemd, Hose, Sakko oder Gehrock, silbernes Plastron, die silberne Weste trug mit Silberfäden bestickte Blüten. Er wollte alles dezent, auf keinen Fall verkitscht und lehnte den Zylinder vehement ab.

Wie mag die Hochzeit von Leuten aussehen, die schon so viel in Kleider und Anzüge investieren? In meinen Träumen musste sie ähnlich pompös wie die prunkvollste in der ganzen sächsischen Geschichte ausfallen. Vor dreihundert Jahren ließ Sachsens »Sex- und Sonnenkönig« August der Starke, der von zahlreichen Mätressen Kinder hatte, seinen einzigen ehelich geborenen Sohn mit der Kaisertochter Maria Josepha Erzherzogin von Österreich vermählen. Geschätzte Kosten der Feier: sechs Millionen Taler! Das war das Zwanzigfache des Betrages, der ihm alljährlich für seine Schlösser und Paläste sowie den ganzen Hofstaat zur Verfügung stand. Gekrönte Häupter aus ganz Europa pilgerten dafür im September 1719 nach Dresden, feierten im zu diesem Zweck neu errichteten Zwinger und Opernhaus sowie in drei extra aufgemöbelten Schlössern bei sieben rauschenden Planeten-Festen mit Tausenden Mitwirkenden, Riesen-Feuerwerken und Tierhatz mehrere Wochen lang.

Bei dieser ausländischen Kundschaft war ich – anders als sonst – sehr zurückhaltend. Manche Frage, die mir auf der Zunge lag, stellte ich nicht. Doch bei den langen Anproben und dem Essen, zu dem sie mich einluden, lernte ich die Familie ein klein wenig kennen, erfuhr etwas über asiatische Lebensart, japanische Bräuche und die dortigen Menschen. Manches fand ich fremd, vieles inspirierend, einiges auch skurril. Wie die Geschichten über ihren in den Bergen lebenden Großvater, der beispielsweise immer Buchweizennudeln kochte, gewonnen aus dem zermahlenen Samen des Buchweizens, eines Knöterichgewächses. Der Knöterich in meinem Garten, dieses schreckliche Unkraut, lässt mich seit Jahren verzweifeln. Während die Gäste Großvaters Nudeln bekamen, trank er selbst daheim lediglich die Brühe und wurde so steinalt. Weil das Gute nur in der Brühe war und nicht in den Nudeln! Da man mein Interesse bemerkte, bekam ich ein ganzes Paket Buchweizennudeln geschickt. Die glutenfreien, dunkelbraunen Nudeln mit ihren essentiellen Aminosäuren, reich an Eisen und anderen Mineralstoffen, schmecken wirklich gut. Wenn es stimmt, was der Großvater von den Nudeln hielt, werde ich Euch noch mit tausend Folgen »Zwischen Tüll & Tränen« beglücken können. Ich habe danach über Monate tatsächlich Buchweizennudelbrühe getrunken – bis ich sie weder sehen noch riechen konnte.

Obwohl die Japaner eine ganz moderne, weltgewandte Familie waren, artikulierten sie, dass sie die Hochzeit von Mann und Frau als existenziell, als unverzichtbar für das Fortbestehen der Familie betrachteten. Früher sollte eine Japanerin bis zum vierundzwanzigsten Lebensjahr unter die Haube. Studium und Beruf verschieben das Alter aber auch im Land der aufgehenden Sonne immer weiter in Richtung der Dreißig. Karrierefrauen bleibt oft nur übrig, Agenturen nach einem passenden ausländischen Mann suchen zu lassen. Zumindest das war bei Mei nicht mehr nötig. Und ihre Familie ließ durchblicken, welche Art Hochzeit nach der in Deutschland noch geplant war.

Der formale Akt ist in Japan völlig unspektakulär, die Sieglung des entsprechenden Dokuments auf dem Amt kann sogar einer der Partner allein vornehmen. Aber dann wird es gigantisch. Eine komplette traditionelle Hochzeitsausstattung für die Zeremonie im Schrein oder Tempel kann locker 100 000 Euro kosten, wird meist für ein Zwanzigstel des Kaufpreises geliehen. Hochzeiten selbst, für deren Ausrichtung die Eltern der Braut zahlen, werden in ihren Kreisen mindestens mit einer sechsstelligen Euro-Summe veranschlagt. Doch auch der Bräutigam wird geschröpft. Kein Verlobungsgeschenk, das nicht nur die Braut, sondern zusätzlich auch die zukünftigen Schwiegereltern bekommen müssen, darf drei Monatsgehälter unterschreiten. Und jeder Hochzeitsgast bekommt ein »hikidemono« – ein kleines Gastgeschenk – im Wert von 50 Euro.

Ich erinnere mich noch, dass die Brautschwestern alle identische silberne lange Abendkleider wählten. Die Braut war schon zwei Monate vor der ersten Anprobe in Deutschland, um die Hochzeit vorzubereiten, alle Formalitäten wie Aufenthaltsgenehmigung, Heiratserlaubnis und den ganzen Behördenkram zu erledigen. Während sie zwischen Asien und Europa pendelte, merkte ich, dass es für zwei intelligente, vermögende und sich liebende Menschen genauso hohe Heiratshürden wie für jene mit wenig Geld gibt. Dreieinhalb Monate hatte die Anfertigung des Kleides gedauert.

Zu den Anproben kam die Braut allein. Und wo die Sprachkenntnisse versagten, verständigten sich meine Mitarbeiter in Zeichensprache. Wegen ihrer Größe und Zierlichkeit nahmen wir eine Lage Stoff aus dem Kleid, kürzten die Schleppe. Dann kam das komplette Programm mit Schleier, Schuhen, Probefrisur, Probe-Make-up. So oft wie das faszinierende, nie arrogante, Mädel zu uns kam, schien es schon, als gehörte sie zu uns. Sie schwärmte, wie preiswert alles in Deutschland im Gegensatz zu ihrer Heimat sei. Schließlich war alles perfekt, die Hochzeit sollte in drei Wochen über die Bühne gehen. Parallel dazu hatte sie auch das japanische Outfit für die Hochzeit in der Heimatstadt eine Woche später besorgt. Trotzdem wollte sie das deutsche Brautkleid später nach Japan mitnehmen. Es gab da noch die große Frage, wie sie ihr Kleid in den Koffer bekäme. Wir fanden folgende Lösung: Unter Vakuum wurde es in einer Folientasche zusammengepresst. An einem anderen Kleid testeten wir sogar das komplizierte Aufbügeln zu alter Pracht nach dem Flug. Darüber drehten wir für ihre Bügelfrau ein Video. Bei der letzten Anprobe klagte die Japanerin mir ihr Leid: »Herr Herrmann, Deutschland ist so ein schönes Land, ich habe hier erfolgreich studiert. Jetzt fehlt immer noch ein einziger Stempel. Der darf nicht als Kopie per E-Mail geschickt werden. Mein Farbdrucker würde ihn zwar wie ein Original aussehen lassen. Doch ich möchte in Deutschland nicht mit einem Betrug anfangen. Deshalb fliege ich morgen, nur drei Wochen vor dem schönsten Tag meines Lebens, noch einmal nach Japan – um mir den winzigen Stempel zu holen.«

So flog Mei über Frankfurt und Tokio nach Sendai, landete morgens just zu jener Unglücksstunde in ihrer Heimat, als die Flutwelle des Tohoku-Erdbebens, das 18 537 Menschen das Leben kostete und die schreckliche Nuklearkatastrophe von Fukushima auslöste, über die Küste rollte. Als sie gerade aus dem Flieger gestiegen war, schwappte die vielleicht zwanzig Meter hohe Welle heran, riss sie und die anderen Passagiere in den Tod. Ich hoffe, sie musste nicht lange leiden. Es dauerte Wochen, bis ihre sterblichen Überreste gefunden und identifiziert waren.

Ihr Freund kam danach fast täglich zu uns. Er hatte seine große Liebe gefunden, doch die Naturgewalten entrissen sie ihm auf so tragische Weise – für ihn unfassbar, so unverständlich. Die Familie in Japan brach mit ihm. Angeblich wäre er am Tod der Tochter schuld, hätte Unglück über ihre Familie gebracht. Wir waren wohl die einzigen, die ihm und seiner großen Liebe so nahe kamen, in uns sah er den letzten Zipfel seiner verflossenen Zukunft – es war seine Trauerbewältigung. Ich habe oft seine Hände gehalten. Am Anfang empfand ich großes Mitleid, spendete gern Trost. Denn Meis Tod beschwerte auch mein Gemüt. Doch die täglichen Besuche wurden zunehmend bedrückend, und wir waren mit unserem Latein am Ende. Wie sollten wir dem Mann, der seinen Lebenstraum verlor, auch helfen? Was sollte mit dem Brautkleid der Toten geschehen? Es war nur noch eine kleine Restzahlung zu leisten. Ich setzte mich dann mit einer überregionalen Zeitung in Verbindung. Die Redakteure schlugen vor, das Kleid zugunsten von Kindern zu versteigern, deren Eltern im Tsunami starben. Der verhinderte Ehemann stimmte sofort zu. Doch zwei Tage später rief er mich an: »Das geht nicht. Eine Versteigerung ist nicht erwünscht. Die japanische Botschaft wird das Kleid abholen.«

Es scheint die Eigenart diese Landes und der Stolz dieses Volkes zu sein, Probleme selbst lösen zu wollen. Ich habe das akzeptiert. Die Brauteltern bestellten dann über die Botschaft eine Spedition, die das Kleid, das zum Totenkleid geworden war, bei uns abholte und per Luftfracht nach Japan brachte.

Ich werde diese Braut und dieses Kleid niemals vergessen.

Geiz ist ganz und gar nicht geil

Gut ein Viertel meiner Zeit verbringe ich auf Reisen oder im Flieger. Ich besuche Kunden, oft Modemessen und Tuchhändler, aber auch Hersteller in Asien. Denn neben unseren vierzehn Nähplätzen im eigenen Geschäft und den Herstellern in Deutschland oder Polen beschäftige ich zum Beispiel auch Firmen in China, der Türkei und der Ukraine. Die sind mittlerweile so flexibel und hoch spezialisiert, dass sie meine Entwürfe in kleinen oder größeren Stückzahlen innerhalb von wenigen Wochen liefern können. Das geht bei Kleidern, die nur einige 100 Gramm wiegen und durch geschickte Hände so dicht gefaltet werden, dass ich sie in Kartons verpackt auf dem teuren, aber schnellen Luftweg importieren kann.

Ich kam gerade an einem Samstag von so einer Reise aus Shanghai, da rief mich eine Fachhelferin um Hilfe. Eine Kundin hatte sich nach reichlich einer Stunde Beratung für ein superbilliges Brautkleid in Creme für 199 Euro aus unserem Discount entschieden. Nun stellte sie noch einige Fragen, deren Beantwortung lieber der Chef, der sich damit auskennt, persönlich übernehmen sollte …

Der Pagenschnitt stand der circa 1,70 Meter großen Frau mit der spitzen Nase, die ein Etuikleid aus dem Kaufhaus trug und mit einer Louis-Vuitton-Handtasche vermutlich aus der Türkei wedelte, auf welche Markenexperten lieber keinen zweiten Blick werfen sollten. Bei ihren wunderschönen Pumps waren die Absätze zwar leicht abgetreten, sie sahen trotzdem noch edel aus. Mein erster Eindruck: Typ verblichene Eleganz, Anfang der Vierziger! Meine Mitarbeiterin fand auch heraus, dass es sich um eine Notarin aus dem süddeutschen Raum handelte. Zielgerichtet suchte sie an jenem Tag im völlig überfüllten Laden den Brautmoden-Discountbereich, quasi meine Schnäppchenecke, auf. Hier gibt es nicht einmal separate Umkleidekabinen. Die Frauen probieren ihre Roben in der Abendkleiderabteilung. In Uwes Resterampe hängen sie alle: Modenschaukleider und Überhangkleider aus der vorherigen Saison. Dann die »totprobierten Kleider« – jene, die durch Anproben Beschädigungen aufweisen. Natürlich sind sie professionell gereinigt. Im Fachgeschäft werden die Kleider für den Kunden nach den getesteten Modellen fast immer neu angefertigt. Ganz anders im Discount. Dort werden sie genommen, wie sie hängen, eben von der Stange.

Die Kundin hatte schon acht Kleider anprobiert. Wegen ihrer leicht birnigen Figur – der Rock vom Etuikleid stand so ab, dass man fürchten musste, sie flattere davon – wusste ich, dass es meine Mitarbeiterin bei der Beratung sehr schwer hatte. Aber die Kleiderauswahl traf die Notarin mit unerschütterlichem Selbstbewusstsein und Augenmaß für die richtigen Schnitte – alle passten zu ihr und verhüllten geschickt das nicht ganz so vorteilhafte Äußere: Ihr Brautkleid war ein dünner Satin in Creme ohne Stickereien und Schnickschnack mit einer hauchdünnen Lage Soft-Tüll drüber und sehr kurzer Corsage. Unter dieser ein breiter Gürtel mit Satinschleife und einem großen A-linienförmigen Rock mit zwei Rocktaschen an den Seiten. Es wirkte romantisch, modern, futuristisch und trotzdem irgendwie klassisch. Ihr Traumkleid war nun kein preisgesenktes, sondern eines jener Modelle, die für das betont preiswerte Segment in Indien genäht werden.

Ich stellte mich der Dame mit Namen vor und fragte höflichst nach ihrem Begehr. Nachdem sie um den letzten Cent gefeilscht hatte, sagte sie im Brustton tiefster Überzeugung: »Wo wurde das produziert? Ich kaufe nur etwas aus Europa, Kinderarbeit will ich nicht unterstützen!« Da schaute ich sie nur an, nahm mein Kleid und dachte mir: Gerade eine Notarin, die für Ernsthaftigkeit und klare Sicht auf die Welt steht, eine Frau, die nach Toleranz strebt, musste hier so einen Ehrgeiz entwickeln, treibt das Feilschen auf die Spitze. Dann holte ich tief Luft und sagte: Um mich nicht aufzuregen, werde ich mit meinen Worten genauso geizig sein, wie Sie ans Brautkleid-Budget herangegangen sind. Ich ging zur Kasse, nahm einen Rotstift und machte eine dicke zwei vor die 199 Euro. Plötzlich standen da 2199 Euro! Für diesen Preis können Sie Ihr Kleid mit den edelsten Stoffen in Deutschland, in Dresden produziert bekommen. Damit Sie mit Ihrem Gewissen ins Reine kommen. Ich hatte ein Bedürfnis, es ihr auch so ins Stammbuch zu schreiben. Mit völligem Unverständnis, fast Hass schaute sie mich an und fragte, was mein Verhalten wohl ausgelöst habe. »Gnädige Frau, da Sie meiner Mitarbeiterin erklärten, Notarin zu sein, gehe ich davon aus, dass sie keine 5 in Mathematik hatten. Setzen Sie einfach mal eine Stunde Lohn meiner Mitarbeiter für die Beratung an, dazu die Mehrwertsteuer. Nur den Lohn meiner Mitarbeiter und nicht den Ihrigen. Und dann überlegen Sie bitte, was übrig bleibt für Stoff, für den Ober-Tüll, den Unter-Tüll, für den Unterrock, für den Reißverschluss, für die zwölf bezogenen Satinknöpfe, für die zehn Meter Satinstoff. Was meinen Sie, wo auf der Welt Sie für diesen Preis diese Zutaten bekommen? Selbst wenn ich für Sie den Stoff gestohlen hätte, müssten ihn die Mitarbeiter umsonst nähen oder ich müsste die Kinder meiner Mitarbeiter fragen, ob sie Zeit dafür hätten. Also Entschuldigung. Wenn Sie einkaufen gehen, bitte genauso mitdenken, als wenn ich mich bei Ihnen ins Grundbuch eintragen lasse.« Sie ging zornig aus dem Geschäft. Vor allem, weil ich noch den Beifall der anderen Kunden bekam. Normalerweise mache ich so etwas in der Öffentlichkeit nie. Doch da sie meine Mitarbeiter massiv unter Druck setzte, dachte ich: Wie man in den Wald hineinruft, schallt es zurück. Ich wollte ihr noch mit auf den Weg geben, dass sie sich mit Geiz persönlich keinen Gefallen tut. Denn da behandelt man sich als Spitzenverdiener selbst schlecht. Wer sich keinen guten Tag gönnt und mitleidheischend ohne Not so tut, als ob er am Ende der Nahrungskette steht, wird verbittern. Dann habe ich erst einmal die Kollegin, die an ihr verzweifelt war, getröstet. Einige Tage später rief ich meine Mitarbeiter zusammen, gab den Verkäuferinnen und Schneiderinnen Argumentationshilfen, wie man solche Kunden höflich und bestimmt abschütteln kann.

Als aufgeklärter Europäer, getaufter Christ und Humanist bin ich ein erbitterter Gegner unbarmherziger Ausbeutung. Es kann nicht sein, dass in armen Ländern Kinder nicht zur Schule gehen, stattdessen bereits Zehnjährige in stinkenden Kellerlöchern Blusen mit Pailletten besticken oder auf Baumwollfeldern schuften. Ich kenne die herzzerreißenden Fotos und Geschichten von Mädchen in Bangladesh, die wöchentlich vierundsechzig Stunden in Fabriken ohne Notausgang und Feuerlöscher, bei katastrophalen Lichtverhältnissen, schlimmster Staub- und Lärmbelastung, verstopften Toiletten für die wichtigsten Textilkonzerne der internationalen Mode arbeiten, um ihre Familien zu ernähren. Für die billigen Klamotten zahlen die Ärmsten der Armen den hohen Preis, manchmal mit ihrem Leben. Doch auch in südafrikanischen Ländern wie Lesotho oder Swasiland sieht es nicht besser aus. Ihre Baumwolle beziehen sie oft aus Usbekistan, Ägypten. Nur ausnahmsweise, wenn über hundert Arbeiter gleichzeitig in einer Fabrik verbrennen oder die maroden Gebäude zusammenstürzen und die Belegschaft unter sich begraben, schaut die Welt für einen kurzen Augenblick in diese Elendsregionen. Todschick für Mode bekommt da eine völlig neue, grausame Bedeutung. China – einst Billiglohnland – ist längst zu einem anspruchsvollen Lieferanten aufgestiegen. Die mit Billigstlöhnen kalkulierenden Konzerne sind nach Westafrika ausgewichen. In Ghana wird zum Beispiel ein Großteil der OP-Wäsche, Laborkittel und Schürzen für die USA genäht. Denn die Arbeitskraft kostet hier nur ein Drittel von der in China, und die Schiffe sind zehn Tage schneller an der US-Ostküste, als wenn sie von einem chinesischen Hafen starten.

Klar, dass ich allein die Welt nicht ändern kann. Aber ich versuche, bei den Rohstoffen, in Produktion und beim Einkauf Einfluss zu nehmen, damit ich ruhigen Gewissens im Wettbewerb bestehe. Wenn ich in Indien Schmuck und Stoffe einkaufe, habe ich diese Fragen ständig im Kopf. Es ist ein sich konsolidierendes und stürmisch voranschreitendes Entwicklungsland ohne ausgereiften Mittelstand, mit unvorstellbaren Unterschieden zwischen Arm und Reich, ohne Chancengleichheit, dafür voll Ausgrenzung und Diskriminierung ganzer Bevölkerungsgruppen. An dieses Kastensystem, das man auch in Nepal, auf Sri Lanka und Bali oder bei den kurdischen Jesiden findet, werde ich mich nie gewöhnen. Dass in der heutigen modernen Zeit noch Millionen Menschen als »Unberührbar« ausgegrenzt werden, sich Religionen über andere Glaubensrichtungen erheben, diese als ungläubig abstempeln und zu vernichten trachten, verstört mich zutiefst.

Ich versuche – auch wenn dies vielleicht naiv klingt –, mir ein persönliches Bild zu verschaffen, die Hersteller anzuschauen. Ein Alarmzeichen ist die Preisgestaltung. Wer mir eine Strasskette für drei Euro anbietet, kann kaum fair produzieren. Leider kann man nicht jeden Betrug durchschauen, ich kann lediglich hinterfragen, unangemeldet auftauchen. Doch ahne ich, dass mir noch Dinge vor Augen kommen werden, von denen ich nicht sagen kann, ob ich die nackte Wahrheit überhaupt vertrage. Natürlich stehe ich genauso unter Zwängen. Die Notarin muss verwöhnt und meine Mitarbeiter müssen gerecht bezahlt werden. Lasst uns alle in uns gehen, ob wir nicht unser Konsumverhalten etwas verändern können. Früher habe ich meine Gurken im Discounter gekauft, jetzt pflanze ich sie lieber selbst im Gewächshaus an. Fleisch und Wurst kaufe ich meist regional aus einer Radeberger Metzgerei. Ich lese immer wieder fasziniert vom Waldmenschen »Öff-Öff«, der seinen Pass verbrannte, ohne Krankenversicherung oder andere Gaben des Staates nur von dem lebt, was er am Wegesrand, auf herrenlosen Streuobstwiesen oder im Wald findet beziehungsweise als Almosen zugesteckt bekommt.

Der sich seine Kleidung aus Lumpen und Wolle filzt, Tücher um die Füße wickelt, von Falläpfeln, Pilzen, Nuss- und Kräutersalaten lebt. Aber schon bei den Regenwürmern und Kakerlaken müsste ich passen, auch Zähne will ich mir nicht mit der Kneifzange selbst ziehen und dann zahnlos umherlaufen. Wenn seine Lebensart ansteckend wäre, jeder radikal in den Wald ziehen würde, könnte das Weltgefüge zusammenbrechen – und niemandem wäre geholfen.

Kleine Schritte kann jedoch jeder gehen. Keiner wird es bereuen! Bio-Gurken aus heimischen Gewächshäusern schmecken nun einmal ganz anders als tausend Kilometer bis zum Käufer gereiste. Das T-Shirt aus dem Billig-Discounter unterscheidet sich auch extrem von jenem aus dem wertigen Fachgeschäft. Discount-Ware ist oft aus ganz dünnen, einfachsten Stoffen. Die Perlen sind größtenteils aus Wachs, nicht aus Keramik oder Glas. Alles im Leben hat eben seinen Preis. Doch wir verlieren oft durch irreführende Werbung das Verhältnis zum Wert eines Produktes und die Wertschätzung für echte Qualität. Überlegt immer, ob Ihr blauäugig, günstig ein Discount-Kleid kauft. Es könnte sein, dass Ihr bereut, an der falschen Stelle gespart zu haben. Dann ärgert Ihr Euch grün und blau, statt Euch weiß zu freuen! Mein Wunsch ist es, alle Frauen mit jedem Budget glücklich zu machen, also auch Frauen mit wenig im Portemonnaie ein schönes Kleid zu ermöglichen.

Da ich mir an diesem Tag Atelierarbeit verordnet hatte, nicht aussah wie der Geschäftsführer und nicht ansatzweise in Stimmung war, mich mit misslaunigen Damen weiter auseinanderzusetzen, hatte ich den Fehler gemacht, mich der Notarin auch nicht als Geschäftsführer vorzustellen. Bei ihrem Abgang zeterte sie: »Ich werde mich bei der Geschäftsführung über diesen unverschämten, rüpelhaften Auftritt beschweren.« Ich habe nie wieder was von ihr gehört. Mich schockierte ihr Verhalten. Zu meinen Kundinnen zählen viele andere ihres Berufsstandes. Diese sind genau das Gegenteil dieser Dame. Wenn ich ihnen von meiner Begegnung mit ihr erzähle, schütteln sie nur den Kopf.

für ein Brautkleid
ist es nie zu spät

»Omi, wir suchen dir übers Internet einen neuen Mann« – so etwas ist heute keine Seltenheit mehr. Denn beim Gang zum Standesamt gibt's weder Altersgrenze noch Verfallsdatum. Heiraten mit 18, 25, 35, 45, 65, 85? Wird die Ehe halten? Wie lange wird sie halten? Ich muss schmunzeln, wenn mir solche Fragen gestellt werden. Es gibt Studien, die besagen, dass die beste Zeit zwischen fünfundzwanzig und dreiunddreißig Jahren sei. Da ist man jung, genetisch in der Blütephase, hat noch kein Vermögen angehäuft, das vor Verlust zu schützen ist, und auch noch keine Million geerbt. Im Gegensatz zu den älteren Heiratssemestern ist es die Zeit völliger Unbeschwertheit. Doch während auf anderen Kontinenten jung gefreit der sozialen Absicherung dient, kann in Deutschland auch ein ungeküsstes Mädchen ohne Hochzeit gut überwintern. Ich stelle für mich persönlich sogar die These auf, dass junge Ehen ein großes Risiko darstellen, die hierzulande hohe Scheidungsrate deshalb vorprogrammiert ist. Denn beide sind noch unreif, haben keine gefestigten Lebensvorstellungen. Viele Menschen bedenken nicht, dass wir mit fortschreitendem Alter für unterschiedliche Dinge aufnahmebereit sind. Mit achtzehn hat man als Mann oder Frau einen ganz anderen Hormonhaushalt als mit achtundzwanzig. Wenn einer studiert und der andere hängen bleibt, muss es zu Differenzen kommen. Der Mann ist mit Jungs zusammen, die andere Themen haben. Die Frau wird vielleicht von der Krankenschwester zur Ärztin. Langsam versteht sie ihren Freund nicht mehr, der

sich nur mit Autos, Biersorten, Fußball, Internetspielen und anderen Oberflächlichkeiten beschäftigt. Deshalb mein nicht repräsenta-
tiver Rat: Spart Euch die erste Scheidung und heiratet erst, wenn Ihr
in allen Bereichen gefestigt seid!

Leider merken das die Betroffenen selbst im seltensten Fall. Aber
Trennungen werden im Himmel beschlossen und nicht auf Erden,
und einem bösen Jungen Adieu zu sagen betrachte ich als gute Tat.
Zur Trauung wird man – obwohl Männer die Anträge machen –
von der Braut geführt. Zum Scheidungsanwalt geht einer von ganz
alleine. Wie viele wissen, bin ich auch geschieden. Aber bislang nur
einmal. Intelligente machen immer neue Fehler, nur Dumme stets
dieselben. Heute – zur Halbzeit des Lebens – ist mir klar, dass ich
wohl zu früh geheiratet habe. Sie war vierundzwanzig, ich ein Jahr
älter und kannte meine Heike damals zwei Jahre. Kennengelernt
hatten wir uns in einer Disco, wo die stellvertretende Abteilungs-
leiterin Schuhe im Centrum Warenhaus nebenbei abends modelte.
Allerdings nicht in Unterwäsche ihres eigenen Hauses, sondern
in West-Dessous aus dem Intershop. Beiläufig erzählte sie, auf den
Startrompeter Ludwig Güttler zu stehen und sogar in einem seiner
Konzerte gewesen zu sein. Da besorgte ich mir eine Amiga-Schall-
platte und lud zum »Güttlerabend« in meine Bleibe im Arbeiter-
wohnheim für Gastronomen am Dresdner Terrassenufer ein. Der
Plattenbau von 1963 steht immer noch, ist längst ein Hotel, und alle
Jahre wieder entflammt in den Medien die Diskussion, dass dieser
Elfgeschosser an der Elbe, direkt neben der historischen Altstadt,
eigentlich abgerissen gehört. Sie kam von der Arbeit, stellte ihre Stie-
fel ins Bad meiner Einraumwohnung und sagte: »Ich habe Hunger!«
Gott sei Dank hatte ich neben frischem Bäckerbrot, von dem damals vier Pfund 1,04 DDR-Mark kosteten, noch eine Tüte Erbsen im
Schrank. Und so machte sie für uns auf der Elektrokochplatte, auf
welcher ich nur Fertigsuppen wärmte, im einzigen Topf Erbsen: die
unterste Schicht war völlig verbrannt, die mittlere halbwegs genieß-
bar und die oberste gänzlich ungekocht. Trotzdem haben wir unser

Liebesmahl aus Erbsen mit Butter, frischem Brot und Rosenthaler Kadarka – der liebliche bulgarische Rotwein mit Sulfiten – genossen. Kerzen flackerten, Güttler blies seine Trompete, draußen spiegelten sich die Lichter der winterlichen Stadt im Fluss – was braucht es mehr, wenn man verliebt, im Sex- oder Liebesrausch ist. Meine Heike war eine der schönsten Frauen der DDR, modelte sogar für die Taschenfirma »Brillant«. Für ihre Wespentaille 34/36 und die 80c-Brust fanden wir ein weißes Brautkleid mit Blumen-Applikationen. Heute würde man es höchstens als Damasttischdecke verwenden. Die Naht zwischen Oberteil und Rock wurde von einer kummerbundähnlichen Schärpe verdeckt. Bis heute bewahre ich sie als Erinnerung an diesen Tag auf. Dazu trug sie weiße Stöckelschuhe und auf dem Kopf ein flaches Käppi wie früher die Stewardessen. Obwohl alles von einer privaten Maßschneiderin kam, könnte man es höchstens noch in einer historischen Modenschau präsentieren.

Ich hatte mir einen schwarzen smokingähnlichen Anzug mit weißem Hemd und schwarzer Fliege über den sogenannten Schwarzhandel besorgt. Ich hatte nur schwarze Lederschuhe, denn Lackschuhe waren im Mai 1987 in der ganzen DDR nicht aufzutreiben. Dazu schwarze Socken und ein Einstecktuch. Vorsichtshalber nahm ich ein Taschentuch mit. Für den Tag aller Tage ließ ich mir eine Bums-Kaltwelle mit falschen Locken wie Torjägeridol Hans-Jürgen »Dixie« Dörner machen. Auch noch im gleichen Salon wie »Dixie«, in Pieschen. Denn dort arbeitete mein Kumpel Lars. Vor der Hochzeit krachte ich mich mit Heike noch wegen irgendwelchen Belanglosigkeiten. Der Polterabend ging ziemlich mies aus. Sie zog mit ihren Freundinnen zum Dixieland-Festival, ich mit meinen Kumpels in den Studentenklub »Bärenzwinger«. Die Trauung im Moritzburger Rathaus fand eigentlich nur wegen der Eltern statt – und weil wir trotz wenig Geld schon die teuren Sachen gekauft hatten, das Essen bestellt war. Danach das Foto am berühmten barocken Wasserschloss Moritzburg, das durch den Film »Drei Haselnüsse für Aschenbrödel« fast noch berühmter als durch seine Bewohner aus der Sippe der Wettiner wurde. Und auf ging es im Familienkreis in weißen Ladas in die Waldschänke. Um die sechzig Personen waren wir dort bei der Feier. Ein Jahr später kam Philipp, unser Sohn, zur Welt. Die Ehe hielt juristisch genau bis ins verflixte siebente Jahr. Doch getrennt waren wir schon nach zwei. Wir hatten immer Philipps Wohl vor Augen, beschlossen jeden Schritt gemeinsam und ganz sachlich. Irgendwo kreuzten wir uns mal, hielten einander nicht fest und lebten uns so auseinander. Auch die Interessen gingen eigene Wege. Sie hat mich beispielsweise mit ihren Eltern zusammen in die Konzerte von Kurt Masur geschleppt. Ich fand das grässlich. Später wurde ich der große Klassikfan und sie verlor den Faden, interessierte sich nur noch für Country und Line Dance. Ich schalte allein zu Hause gern Bach, Beethoven, Bruckner an, im Auto jedoch immer per USB-Stick den Remix der 1980er, 1990er und 2000er, den Groove der heutigen Zeit mit den Gassenhauern der letzten dreißig Jahre. Mit meinen Freundinnen höre ich auch mal Justin Bieber. Ich hatte keinen Rosenkrieg, auch die Scheidung war sehr harmonisch. Als Ökonom sagte ich mir: Lieber mit kleinem Verlust gewinnen, als mit großem Minus verlieren. Gutachten, Anwälte, Nervenkrieg – darauf haben wir verzichtet, uns einen gemeinsamen Scheidungsanwalt genommen. Nach den Güteterminen sind wir immer gemeinsam Kaffeetrinken gegangen, haben uns an die Hände genommen. So gab es zwar eine Trennung, aber nicht von unserem Kind. Und bis heute sind wir gute Freunde geblieben, feiern zusammen mit dem Sohn Heilig Abend, telefonieren oft, meist geht es um Philipp. Auch mit meiner Ex-Schwiegermutter mache ich gern ein Schwätzchen – am Telefon.

Manches versäumt und verträumt man im Leben, vieles ist dann nie wieder korrigierbar. Dass es auch anders geht, zeigte ein ganz besonderer Wunsch, der vor einiger Zeit an meine Firma herangetragen wurde. Andreas, ein Vertriebsmitarbeiter um die fünfzig, 1,70 Meter groß, wohlgenährt und nicht der typische Aufreißer, meldete sich bei Winnie, meiner Ex-Freundin, die heute als Assistentin der Geschäftsleitung meine wichtigste Mitarbeiterin ist. Er sei jetzt schon zwanzig Jahre mit seiner Maja, Käserin in einer großen Molkerei, verheiratet. Doch zu einer richtigen Hochzeit habe zuerst das Geld und später die Zeit gefehlt: »Ich weiß, es war immer der Herzenswunsch meiner Maja, im großen Kleid zu heiraten. Wir hatten damals nur eine kleine standesamtliche Hochzeit. Die Kinder sind inzwischen groß. Können Sie da helfen? Ist es vielleicht möglich, mit Ihrer Hilfe etwas nachzuholen?«

Nun mache ich in meinem Geschäft, auch wenn ich alle Brautwünsche erfülle, keine Wunschsendung. Doch sein Anliegen hat mich sofort begeistert. Ich sehe ja bei manchen Frauen, wie viele Wünsche untergehen. Mehr als ein Blumenstrauß, wenn der Ehemann gerade mal ein schlechtes Gewissen hat, ist oft nicht drin. Und so haben wir ihm geholfen, seiner Frau den Traum zu erfüllen. Wir haben sie behandelt wie eine richtige Braut. Das ganze Mädchen-Programm mit dem Glas Sekt, Probieren von Brautkleidern, Auswählen der Dessous und Accessoires … Und wie glücklich war die 1,75 Meter große, zierliche Frau mit dem knabenhaften, rötlich schimmernden Pagenschnitt und dem drei Zentimeter großen Muttermal hinten am Hals, dass sie sich nie wegmachen ließ. Da sie fünf Zentimeter größer ist als ihr Mann, ging sie fürsorglich meist einen Meter hinter ihm – damit der Größenunterschied nicht so auffällt. Sie wählte eine A-Linie, Satin mit Organza-Überwurf, bordeauxfarbene Applikationen aus Spitze, hinten fünfzig mit Satin überzogene Knöpfchen – die Nachbildung eines Rosenkranzes. Ihr Mann kam mit Ansteckblümchenstrauß am Anzug. Wir steckten ihn noch schnell in eine bordeauxfarbene Weste. Dann stand der große Blumenstrauß bereit. Als nächstes hatten wir einen Stylisten bestellt, der sie hübsch machte und trotz kurzer Haare den Schleier zum Halten brachte. Mit einem Fotografen sind beide dann auf die Brühlsche Terrasse und in den Dresdner Zwinger gegangen. Die Braut strahlte übers ganze Gesicht, umarmte abwechselnd ihren Mann und mich, schluchzte: »Mein Mädchentraum ist endlich wahr geworden!«

Bei Hochzeiten, auf denen die wichtigste Person die Hochsüße der Frucht erreicht hat, sollte man auf viele Dinge achten: Vor allem nicht so tun, als ob Ihr noch zwanzig seid! Eine mittelalterliche Braut, die so ausschauen will, gibt sich der Lächerlichkeit preis. Bleibt authentisch: mit den kleinen süßen Fältchen, den Hügelchen im Taillenbereich, versucht nicht, den Schönheitschirurgen zu bemühen, der Euch überall Botox unter die Haut spritzt. Nicht dass die Hochzeitgesellschaft fragt: »Das Kleid ist schön, aber wo ist die Braut?« Behaltet Eure Handschrift, Euren Stil. Sonst wirkt alles wie eine Maskerade, Kostümierung, Verkleidung, wie Theater. Wählt edle Stoffe, welche nicht so vordergründig wirken, die aber trotzdem wohlgefällig fließen, die nicht aufbauschen. Fragt die zwei besten Freundinnen, die Euch gut kennen und lieben, ob das Kleid das Richtige wäre. Oder ist vielleicht ein Hosenanzug in Weiß oder Creme besser? Weiß ist keine Farbe der Jugend, sondern eine für alle. Doch versucht nicht, wie eine Debütantin auszusehen im bonbonfarbenem Paillettenkleid mit großem Tüll und Reif. Kürzlich wollte eine Braut unbedingt das Debütantenkleid haben, welches ich zum SemperOpernball 2016 kreierte. Das sah für die reife Dame von fünfundsechzig, die keine Figur dafür hatte, einfach lächerlich aus. Farbenfrohe und große Walle-Walle-Kleider sind für junge Mädchen, aber nicht für die gestandene Frau empfehlenswert. Sie soll lieber mit ihrer Ausstrahlungskraft die Gäste verzücken und für sich einnehmen. Ich rate den späten Mädchen auch immer zum langen Kleid und nicht zum Mini. Jetzt ist nicht die richtige Zeit, den Jugendwahn nachzuholen. Einen Vogel erkennt man an seinem Federgeschmeide, eine Braut sollte man am Brautkleid und nicht anhand der Übertreibungen beurteilen.

Nach Mitternacht beim Opernball habe ich meist die Muße, in Ruhe von den Logen aus die Besucher zu studieren. Wie viel verblichene Eleganz ist da zu sehen! Frauen, die sich Federbüsche ins Haar stecken, obwohl der Sensenmann bald vor der Tür steht. Müssen sie sich das antun? Viel hilft nicht viel. Man kann auch mit siebzig noch bezaubernd aussehen, aber mit Geschmack und nicht durch Übertreibung! Etwas ist völlig anders bei älteren im Gegensatz zu den jungen Bräuten. Die Frau über fünfzig muss meist nicht aufs Geld schauen, sie kann das Geschmackvolle heraussuchen. Kleider machen Leute – dies zählt für junge wie für ältere Bräute. Aber mit dem Kleid gemeinsam kann leider niemand das Glück kaufen! Vielleicht beruhigt Euch das: Die Braut von vierzig in der heutigen Zeit ist eigentlich eine Braut um die dreißig. Das haben die höhere Lebenserwartung, der höhere Lebensstil und höhere Ansprüche gemacht. Viele verkennen, dass es uns das höhere Lebensalter und die bessere Lebensqualität ermöglichen, bereits zwei Leben zu leben. Wir haben heute die doppelte Lebenszeit wie vor vierhundert Jahren zur Verfügung. Daraus erklärt sich vielleicht auch, dass manche zwei Partner benötigen. Frauen und auch Männer haben viel größere Möglichkeiten für einen Neuanfang – ohne Verarmung bis zum Tod befürchten zu müssen. Im Gegensatz zu den Urahnen leben wir im Luxus wie Königinnen und Könige. Das hebt Liebe und Sexualität auf eine völlig neue Ebene. Eine wegen ihres Alters vom Mann verlassene Frau kann trotz ihrer Schmach glücklich sein, Liebe und eine schöne ausgereifte Sexualität finden. Wenn der Idiot sie wegen ihres Alters verlässt, ist es vielleicht ein Glücksfall. Jetzt hat sie die Möglichkeit, sich den auszusuchen, den sie will, und nicht jenen, den sie abgekriegt hat. Und jetzt kann sie mit einem schönen Kleid, vielleicht von mir, in das neue Liebesparadies einziehen. So wird das lange Warten zu guter Letzt belohnt.

Für das Brautkleid ist es auch deshalb nie zu spät, weil kein Mensch weiß, wann ihn die wahre Magie der Liebe, des Heiratens trifft. Ich las von einem Paar in Paraguay, das feierte Hochzeit im weißen Kleid nach achtzig Jahren wilder Ehe – mit fünfzig Enkeln, fünfunddreißig Ur-Enkeln und zwanzig Ur-Ur-Enkeln. Er war stolze hundertdrei Jahre, sie gerade neunundneunzig geworden. Neben Fakten und Rationalismus zählt am Ende immer, was wir nicht steuern können. Das ist das Karma des Besonderen, das unser kleines Herz umschmeichelt. Und trotzdem wird alle Schmeichelei einmal durch die Wirklichkeit eingeholt werden. Die reife Braut unterscheidet sich nach meiner Erfahrung nur ganz wenig von den Jüngeren. Beides sind Bräute. Und wenn sie auch manches durchdachter angehen, sind sie trotzdem genauso durchgeknallt, wollen Kind sein, den besonderen Wau-Effekt.

Ich hatte eine Braut, der ich nicht glauben wollte, als sie mir ihr Alter verriet. Deshalb zückte sie zum Beweis den Personalausweis. Sie war fünfundvierzig und sah aus wie dreißig. Zarte 75A Brustumfang, 36er Konfektionsgröße, mit Absatzschuhen 1,82 Meter groß. Lange war sie in Afrika, half Trinkwasseranlagen bauen und kümmerte sich in ihrer Freizeit um Affenbabys ohne Eltern. Immer dachte sie, in der Ferne die große Liebe zu finden. Doch es waren nur Enttäuschungen. Dann traf sie via einem dieser Internetportale, die auf »...Scout« enden, Amors Pfeil. Abgeschossen nicht in Nairobi, Daressalam oder Maputo, sondern von einem Holzschnitzer, der wie sie die Natur über alles liebte und in einer kleinen Gemeinde im Freistaat Bayern lebte. Sie kam nach Dresden, weil ihre Großmutter hier begraben ist. Und die Frau mit dem Jungbrunnen-Gen schien leicht vom afrikanischen Voodoo-Zauber infiziert, glaubte, wenn sie in Dresden heiratete, könne sie die Symbole ihrer Familie vereinen. Weil sie so lebensnah, so lebenslustig und so extrem jung erschien, hielt ich sie auch nicht von etwas Verrücktem ab: einem Minikleid mit abnehmbarer Schleppe im Stil der sechziger Jahre. Das cremefarbene Satinkleid hatte nahe dem Saum eine dezente grüne Blätterranke mit winzigen roten Röschen aufgedruckt. Das gerade geschnittene Dekolletee war mit der gleichen Satin-Kante versehen. Dazu wählte sie einen cremefarbenen, mittellangen Schleier bis zum Po aus hauchfeinem Tüll mit grün abrollierten Enden. Diese Sonderanfertigung ist eine meine Spezialitäten. Dazu hautfarbene halterlose Strümpfe und hochhackige matte Satin-Schuhe in Creme mit breitem Stempel und schmalem Riemchen im Knöchelbereich. Ein zarter Blumenkranz im vorderen Haar gab statt eines Diadems den letzten Pfiff. Sie entschied sich bewusst gegen Schmuck. Der einzige Zierrat sollte der Ehering sein.

Ich will Euch noch von meiner ältesten Braut erzählen: Sie war eine zweiundsiebzigjährige Ballett-Diva, die früher auf den größten Bühnen in Schwanensee tanzte und im Geschäft noch einen Spagat vormachte. Das zierliche Persönchen von 1,65 Meter mit stahlblauen Augen und dunkelbraun gefärbten Haaren war eine ganz verrückte Nudel. Ich hatte das Gefühl, mit einer Zwanzigjährigen zu sprechen. Ihre erste Frage: »Haben Sie einen Moet & Chandon?« Ich ließ die Flasche Edel-Champagner aus einem benachbarten Restaurant besorgen und war neugierig, warum sie jetzt heiratete: »Sie werden lachen, es ist schon meine dritte Ehe. Zwei Männer sind von mir gegangen. Ich lasse nichts anbrennen, mein Alter hat nichts mit Zahlen zu tun, es gibt schon Schülerinnen auf dem Gymnasium, die wandeln als lebende Leichen herum. Warum soll ich zu Hause versauern, wenn ich Schiffsreisen so liebe …« Sie wollte auf einem Schiff heiraten, hatte sich dafür einen Banker im Ruhestand aus Frankfurt am Main mit fünfzehn Eigentumswohnungen und Professorentitel geangelt. Für das Schiff musste es natürlich ein zarter Satinschal sein. Dazu suchte sie ein hochelegantes seidenähnliches Tüllkleid aus extrem engmaschigem Tüll aus. Wenn Sie damit über Bord gehen, scherzte ich, fangen Sie Wasserflöhe. Dieser Tüll fließt ganz locker, fasst sich herrlich weich an. Beginnend im Brustbereich – wegen des zierlichen Busens mit nur ganz leicht angedeutetem Herzausschnitt – war der Tüll mehrlagig gewickelt. Die erste Lage bodenlang, die zweite 15 Zentimeter über dem Boden, die dritte 25 über dem Boden, die vierte im Gürtelbereich. Alles Ton in Ton und durch die vielen Lagen intransparent. Im Brautkleid wandelte sie wie eine Grand Dame und mit den allen Tänzern und Tänzerinnen so eigenen grazilen Bewegungen durchs Geschäft. Als wir mit der Anprobe fertig waren, fragte sie ganz ungeniert: »Haben sie auch sexy Unterwäsche im Haus?« Verkehrte Welt, dachte ich. So wie es mir die Sprache verschlug, begeisterte mich ihre Lebenslust.

Wie viele Hochzeitsgäste,
welche Location?

Feier in Schloss oder Scheune, Waldhütte, Grandhotel 5 Sterne plus, romantischer Mühle, Eckkneipe, Panoramarestaurant, an Bord eines Ausflugdampfers, in einem alten Turm, im Weingut, Thermalbad, Kloster, Theater, der Gartenlaube oder gar in der Wohnung – nichts hängt so sehr voneinander ab wie Budget, Gästezahl und Location. Und von der Philosophie Eures schönsten Tages: intimes Essen, opulentes Fest, Themen- oder gar Polterhochzeit für das ganze Dorf? **Zuerst solltet Ihr die Gästeliste festzurren.** Als nächster Schritt folgt die Planung einer mit dem Geldbeutel harmonierenden Feier. Manche scheitern schon an der Gästeliste. Natürlich müssen die engsten Verwandten wie Eltern, Geschwister, Großeltern, eigene Kinder und alle lieben Menschen, zu denen eine besondere Beziehung besteht, bei der Hochzeit anwesend sein. Dann kommen die weiteren Verwandten, die seit zwölf Jahren nicht mehr gesehene Großtante, die Cousinen, Großcousins, Nichten und Neffen, langjährige Freunde, Schulkameraden. Was ist mit Arbeitskollegen, Bekannten, Geschäftspartnern? Sollten Singles auch von ihren Partnern begleitet werden und darf jeder ohne Einschränkung Kinder mitbringen, kann alles schnell in eine Massenfütterung ausarten. Das lässt sich allerdings durch dezente Hinweise auf der Einladungskarte einschränken. Nicht zu vergessen Trauzeugen, Pfarrer, Blumenmädchen, Schleppenträger, Hochzeitsmanager, Kindermädchen und Haustier-Kümmerer. Eventuell Ehrengäste wie Bürgermeister oder Feuerwehrchef. Ist es Eltern und Schwiegereltern erlaubt, noch eigene Freunde einzuladen? Vorsicht vor spontanen, mündlich ausgesprochenen Einladungen, zu denen sich manche im Überschwang der Glücksgefühle hinreißen lassen. Jemanden ausladen zu müssen, weil längst alle Stühle besetzt sind oder man sich finanziell verkalkuliert hat, zählt zu den größten Peinlichkeiten. Auch ist es bei der Hochzeit nicht ratsam, wie viele Fluggesellschaften zu planen. Diese verkaufen meist mehr Flugtickets als Sitzplätze vorhanden, spekulieren auf kurzfristige Änderungen persönlicher Reisepläne, auf Menschen, die den Check-in verpassen oder auf Krankheit von Passagieren.

Geht rechtzeitig auf Location-Suche! Denn es gibt Tage, da sind alle schon ein Jahr im Voraus ausgebucht. Bei den Locations ist außerdem auf dutzende Dinge zu achten: zum Beispiel Entfernung von Wohn- oder Trauungsort, Verkehrsanbindung, Airport- und Autobahnanschluss, und natürlich das Ambiente. Wollt Ihr moderne und helle oder lieber dunkle und rustikale Räume, dürfen andere Feiern die Eure stören? Gibt es Gäste mit Rollator, Krücke oder Rollstuhl – muss alles behindertengerecht sein? Vergesst auch nicht die Seniorenbegleiterin Eures Vertrauens für betagte Familienangehörige. Gibt es genügend Auslauf in Garten oder Park, Nebenräume für Kinderbetreuung, Rückzugsmöglichkeiten für das Brautpaar und einen sicheren Ort, die Geschenke abzulegen? Auch scheitert mancher Ort an der Parkplatzfrage oder dem Umstand, dass es nicht genügend Hotel- und Pensionsbetten in der Nähe gibt. In der Stadt hat man oft das Problem, eine Location für 20 bis 30 Leute zu finden. Denn der Kneiper mit den Dollaraugen und dem Saal mit 80 Plätzen sagt sich: Für so eine mickrige Gesellschaft opfere ich nicht den Raum. Oder er quetscht noch zwei Geburtstage und den Kegelverein mit rein. Unter diesen Umständen lassen sich manche hinreißen, die Gästeliste zu vergrößern. Nicht ganz unwichtig: In Gaststätten ist alles da und vorbereitet. Bei Palais oder Herrenhaus müsst Ihr Euch selbst einen Caterer suchen.

Die heute gewaltig in Mode gekommenen Themenhochzeiten schließen selbstverständlich auch manche Location aus. Also vorher überlegen: Wird es eine chillige, eine pompöse, eine griechische, abenteuerliche, traditionelle, natürliche, eine verträumte oder eine Vintage-Hochzeit mit viel Schickimicki. Selbst im Nachtklub wird gefeiert, bei Bergsteigern manchmal unter Felsen. Wem das Tischfeuerwerk zu klein ist, der muss einen für das Höhenfeuerwerk geeigneten Ort aussuchen und vorher die zuständigen Behörden befragen. Mit diesen ist auch die Lärmfrage zu klären. Wie lange darf es laut sein? Ab wann muss die Hochzeitsgesellschaft innerhalb geschlossener Räume feiern? Wer eigene Getränke oder Speisen mitbringen will, muss bedenken, dass Krümel- oder Korkengeld fällig werden können. Müsst Ihr selber putzen, ausschmücken und nach der Feier alles wieder in Ordnung bringen, oder ist das im Mietpaket enthalten? Fragen über Fragen!

Supersüßes Highlight

Sie fehlt in keinem Wedding-Film, und manchmal springt in Hollywood sogar jemand aus der Hochzeitstorte heraus. Der süße Traum in mehreren Etagen, kunstvoll verziert oder in Herzform beziehungsweise Doppelherz, ist ein Muss jeder Vermählungsfeier. Man kann das Highlight aus Zucker, Mehl, Butter, Eiern und zig weiteren Kalorien zum Dessert, am Nachmittag beim Kaffee oder gegen Mitternacht mit Wunderkerzen und Eisfontänen servieren. Auf jeden Fall wird dieser Augenzauber und Gaumenschmaus gemeinsam von Braut und Bräutigam angeschnitten. Dabei soll nach dem alten Volksglauben jener die Hosen in der Beziehung anhaben, der beim Führen des Messers die Hand oben hält.

Viel wichtiger scheint mir, dass diese von der Symbolkraft so wichtige Torte sicher bei der Feier eintrifft und die Zeit bis zum Anschnitt heil übersteht. Das lasst Ihr am besten den Konditor machen, der sein Geld bekommt, wenn das Kunstwerk am vorgesehenen Platz, einem festen Tisch, steht. Und trotzdem bleibt Vorsicht geboten. Droht doch von allen Seiten Gefahr: Der angetrunkene Onkel, die tollpatschige Tante, Franz mit dem Rollator, die freudig erregten Kinder, Frodo, der Lieblingshund der Familie – sie verwandeln im schlimmsten Fall binnen Sekunden den Traum aus Buttercreme und erlesenen Zutaten in einen Matschhaufen. Also: je später die Torte eintrifft, umso besser. Bei der Feier im Garten kann sie in der Sonne schmelzen oder Ziel eines ganzen Wespenschwarms werden. Manche Torte, vor allem jene mit Mürbeteigboden, kippte schon durch die vereinte Kraft des Anschneidens um. Wenn es nicht gerade eine haltbare Sachertorte mit viel Schokolade und Konfitüre ist, sollte sie frisch hergestellt sein. Denn wo Eier im Spiel sind, lauern auch Salmonellenvergiftungen. **Lasst Euch Schürzen machen, vielleicht mit lustigen Aufdrucken wie »Vati kann**

alles« oder »Mutti ist der Chef«, damit Brautkleid und Anzug alles ohne Flecken überstehen.

Beim Bestellen der Torte solltet Ihr nicht nur auf Schönheit und Geschmack, sondern auch auf die Zusammensetzung der Gäste achten. Während in England Hochzeitstorten meist aus festem Teig mit Trockenobst – also einer Art Mix aus Rosinenbrot und Christstollen – plus Zuckergussüberzug bestehen, lassen deutsche Zuckerbäcker ihrer Kreativität freien Lauf: Butter- und Sahnecremes in allen nur erdenklichen Geschmacksrichtungen mit Früchten, umhüllt von Marzipan und Fondant, dekoriert mit Plastiken aus Zuckerwerk, Blumen aus Marzipan, Petit fours oder Cupcakes. Auch raffinierte Obst- und Lebkuchen habe ich schon gesehen. **Die beste Torte ist jene, die allen mundet.** Ein Stockwerk mit oder ohne Etageren oder eine Seite für die Kinder ohne Alkohol, eine für Diabetiker.

Mir gefällt eine Tradition, die aus England kommt. Dort friert das Brautpaar die oberste Etage der Torte ein und verspeist sie gemeinsam mit den Eltern am ersten Hochzeitstag.

Tradition war gestern

Wenn ich beim Lieblingsfriseur sitze, mittlerweile nicht nur die Konturen auffrischen lasse und dabei in den Spiegel schaue, denke ich manchmal an die 1980er Jahre zurück. Man wird ja nicht als Hochzeitskleider-Papst geboren. Damals organisierte ich noch große Rockkonzerte mit und legte Wert auf eine trendy Frisur wie David Bowie, Dieter Bohlen oder Bono: Pony-Fransen in die Stirn, kurzes unrasiertes Haar an den Seiten und hinten schön lang. Vorne kurz, hinten lang – »Vokuhila«! Das gibt's seit hundert Jahren auch in der Mode. Meine viel zu früh an Krebs gestorbene Oma Charlotte, eine bei der Herrenmode Dresden als Verkäuferin arbeitende Kürschnermeisterin, die nahe unserer Wohnung in der Louisenstraße 60 wohnte und von der ich vermutlich den guten Geschmack geerbt habe, schwärmte oft davon. Und sie hatte neben vielen anderen Weisheiten jenen Lebensrat: Ein wirklich schönes Mädchen ziert jeder Kartoffelsack. Und: Je wohler sie sich selbst darin fühlt, umso hinreißender wird sie aussehen. Heute, wo keiner mehr Kartoffeln zentnerweise kauft, würde Oma wahrscheinlich von einer Mülltüte sprechen.

Mit so einem »Vokuhila«-Kleid hatte ich ganz besondere Erlebnisse. Die Schulhortköchin mit pechschwarzen Haaren war toll geschminkt, trug Tattoos an Schulter, Arm und Wade. »Ich bin kein klassischer Kleidertyp«, sagte sie mir gleich zu Anfang. Und während der Anprobe schwärmte sie von Romanen wie »Im Zentrum der Lust« oder »Fifty Shades of Grey«, die mir erst einmal gar nichts sagten. Schließlich wählte sie ein weißes Hochzeitskleid ohne jeden Schnickschnack für 99 Euro aus dem Discount – ein »Vokuhila«. Wenigstens nahm sie noch einen Strassgürtel dazu. Irgendwie muss ich ihr in Erinnerung geblieben sein. Zwei Monate später kam Post mit Hochzeitsfotos, wie ich sie vorher nie gesehen hatte: Braut und Bräutigam an einen Baum gekettet, die Augen mit einem Schal verbunden, ihr scharfer Spitzenabsatz am bereits blutenden Hals des Bräutigams. Beim zweiten Motiv saß der Mann, von Beruf Gebäudereiniger, halbnackt hockend in einem Metallkäfig, an dem Handschellen hingen, angeleint mit Gurt um den Hals. Die Prinzessin zog an seiner Leine, saß im Kleid mit gespreizten Beinen, die Reitpeitsche in der rechten Hand, über ihm auf dem seltsamen Möbel. Dann noch ein Foto, wo sie zwischen jeder Menge Fußfesseln, Reitgerten, Halskorsetts, Knebeln, Seilen, Haken und Schuhen saßen.

Ich musste an den Brautkleid-Mörder denken, der um die Jahrtausendwende in Norddeutschland sein Unwesen trieb, sich an Schuhen, Fesselungs- und Vergewaltigungsszenen erregte und fünf Jahre lang einen handgeschriebenen Mordplan in der Hosentasche trug. Der vierundzwanzigjährige Elektroinstallateur führte ihn an einer gleichaltrigen Friseuse aus, die ihr getragenes Brautkleid »champagnerfarben mit langer Schleppe, Reifrock und Zubehör« per Annonce anbot. Er wurde wegen Mordes zu elf Jahren Haft verurteilt.

Bei der beschriebenen Feier war natürlich alles nur ein Spiel. Aber was mag das für eine verrückte, abgefahrene Hochzeit gewesen sein? Sie luden mich auch noch ein, bei einer Party weitere Freunde einzukleiden. Bis heute hatte ich leider keine Zeit dafür. Womöglich müssten meine Mitarbeiter mit Kleidern und Musterkoffern sogar einen Friedhof aufsuchen.

Hochzeiten an außergewöhnlichen Orten erregen Aufsehen: Ob im Zeppelin, Oldtimer-Doppeldecker, Hubschrauber oder Ballon, unter Tage im Bergwerksstollen, in Tauchermontur im Steinbruchsee, kopfüber am Bungee-Seil oder per Fallschirm, auf der Skipiste, auf Schiffen, Barkassen und Dampfern, auf dem Rücken eines Elefanten, unter Palmen in der Südsee oder im ewigen Eis – immer mehr widersetzen sich den alten Riten von Polterabend, Standesamt und Kirche, starten extravagant ins Glück. Sogar galaktische Zeremonien in Astronautenkluft statt Brautkleid, Smoking und

Priesterornat per Rakete, im Shuttle, in der Erdumlaufbahn sind denkbar. Tradition war gestern, heute sind Dekadenz und angebliche Selbstverwirklichung, das Kopieren fremder Bräuche und durchgeknallter Rituale angesagt. Und gehobener Lebensstandard macht inzwischen selbst unmögliche Hochzeiten möglich. Man kann es aber auch einen Trend zur Versottung der eigentlich weihevollen Zeremonie nennen. Früher hieß es, dass die Braut bei der Trauung etwas Altes, etwas Neues, etwas Geliehenes und etwas Blaues tragen sollte. Dies würde die glückliche Ehe bringen. Heute sind dies die blauen Haare, das gemalte Veilchen, das fette Tattoo im Gesicht und die Streckbank als Traualtar. Hauptsache exzentrisch, und man hebt sich von anderen Hochzeiten ab. Schlimm: Das Brautpaar selbst findet alles sensationell! Denn sie dürfen ihr angebliches Ich bei der Hochzeit ausleben. Doch es ist der Scheideweg zwischen Historie und persönlichen Neurosen. Häufig sind es hochintelligente Leute wie ein Bankdirektor, die ihre Hochzeit als SM-Party feiern. Zumindest bei ihm lag es nicht am Geld. Oft wird nämlich gesagt, dass solche Hochzeiten preiswert seien. Haben die Bräute doch in der Regel kein weißes, sondern ein schwarzes Kleid an. Das hebt sich ja nur im Winter, im Schnee, richtig ab. Im Winter, wo kaum jemand heiratet, ist alles günstiger. Schwarze Tauben sind im Einkauf preiswerter, Gastronomen zu jener Zeit froh, wenn sie wenigstens die Betriebskosten hereinbekommen. Die Standesbeamtin beseitigt in jenen düsteren Wochen höchstens Spinnweben – und die sind bei der Grufti-Hochzeit ja sogar ausdrücklich erwünscht. Schwarz steht für all die finsteren Seiten der Nacht, vermittelt Aggressivität in der Black-Sheriff-Uniform oder Ordenstracht. Punks der Siebziger trugen Schwarz als Gegenfarbe zum Establishment.

Apropos Tradition: Mit der Nicht-Farbe Schwarz sind diese Brautleute unseren Ahnen viel näher als die üblichen weißen Bräute. Denn erst um 1920 kam das weiße Brautkleid in Mode. Schwangeren wurde Weiß – die Farbe der Keuschheit und sexuellen Unberührtheit – in manchen Gegenden sogar noch viel länger verwehrt. Über all die Jahrhunderte trug die Braut der Mittel- und Unterschicht schwarze Robe, manchmal aufgeputzt mit roten Trachtenteilen, oder die lokale Tracht am Altar. Denn man konnte es sich schlicht nicht leisten und es galt auch als nicht schicklich, neben dem feinen Kleid des Sonntagsstaates, das beim allwöchentlichen Kirchgang getragen wurde, noch ein extra Brautkleid zu beschaffen. Schwarze Schleier verhüllten die schneeweißen Gesichter unserer Urgroßmütter, wenn sie durch die Salons raschelten. Anders war es nur in der Welt des Adels und der reichen Kaufleute. Doch auch diese mussten sich den Kleiderordnungen der Landesherren unterwerfen, die manchmal über Jahrhunderte nur schwarze Kostüme zuließen. So ertrank die Hochzeitsherrlichkeit oft im Schwarzen. Erst im 17. Jahrhundert begannen die Reichen, lichtvollere Farben zu tragen. Mir steht das Gemälde einer Regensburger Braut vor Augen, die um 1650 zur Hochzeit einen meergrünen Unterrock trug. Das Kleid, aus Rock und Wams bestehend, war aus pfirsichblütenfarbenem Seidenmoiré gearbeitet. Ihre roten Strümpfe aus Seide besaßen ein Goldmuster, die Schuhe waren aus rotem Samt mit Goldspitzen. Fürstinnen trugen meist mit Gold durchwirkte Silberroben. Aus diesen silbernen Kleidern entwickelte sich – so schätzt man – dann unser heutiges weißes Hochzeitskleid.

Weil heute alle den Gästen etwas Besonders bieten wollen, wird die Hochzeit oft zum Schmierentheater. Oma Charlotte sagte immer: Kartoffeln und Quark mit frischer Leberwurst sind ein einfaches Gericht und schmecken immer gut. Da muss ich kein Lamm, keine Taube und keinen Krokodilschwanz dazugeben – das isst sowieso keiner. Eine meiner Bräute hatte im TV so eine außergewöhnliche und »schmutzige« Hochzeit gesehen. Die strenge Katholikin sagte dann etwas genervt, was mir sehr gut gefiel: »Früher gingen die Leute zur Kirmes oder zum Schützenfest – heute zur Hochzeit!«

Überlegt bitte genau: Spaßhochzeit oder ernste Hochzeit? Manche Paare fiebern mittlerweile einer Mischung aus Baywatch und Jurassic Park entgegen. Bei mir sitzen viele Wedding-Planer und stöhnen, dass sie an die Grenzen ihrer Möglichkeiten kommen. Die Bräute fordern immer mehr, immer coolere, immer verrücktere und verdorbenere Sachen. Hauptsache, die Zeremonie findet auf Kuba mit ganz viel Kitsch statt. Selbst wenn das Meer fürchterlich stinkt und die Braut bei 40 Grad in den Armen des Bräutigams dahinschmilzt. Aber die Fotos und Motive stimmen! Es gibt Hochzeitsreisen über schwarze Friedhöfe, stillgelegte Kasernen, Atombunker und in Swingerklubs, wo man seinen Fetisch ausleben kann. Überall werden die Absurditäten fleißig dokumentiert. Das hängt auch damit zusammen, dass viele nur noch standesamtlich heiraten. Der gute katholische Pfarrer würde das nie erlauben, würde ihnen die Leviten lesen und sie so lange im Beichtstuhl festhalten, bis sie den Teufeln abgeschworen hätten. Auch der evangelische Pastor wird solche Zeremonien wider alle Sitten nicht gutheißen und versuchen, seine Schäfchen auf den rechten Pfad zu führen.

Viele veranstalten ihre SM- oder Wave-Gothic-Hochzeiten wohl auch als Ersatz für die schöne Location einer alten Kirche. Weil sie glauben, in Gottes Haus nicht mehr hereingelassen zu werden. Ob Heiraten mit Delfin, im Leuchtturm oder auf einem Korallenriff – das hat mit Hochzeit alles nichts mehr zu tun. Es dient nur dem persönlichen Event und unterstreicht ein Dilemma: Während die Ehe immer unwichtiger wird, werden die Hochzeiten immer aufwendiger! Seid nicht böse: Oft erkenne ich schon an der Hochzeitsplanung den Intelligenzquotienten und die Lebensumstände der zwei Partner, die zusammenwollen.

Ich will dies meiner Braut, die jeden Tag für kleines Geld am Herd schwitzt und ihrem Mann, der nachts die Schulräume reinigt, nicht übelnehmen. Sie wollten einfach zeigen, dass Hochzeit auch anders geht. Es waren liebe Menschen mit besonderer Ausstrahlung, die mit wenig Geld etwas Besonderes wollten. Sie gehen vierzig Stunden arbeiten und können sich trotzdem nicht leisten, was zu einer guten Hochzeit gehört. Deshalb denken sie, dass ihr Weg der richtige ist. Sie wollten nur auf Augenhöhe mit anderen sein und dachten, sie erreichen diese mit diesem SM-Brimborium.

Während ich dies notiere, kommt mein Sohn Philipp, Chef der Festmodenabteilung, ins Büro: »Es gibt da diesen neuen, verrückten Trend mit den Grufti-Hochzeiten. Sollten wir uns nicht endlich auch mit ein paar schwarzen Brautkleidern eindecken? Ich habe da ein todschickes, prunkvolles pechschwarzes Modell entdeckt, das jeden Schneewittchensarg ziert. Mit einem rosenbestickten Muff, aus dem granat-glühende Perlenschnüre tropfen – blutig rot …«

Zwei Bräute, zwei Brautkleider und keine Hochzeit

Soll ich mich beneiden oder bedauern lassen? Ich beschäftige mich nun einmal mit dem flüchtigsten Phänomen der Mode, mache Kleider für nur einen einzigen Tag, den Tag der Vermählung. Schon ein halbes Leben lang arbeite ich für jene Stunden voller Mythos, an denen die Frau im makellosen Hochzeitskleid in die Öffentlichkeit tritt. Da scheint es für einen Augenblick, als ob sie unschuldig und schamhaft, völlig ohne Vergangenheit, wiedergeboren wird. Alle Augen sind dann auf mein Feuerwerk in Weiß gerichtet, welches sich in den verschiedensten Formen und Materialien sinnlich über den weiblichen Körper ausbreitet. Zwischen Spitze, Perlen und Pailletten weht, wenn die Braut für einen Tag zur Herzenskönigin und Prinzessin wird, ein aristokratischer Hauch vom Pomp verflossener Jahrhunderte. Wie durch die Ritzen der Vorhänge der Ankleidekabinen lasse ich nur an manchen Stellen die Haut hindurchschimmern, die den Striptease erahnen lassen, den am Ende des Tages allein der Bräutigam genießen darf. In diesem Moment denkt keiner an früher oder danach, an die Zeit, wo sie Ehefrau und Mutter sein wird, statt Tüll und Chiffon Still- und Babywäsche, später Kinderkleider die Hauptrolle spielen. Doch ich sinne oft darüber nach, wie rasant sich die Institution Ehe in den letzten Jahrzehnten verändert hat. Eine moderne Art der Befreiung, ja Revolution, bei der keiner genau weiß, wo sie enden wird, ist im Gange. Liebe, freie Liebe, ja Liebe ohne Grenzen hat längst die altehrwürdige Institution der Ehe, das heilige Sakrament aus alten Tagen, ausgehöhlt. Und trotzdem bleibt die Hochzeit, ganz in Weiß, ein Jungmädchentraum, der nichts von seiner Beliebtheit einbüßt. Meist ist es das teuerste Kleid, das ein

Mädchen je kauft. Denn diese Robe hebt sie aus dem Alltag heraus. Sie scheint wie ein Zaubermantel die Zeit anzuhalten, der zerbrechlichen Liebe Ewigkeit zu geben. Nur Kommerz und Zeitgeist machen das Hochzeitskleid auch immer mehr zu einer Art Verkleidung; Spötter witzeln vom Fetisch, Kritiker sprechen mitunter von einer Travestie der Travestie. »Was halten Sie von den vielen Schwulen und Lesben, die heute alle heiraten wollen?«, fragte mich kürzlich eine Reporterin. Sie hoffte vielleicht, ich würde über Tuntenfummel und Lesben-Kriegsmonturen schwadronieren. Aber ich enttäuschte sie auf ganzer Linie, konnte nichts Sensationelles berichten. Die gleichgeschlechtliche ist aus Designersicht genauso vielfältig wie die heterosexuelle Hochzeit. Bei den Kleidern gibt es wirklich keinerlei Unterschiede. Man sollte nur, wenn beide im Kleid heiraten, nicht weiß und Creme nehmen. Dies könnte eine optische Disharmonie ergeben. Das weiße Kleid wäre da im Vordergrund, die cremefarbene Partnerin würde älter wirken. Auch bei Lesben, Schwulen und Transgendern gilt: Jeder soll das tragen, womit er sich wohlfühlt. Da schätzungsweise nur fünf Prozent meiner Kundschaft zu diesen Gruppen unserer Gesellschaft gehören, sind solche Hochzeiten trotzdem noch immer etwas Außergewöhnliches. Auch, weil meine Mitarbeiter und ich nicht ins Fettnäpfchen treten wollen, alles besonders sensibel behandeln.

Wie bei dem Pärchen, das ich letztes Jahr bei der Brautkleidwahl beraten durfte. Die achtundvierzig Jahre alte Ex-Weitspringerin aus Bremen, die es einst bis zur Landesmeisterin brachte, heute Politesse einer Stadtverwaltung und begeisterte Hobbyreiterin, kam mit ihrer Geliebten: zweiundzwanzig Jahre, blonde Haare, blaue Augen – eine richtige Püppi. Und sie war alleinerziehende Mutter von vierjährigen Zwillingen. Früher hatte sie eine Gärtnerlehre angefangen – aber nicht beendet. Ihr Freund ließ sie sitzen, da waren die beiden Jungen gerade drei Monate alt. Angeblich konnte er es nicht mehr mit ihr aushalten, bekam vom Babyschreien in der Nacht Migräne, würde am Fließband einschlafen. Sie nahm es klaglos hin. Da ihre

Mutter auf die Zwillinge aufpasste, ging das vom Leben nicht gerade verwöhnte Mädel abends im Viertel einen trinken. Manchmal auch einen über den Durst. So wie in jener Nacht. Sie radelte betrunken nach Hause und wurde von der Politesse, die gerade ihren Dienst beendete, angehalten, besser gesagt, aufgegabelt. Die ältere spürte den Kummer der betrunkenen jungen Frau, schloss deren Rad am EDEKA-Markt an und nahm sie mit zu sich nach Hause. Dort kochte sie einen starken Kaffee, und als das Mädchen wieder bei Sinnen war, heulte es, schüttete der Ex-Weitspringerin ihr Herz aus.

Sie haben es mir vor der Umkleidekabine fast zu detailliert erzählt: Die Politesse, ein nie geliebtes Mädchen, fühlte, was der abgehauene Mann für ein Arschloch war. Und erzählte, dass sie auch noch nie die wahre Liebe getroffen, in den Pferden ihren Ausgleich gefunden habe. Über ihr Schicksal nachdenkend, flossen nun bei beiden die Tränen, sie umarmten sich. Und aus zärtlichen Berührungen wurde schnell mehr. Unbändige, lange im Verborgenen schlummernde Leidenschaften erwachten, entluden sich in orgastischen Explosionen, und noch gegen Mittag lagen sie völlig erschöpft und verausgabt, jedoch glücklich und über beide Ohren verliebt im Bett.

So verliebt sich an den Händchen haltend, ohne Scham immer wieder küssend, umarmend und sich erinnernd, suchten sie Kleider aus. Dass zwei Menschen so offen zu ihrer Liebe stehen und sie wie selbstverständlich zeigen, kommt ja nicht alle Tage vor.

Trotz Genderforschung, Antidiskriminierungsgesetz, Homo-Ehe oder der gerade im Bundestag beschlossenen Ebenbürtigkeit gleichgeschlechtlicher mit traditionellen Ehen von Mann und Frau sind die schwule und lesbische Liebe ein kleines Tabu. Vor allem bei Personen, die in der Öffentlichkeit stehen, zum Beispiel Profifußballern. Ein Journalist, der oft bei uns Hemden und Hosen kauft, die High Society so gut wie ich meine Westentasche kennt, verriet mir mal: »Da gibt es Fußballer, die ständig mit den schönsten Frauen posieren, in Wirklichkeit schwul sind und nachts in Darkrooms herumschleichen. Oder angeblich glücklich verheiratete

Minister, Spitzenmanager, Chefs großer Firmen und Hotelketten oder Uni-Professoren, die ihre Neigungen in Swingerklubs, Saunen und bei Strichern ausleben.« Aus der quirligen Modebranche höre ich es nicht anders. Doch diese beiden Frauen wollten ganz offiziell heiraten und jede ihr eigenes Brautkleid haben.

Sie kamen zusammen, ohne Freundinnen, genossen die gemeinsamen Stunden zwischen Stoffen, Schleiern, Schleppen und Accessoires. Ihre ursprüngliche Idee: Hosenanzug für die Politesse, Minikleid mit extra langem Schleier für Püppi. Keine fünfzehn Minuten durch die Kleiderreihen defiliert, verwarfen sie schon den Hosenanzug. Vermutlich merkte die ältere und männlichere, dass sie doch ein »Stück« Mädchen ist. Ich kam dann auf die Idee, beide zu trennen. Mit jeweils eigenen Brautberaterinnen in eigenen Salons sichteten sie völlig selbstständig ihre vier schönsten Kleider. Sie testeten verschiedene Kreationen. Unsere Hobbyreiterin schien sich zwischenzeitlich in einem cremefarbenen Satinkleid mit Organza-Überwurf besonders wohl zu fühlen. Ihre Partnerin neigte zu einem Modell mit schlanker Taille und Steinbesatz, der sich von der Brust herunterschlängelte. Bei der Auswahl des dritten Kleides hatten urplötzlich beide das Gleiche an. Sich gegenüberstehend, war die Begeisterung und Rührung so groß, dass Freudentränen über ihre Wangen kullerten. Das Amen war gesprochen, das Brautkleid gefunden – ein Kleid aus feinem Organza, vom Boden bis zur Unterbrust schräg gerafft, sich linksseitig öffnend. Die Säume von den Knöcheln bis zur Brust mit einer schwarz-kupferfarbenen, edel mit Multicolor-Pailletten bestickten Spitze besetzt. Dazu ein zartes kupferfarbenes Unterbrustband. Im Brustbereich wechselte die Spitze die Seite, ging S-förmig in den transparenten Organza-Träger auf der rechten Seite über. Solch exklusives Einträgerkleid verfügt über nur einen Schmuckträger auf der rechten Seite. Beide Frauen sahen sensationell aus. Dann gingen sie glücklich von uns. Doch kurz vor der Hochzeit kam die junge Frau zu mir. Sie hätte es sich noch einmal überlegt, an ihre Kinder gedacht, und war sich nicht mehr sicher, ob der liebe Gott sie zur hundertprozentigen Lesbe erschaffen habe. »Ich glaube, ich brauche Männer und Mädels, will mich noch nicht binden, lieber ein paar Jahre testen und überlegen, zu welchem Geschlecht ich gehöre«, erklärte sie.

Die Liebe geht manchmal eigentümliche Wege, kann verstören, für Verwirrungen sorgen. Meine erste Erfahrung war eine gerade diplomierte Biochemikerin der Berliner Humboldt-Uni mit raspelkurzen Haaren. Ich muss sagen, dass ich nie wieder so guten geistigen Sex wie mit ihr hatte. Wir Jungs gingen damals nicht saufen, sondern schwimmen und ins Theater und landeten dann noch bei einem Tee in gemütlicher Runde. Da fragte mich einer der Kumpels, der meine Biochemikerin und ihre Familie gut kannte: »Wie ist sie so im Bett?« Ich antwortete: sensationell! Doch er bohrte weiter: »Sie hat genauso kurze Haare wie ihr Bruder, ähnelt ihm enorm. Hast du nicht das Gefühl, dass ihr Bruder bei dir liegt?« Am nächsten Tag sah ich den zwei Jahre jüngeren Bruder. Beide sahen im Gesicht wirklich gleich aus. Und als ich sie nach Hause schleppte, hatte ich tatsächlich das Gefühl, der Junge liegt bei mir. Da war der Käse gegessen, ich konnte nie wieder mit ihr.

Begehren, Liebe, Sex findet immer im Kopf statt. Gegen ehrliche, wahre Gefühle und Neigungen sollte man nicht kämpfen. Deshalb akzeptiere ich jeden Menschen, egal wie er sexuell tickt, wenn er die Grundwerte und das Gesetz akzeptiert. Ein paar Jahre nach meiner Scheidung hatte ich selbst eine Dreiecksbeziehung mit zwei Mädchen gleichzeitig. Sie kamen aus dem Modebereich, hatten Modelqualitäten, einen gesunden Narzissmus und ein ausgeprägtes Ego. Beide waren um die vierundzwanzig und hatten wunderschöne lange braune Haare. An diesem von mir bevorzugten Typ hat sich bis heute nichts geändert. Wir wohnten zusammen in einer WG, in der auch mein Sohn Philipp sein Zimmer hatte. Es war meine schönste Zeit, weil völlig stressfrei. Man schwor sich zwar ewige Liebe, doch die war irgendwann vorbei. Wir sind gemeinsam in den Urlaub gefahren. Philipp lacht noch manchmal, wenn er daran denkt, wie sich seine Tante erschrak und ihn im Zelt zu verstecken suchte, als ich Arm in Arm mit den beiden Bienen am Strand erschien. Sie haben sich einander gemocht und voneinander geholt, was sie von mir nicht bekommen haben – zum Beispiel Zeit. Das ging zwei Jahre so. Bei dieser Dreiecksbeziehung stand nicht die Sexualität im Vordergrund, sondern die schicke Wohnung, Budget und gegenseitige Zuneigung. Wenn zwei beste Freundinnen mit einem Kumpel zusammenleben, ist es klar, dass es da auch schnackelt. Ich konnte vom Balkon aus sehen, wie sie es im großen Whirlpool in unserem gemeinsamen Schlafzimmer trieben. Heute glaube ich, dass die Beziehung zwischen den beiden sich nur entwickelte, um mich zu provozieren. Sie kannten meine voyeuristische Ader und gaben richtig Gas, wenn sie merkten, dass ich zuschaute. Beide führen jetzt normale Beziehungen mit Mann und haben Kinder. Wir haben noch spontan Kontakt. Nur ihre Männer hassen mich wie die Pest, weil ihre Liebsten natürlich von der schönen Zeit schwärmen – und je länger das her ist, umso blumiger wird da das Paradies der Erinnerung. Eins habe ich gelernt: Man soll nichts verurteilen, was man nicht kennt.

Durch den Beruf hat sich mein Blickwinkel auf gleichgeschlechtliche Hochzeiten geändert. Als junger Bursche hätte ich sie abgelehnt. Heute weiß ich, dass diese Paare die gleichen Gefühle haben wie heterosexuelle. Wir sollten dem lieben Gott nicht ins Feuer spucken, wenn der Weg für manche so gegeben ist, wie er ist. Sehr oft sind gleichgeschlechtliche Hochzeiten tiefgründiger, weil sie es schwerer haben, in der Öffentlichkeit zu bestehen.

Vielleicht raufen sich die Paare da auch mehr zusammen. Bei Frauen, die gemeinsam den Lebensweg beschreiten, habe ich kaum Paradiesvögel erlebt. Zumindest ist mir kein Fall wie jener der Ex-»Gossip«-Frontfrau Beth Ditto aus den USA vorgekommen, die sich 2013 mit ihrer zwei Jahre älteren Freundin von einer hawaiianischen Priesterin trauen ließ und die Hochzeit wie eine Sektenparty inszenierte – jeder musste ganz in Weiß kommen!

Mittlerweile ist das Internet voll von Tipps und verrückten Geschenken für Regenbogen-Hochzeiten. Männer lassen öfters bei uns zwei Anzüge anfertigen, oft etwas Besonderes, vielleicht frech mit Zylinder und langem Stock. Doch es ist ein weitverbreiteter Irrtum, dass Männer immer als Schwule auffallen möchten. Die meisten sind sehr zurückhaltend, auch bei der Wahl ihrer Kleidung. Sie wollen nicht mit den Klamotten glänzen, sondern ihr Zusammensein begründen. Natürlich gibt es Ausnahmen. Bei der Hochzeit eines Anwalts mit einem Architekten kamen beide auf Elefanten angeritten. Wie ich hörte, sind sie schon wieder geschieden.

Ich habe es wohl schon einmal gesagt, dass ich prinzipiell die Einladungen zu Hochzeiten ausschlage – so exotisch sie auch sind. Auch jede Vereinsmeierei und Kongresse versuche ich zu meiden. Die großen Designer-, Kleider- und Stoffmessen genügen mir völlig. Als erfolgreicher Mittelständler sollte ich auf einer Mittelstandstagung sprechen. Man wollte mich sogar im Helikopter abholen – ich habe trotzdem abgesagt. Denn ich kenne manche, die waren Unternehmer des Jahres, zierten Titelseiten und palaverten in Talkshows – heute sind sie pleite! Ein Unternehmen funktioniert wie ein Herzdiagramm, mit Ausschlägen nach oben und unten. Der Sockenverkäufer träumt davon, dass die Leute ewig seine weißen Tennissocken kaufen. Das ist ein ganz großer Irrtum. Als Geschäftsmann, vor allem in der Mode, muss man sich ständig neu erfinden, muss mit beiden Beinen auf dem Boden der manchmal unbarmherzigen Realität bleiben.

Meine Hit-Liste
der schlimmsten Spiele

Was ich an Feiern am meisten hasse und mich mit Freude fast
jede Einladung absagen lässt, sind hirnlose, nervige Spiele, die
dem intellektuellen Durchschnitt der Gäste auch im seltensten Fall
entsprechen. Gleich danach kommen die peinlichen Diavorträge und
Filmchen, welche Braut und Bräutigam nackt als Kinder am FKK-Strand
oder auf dem Töpfchen zeigen. Was Eltern toll finden, kann auch andere
Gefühle auslösen.

Spiele mögen zwar wunderbar für kleine Hochzeitsgäste sein, doch
für viele sind sie eine Tortur. Was heute meist angesagt ist, halte ich
für das makaberste Zurschaustellen von Unterhaltung, für miesesten
Klamauk. Unbedacht, ohne Rücksicht auf die Temperaturen und ohne
einen Funken Kreativität ersonnen, werden sie zu Hochzeitstötern, die
Euch mitunter bis auf die Knochen blamieren, pikanteste Details aus
dem Liebesleben zutage fördern, die schönste Feier seltsam enden
lassen. Ich akzeptiere nur Spiele, die Braut und Bräutigam einen Freiraum
verschaffen.

Natürlich gibt es sinnvolle Spiele, beispielsweise aus der
Familientradition erwachsene Tanzspiele, bei denen jeder sein Gesicht
wahrt, keine Belustigung auf Kosten anderer betrieben wird und
sich auch der körperliche Einsatz in Grenzen hält. Ich möchte nur
warnen: **Lasst Euch nicht den Tag verderben! Verausgabt Euch beim
Hochzeits-Marathon nicht noch durch aufgezwungene Spiele,** die
mitunter – das wird immer vergessen und trifft mich besonders – zu
schweren Beschädigungen von Brautkleid und Hochzeitsanzug führen!
Am schlimmsten sind die Fremdschämspiele, die von angeblich
wohlmeinenden Freundinnen oder Trauzeugen vorgeschlagen werden.

Lasst Euch die Liste vorlegen und setzt großzügig den Rotstift an – zur erbarmungslosen Streichung! Unlängst berichtete mir eine Braut von so einem Spiel, das sie bei der Hochzeit einer Freundin sah, und meinte: »Hoffentlich bleibe ich bei meiner Feier von solchem Unfug verschont.« Mann und Frau bekamen einen Strick an den Popo mit Korken dran. Damit sollten sie die Flamme einer Kerze löschen. Der blanke Horror, eine schweißtriefende Strapaze, die schwere Brandflecke am 2000 Euro teuren Hochzeitskleid und einen Hexenschuss beim Bräutigam verursachte.

Ähnlich peinlich das gegenseitige Füttern der jungen Ehepartner mit verbundenen Augen, durch Löcher eines Bettlakens oder durch eine Klobrille. Binnen weniger Sekunden können Make-up und Frisur futsch, Kleid und Anzug besudelt sein. Wenn Bräutigam oder Braut dann noch mit verbundenen Augen den Partner unter zehn anderen allein durch Ertasten bestimmter Körperteile unterhalb der Gürtellinie identifizieren sollen, gehört das vielleicht in einen Swingerklub, aber nicht auf eine Hochzeitsfeier.

Macht Kinder, Oma, Opa und die Tanten mit Spielen glücklich, doch zwingt niemanden zu etwas, das er nicht gern macht!

Was tun gegen lästiges Schwitzen?

Wenn Du überhaupt nicht mehr schwitzt, liegst Du vermutlich mit einem Totenkleid im Sarg! Hunderttausende Brautpaare versuchen jedes Jahr, ihre Körper-Klimaanlage zu überlisten. Doch jeder Organismus reagiert ein bisschen anders, das ist genetisch und hormonell bedingt, nicht zu ändern. Manche transpirieren mehr im Gesicht, andere an den Händen oder zwischen den Beinen. Beim einen schnuppert es mehr, beim anderen weniger. Man kann nur sagen, dass kräftige Menschen intensiver, ältere minimaler schwitzen und scharfe Speisen die Schweißproduktion richtig auf Hochtouren bringen. Viele kämpfen mit Puder, Franzbranntwein oder autogenem Training gegen Feuchtgebiete. Ärzte halten das alles für Quatsch. Meine Oma trank einen Sud aus Tausendgüldenkraut oder Salbeetee und tauchte ihre Hände in eine Kamillentinktur. Öfters hörte ich, dass Frauen und Männer ihre Achselhöhlen mit einer selbst hergestellten Lösung aus Eichenblättern und Zinnkraut reinigen und Fußbäder mit Samen des Bockshornklees gut gegen Schweißfüße sein sollen. Ich vermeide starke Temperaturschwankungen, damit das Gehirn nicht ständig Schwitzsignale aussendet.
Das Beste bei der Hochzeit ist, sehr gut vorbereitet zu sein – da fällt wenigstens schon mal der Angstschweiß weg.
Tradition und Etikette schreiben es vor, dass die Braut ein helles, luftiges Kleid anhat und sich der Bräutigam in den Anzug mit Weste, bis oben zugeknöpftem Hemd und Binder oder Fliege zwängt. Manch eingequetschter Mann hat sich bei 40 Grad im Schatten schon gefragt, warum bin ich nicht die Braut und muss hier einen halben Tag lang leiden. Deshalb sage ich: Nach der Trauung, nach den Fotos, zieht der

Bräutigam sein Jackett aus. In diesem Moment dürfen dies nämlich auch die Gäste. Selbst wenn man sich der Weste entledigt, die Hemdsärmel hochkrempelt, ist das noch schicklich. **Das Paar sollte immer ein Zimmer mit Dusche in der Nähe haben, um sich in einem geeigneten Moment zu erfrischen.** Es gibt zwar Medikamente gegen übermäßige Schweißausbrüche, die vom vegetativen Nervensystem gesteuert werden. Doch die muss man mit großer Regelmäßigkeit einnehmen, sie können einen trockenen Mund, Magenbeschwerden, einen kratzenden Hals oder Herzrasen verursachen. Wer den Beipackzettel mit den Nebenwirkungen liest, verzichtet mitunter. Im Prinzip führt kaum etwas am Antiperspirant oder auf Deutsch Antitranspirant vorbei. Das gibt's vom Spray bis zum Bodytuch und basiert immer auf dem gleichen Wirkprinzip: Aluminiumsalze verengen die Schweißdrüsen. In den letzten Jahren ist eine gewisse Hysterie entstanden, dass Aluminiumanreicherungen im Körper – dieses chemische Element kommt sogar im Trinkwasser, in Kaffeekapseln, Verpackungsfolie, Tetrapacks, Farbstoffen oder Magentabletten vor – zur Entstehung von Brustkrebs und Alzheimer beitragen könnten. Mein Arzt sagt, dass Antiperspirantien, deren Aluminiumgehalt unter 15 Prozent liegt und die man maximal alle ein bis zwei Tage auf unrasierter Haut verwendet, unbedenklich seien. **Neben dem Deo sollte man das gute alte Feuchttuch auf jeden Fall dabeihaben.**
Für die TV-Aufnahmen verwende ich ein Antiglanz-Puder, mit dem man nicht so verschwitzt aussieht. Das wirkt sogar bei Scheinwerfern, die zwei Stunden mit voller Kraft auf mich ballern.
Unbedingt Wechselstrümpfe mitnehmen, den Männern rate ich zum Wechselunterhemd. Und wer es mag: Schweißpads gibt es auch noch!

Warum ich bei einer Scheinhochzeit mitmachte

Verrücktes erlebe ich fast jeden Tag. Ein bis zwei Mal pro Monat kommt jemand und fragt aus purer Lust und Laune: »Darf ich mal paar Hochzeitskleider anprobieren?« Kleiderfetischisten sind darunter und Personen, von denen es die Diskretion gebietet, lieber zu schweigen. Bekommen wir mit, und nach Zehntausenden Kleidern hat man das im Blut, dass sie gar nicht heiraten wollen, lehnen wir dies ab. Bei uns im Haus gilt auch generelles Fotografierverbot. Natürlich nicht das Selfie der Fans mit mir – da findet sich meist eine Möglichkeit. Man kennt das: Kunden knipsen, was ihnen zusagt, und kaufen dann im Internet etwas Ähnliches, vielleicht zehn Euro preiswerter. Genauso etwas Zauberhaftes wie bei mir werden sie zwar schwerlich finden, aber es ärgert mich trotzdem. Dann erscheinen manchmal noch jene Frauen, die Fotos von sich im Hochzeitskleid bei Facebook posten, aber gar keinen Mann haben. Ein einziges Mal aber hatte ich ein schwaches Herz, ließ mich rumkriegen, zur absoluten Ausnahme überreden. Nämlich von meiner Lieblingsblumenbinderin in der Neustädter Markthalle. Dieser alte Markt im historischen Steinbau befindet sich an der Allee hinter dem Goldenen Reiter, dem überlebensgroßen, mit Blattgold überzogenen Reiterstandbild Augusts des Starken. Jenem barocken Sachsen-Fürsten, der nebenbei auch noch König von Polen war, Hunderte Kinder gezeugt haben soll. Verbürgt sind neben seinem einzigen ehelichen Sohn allerdings nur acht Kinder, die er legitimierte und für die er fürstlich sorgte.

Wenn ich schnell Blumen benötige, ein wenig Zeit habe und mir an frischer Luft die Beine vertreten will, laufe ich die fünfzehn

Minuten zum Blumenmädel. Mein Weg zu ihr ist fast identisch mit der berühmten Flaniermeile, die jährlich rund zehn Millionen Dresden-Touristen nehmen. Direkt von meinem Geschäft schlendere ich zur Frauenkirche auf dem wundervoll in alter Pracht entstandenen Neumarkt und von dort zum Schlossplatz. Dabei kommt man nicht nur an drei gigantischen Denkmälern sächsischer Monarchen vorbei, sondern auch am einzigartigen Fürstenzug, dem weltgrößten Wandbild aus dem berühmten Meissner Porzellan. Fünfunddreißig Markgrafen, Herzöge, Fürsten und Könige – die Wettiner-Sippe, die bis 1918 genau 829 Jahre lang Sachsen regierte – reiten auf dieser zehneinhalb Meter hohen und über einhundert Meter langen Ahnentafel der Superlative. Sollte ich irgendwann einmal unter Ideenmangel leiden, werde ich mir an deren prächtigen Kostümen Anregungen holen. Leider helfen sie bei Hochzeitskleidern nicht weiter, da hier nur Herrscher mit ihren Gäulen und männlichen Knappen, Jagdbegleitern, Kriegern und Höflingen abgebildet sind. Residenzschloss und Hofkirche hinter mir lassend, überquere ich die Elbe über die Augustusbrücke – natürlich auch nach August dem Starken benannt, lande auf dem Neustädter Markt und laufe noch einige Meter unter schattigen Platanen zur Blumenfrau. Sie ist ein ganz fleißiges Mädel, Vietnamesin und wohl über fünfzig Jahre alt. Wie viele Asiaten sieht sie jünger aus, es ist unheimlich schwer, ihr wahres Alter zu schätzen.

Mir einen Strauß mit sieben roten Rosen bindend, berichtete sie von zwei jungen Landsleuten, die unbedingt ein Hochzeitsbild brauchten. Deren ganzes weiteres Lebensglück würde von diesem Foto abhängen. Die Frau heiße Biam, was in ihrer Heimat verborgen und geheimnisvoll bedeutet, sei siebenundzwanzig Jahre alt. Der neunundzwanzig Jahre alte Mann trage den Namen Tung, der für Ruhe und Würde stehe. Ein ganz lieber, treuer und fleißiger Mann, der nach den Vorlesungen und Seminaren jeden Abend bis 22 Uhr Supermarktregale einräumt, um sein Studium zu finanzieren. Die Blumenverkäuferin aus der Stadt Weil und der Student lernten sich bei der Hochzeit eines ebenfalls vietnamesischen Gastwirts in Stuttgart kennen. Der Liebe wegen zog Biam, die mittlerweile in einem Gemüseladen arbeitete, in seine Dresdner Einraumwohnung. Sie seien verlobt, wollten gern heiraten. Doch ihnen fehle, weil sie monatlich einen Teil ihrer spärlichen Einkünfte per Western Union nach Hause in das kleine, von Reisfeldern umgebene Dorf zu ihrer Oma schickten und damit einer Großfamilie mit achtzehn Köpfen halfen, einfach das Geld für die Hochzeit. Nun machten sich beide Familien im fernen Vietnam seit Monaten große Sorgen, dass es der Jugend im kalten Deutschland nicht gut gehe. Deshalb wollte ihnen das junge Paar unbedingt seine deutsche Hochzeit vorgaukeln.

Ich kenne Vietnamesen schon seit langem. Zu DDR-Zeiten arbeiteten viele im Elbtal. Sie waren immer höflich, sehr anpassungsfähig und fielen kaum auf. In den achtziger Jahren kümmerte ich mich um eine Patenschaft mit der Meißner Schuhfabrik, wo vietnamesische Jungdesigner Schuhe kreierten und in einem Dresdner Jugendklub präsentierten. Ich war damals auch zu einem Jahrestag ihrer Befreiung eingeladen, erinnere mich, dass mir jemand unter dem Porträt eines weißhaarigen alten Mannes mit zotteligem Kinnbart den Platz zuwies – ihrem verstorbenen Führer Ho Chi Minh. Jetzt heiraten also die Kinder derer, die damals ins Land kamen. Und wie konnte ich meiner »Blumenfreundin« ihre Bitte um Hilfe abschlagen?!

So standen Biam und Tung am vereinbarten Montag mit eigenem Fotografen, zwei Freundinnen und Freunden im Brautmodesalon: der 1,69 Meter große Mann mit kurzem schwarzem Raspelhaarschnitt, kleiner Kartoffelnase mit großen Löchern, dunkelbraunen Augen. Er wollte den Hochzeitsanzug nur für dieses Shooting leihen. Trotzdem sollte er den Eindruck erwecken, dass man ihn später noch einmal, zum Beispiel zur Diplom-Verteidigung, tragen könnte.

Wir suchten ein weißes Hemd, eine dunkelbraune, engmaschig gewebte Weste in Zebrastreifenmuster mit passender Krawatte und einen dunkelblauen Hochzeitsanzug nebst Blumenanstecker – identisch zum Brautstrauß – heraus. Die Braut, mit Absatzschuhen

1,68 Meter groß, etwas schüchtern und zurückhaltend, hatte herrliche schwarzblaue Haare – ihre Naturfarbe! Wenn ich in Asien bin, schaue ich immer wie gebannt auf diese Haare, die in der Sonne oft einen ganz leichten bläulichen Schimmer zeigen. Wie bei meiner Winnie reichten ihre langen Haare bis zur Taille. Zurzeit ist bei den Asiatinnen auch »Dark Aubergine« – rabenschwarz mit leichtem lila Stich – der letzte Schrei. Doch da hilft natürlich die Chemie- und Kosmetikindustrie kräftig nach. Ich redete Biam zuerst die zehn Zentimeter hohen Absatzschuhe aus. Denn mit diesen wirkte sie größer als der Mann. Sie lächelte trotzdem liebevoll, machte einen sehr glücklichen Eindruck. Ich hatte bei diesem zierlichen Persönchen etwas Angst, dass sie vom großen, von ihr ausgewählten Hochzeitskleid verschluckt würde. Doch es passte ihr traumhaft: neun Lagen Softtüll, ganz weit ausgestellt, bis zur Taille ganz schmal werdend. An der Taillennaht eine riesige Applikation, etwa acht Zentimeter groß, wie ein Gürtel aus versilberten Brokatelementen. Dieser die Taille umschlingende, fest drapierte Gürtel hat die Aufgabe, die Naht von Rock und Oberteil zu verdecken. Er verbindet Ober- und Unterteil so geschickt zu einem Kleid, dass keiner den Zweiteiler ahnt. Da es ihr ungeändert zu lang war, korrigierte die Schneiderin für das Fotospektakel den Saum mit Nadeln. Das Kleid hatte wegen ihrer zierlichen Knospen eine Corsage mit geradem Carré-Ausschnitt. Bestickt war die Corsage mit raffinierten Blüten. Ich schmunzelte, als sie sich eine Holzkette von Oma um den Hals legte. Ihr war bewusst, damit einen Stilbruch zu begehen. Aber diese Kette wollte sie unbedingt haben. Dazu kamen ein weich fallender Tüllschleier und ein beinahe königliches Diadem, passend zum angedeuteten Gürtel aus silbernen Strasselementen. Alles an ihr wirkte romantisch, modern, klassisch, durch die Holzkette auch noch traditionell. Ich würde sagen – es hatte Pfiff!

Wir haben für den guten Zweck großes Kino gemacht, die gewünschten Fotos auf unserer Marmortreppe, vor den vier mal drei Meter großen Fotoleinwänden mit Terrasse des Dresdner Zwingers, der Semperoper von außen, einer deutschen Kathedrale von innen und dem Vestibül eines großen italienischen Opernhauses fabriziert. Alles war schick, und ich hatte das Gefühl, beide sonnten sich im Glück: die strahlenden Augen, die roten Wangen der Frau, die verliebten Blicke, die Emotionen, sie vergaß alle deutschen Worte, redete nur noch vietnamesisch mit ihrem Freund. Ich hörte Wortfetzen wie »Anh yeu em« – Ich liebe dich! Das 500-Euro-Gesamtpaket für Raummiete, Ausleihe, Getränke hatte sich offensichtlich für beide gelohnt, rundum zufrieden verließen sie uns. Ich hoffe nur, dass ihre Familien nicht nach Dresden und hinter den Schwindel kommen.

Vermutlich wussten die Eltern sogar um diese »Scheinhochzeit«. Es war wohl mehr ein Spektakel für die Verwandten – damit man das Gesicht wahrte. Die beiden waren so dankbar und glücklich, dass Winnie und ich einige Zeit später die Einladung zum privaten Essen erhielten. Weil auch die Blumenhändlerin, die seit vielen Jahren die Sträuße für all meine Geburtstagskinder bindet, ihr Erscheinen ankündigte, wollte ich diese Offerte einmal nicht ausschlagen. Vielleicht könnte sich sogar ein Geschäftsmodell »vietnamesische Fake-Hochzeit« für die Nebensaison daraus entwickeln.

An einem Montagabend erklommen wir den fünften Stock des Plattenbaus ohne Lift und landeten in der kleinen Wohnung, die einen Charme zwischen Pressspan und vietnamesischer Volkskunst versprühte. Auf bunt bemalter Lackkommode saß ein Buddha, nebenan glimmten auf dem Altar Räucherstäbchen. Wir haben uns köstlich amüsiert, viel gelacht und gestaunt. Sie zeigten Fotos von ihrer wunderschönen Heimat, die sie auch nur von Urlauben und aus Erzählungen der Eltern kannten, die bei der Ankunft in Deutschland vor über dreißig Jahren zuerst in Gemeinschaftsunterkünften lebten, den Reis versehentlich in der Waschmaschine kochten und – bis es untersagt wurde – auf dem Balkon eine Hühnerzucht versuchten. Fasziniert lauschten wir, wie kompliziert und mit Traditionen beladen Hochzeiten in Vietnam ablaufen. Da Feiergesellschaften wegen des tropischen und subtropischen Klimas mit Affenhitze und

96 Prozent Luftfeuchte im Sommerhalbjahr mit beginnender Regenzeit zerfließen würden, legt man die Vermählungen gern zwischen Oktober und März. Mehrere hundert bis tausend Gäste sind durchaus möglich. Denn auch alle Bekannten, ehemalige Schulfreunde, Dorfbewohner, Arbeitskollegen werden eingeladen. Und die haben schon manches Paar, das sich dafür lebenslang verschuldete, ruiniert. Denn keiner weiß, wie hoch der Erlös einer Hochzeit ist. Eigentlich gibt es hier eine pragmatische Geld-zurück-Tradition: Von jedem Gast wird ein Geschenk erwartet. Das sollte aus Bargeld, überreicht in einem mit dem Namen des Schenkers versehenen Umschlag, bestehen. Weil man genau diese Summe bei dessen eventueller Hochzeit zurückschenkt, werden alle Beträge von der Braut penibelst notiert. Diese peinliche Prozedur ist auch eine Spekulation mit der Hoffnung, dass viele Gäste keine geeigneten Partner finden. Frauen über dreißig und Männer über fünfunddreißig werden in der Regel als nicht mehr heiratsfähig angesehen. Doch alles startet natürlich viel früher. Meist mit Astrologen und Wahrsagern, welche den Eltern des Bräutigams prophezeien, ob beide jungen Leute zueinander passen. Geben Sterne und Orakel die Zustimmung, halten die Eltern des jungen Mannes, Betelnüsse, Betellaub und Arecanüsse bei sich führend, bei den Eltern um die Hand der Tochter an. Dabei wird um das von den Eltern des Bräutigams zu zahlende Brautgeld gefeilscht – das die Kosten ihrer Hochzeitsvorbereitung decken sollte. Dem folgt Monate später die Verlobungszeremonie. Weil es auch dafür günstige und unheilbeladene Tage gibt, muss wieder ein Wahrsager zu Rate gezogen werden. An besagtem Tag macht sich der Bräutigam samt ganzer Familie auf ins Haus der Braut, die dafür den roten Ao Dai anlegt. Mit geschmückten Fahrrad-Rikschas, Schalen voller Obst und Lotos, Kästen mit Betel, Wein, Tee und Zigaretten, dazu natürlich Geld und verschiedene

Hochzeitskuchen – alles getragen von fünf männlichen Gehilfen, die noch sexuell unerfahren sein müssen. Die Geschenkbehältnisse müssen eine ungerade Zahl aufweisen, sind mit rotem Papier oder Tuch verhüllt. Während das junge Glück vor der Tür wartet, erklären ausschließlich Eltern und Großeltern drinnen beide feierlich zum Paar. Denn hier werden nicht allein junge Menschen verbunden, sondern Familienallianzen geschlossen.

Vor dem ganz großen Tag kämmt die Brautmutter das Haar der Tochter mit drei verschiedenen Kämmen nach ganz speziellen Ritualen, wird sie von Cousinen und Tanten in ihre ehelichen Pflichten eingewiesen. Im Haus des Bräutigams und seiner Eltern, wo die Braut ab der Hochzeit lebt, muss das Ehebett hergerichtet werden. Wenn zwei kleine Knaben zur Einweihung darauf herumtrampeln, soll das ganz raschen Kindersegen bringen.

Ehrfürchtig erzählte Tung, wie dann die eigentliche Hochzeit abläuft: »Das ist verglichen mit der Verlobung profan, man kniet nieder vor den Altären der Familien, erbittet den Segen der Vorfahren. Die Eltern des Mannes danken jenen der Braut für ihre gute Erziehung. Dann zieht sich die Braut zur Feier um.« Diese ähnelt meist einer Massenfütterung mit Stoppuhr-Geschwindigkeit. Biam: »Ich habe so eine Feier in einer Gaststätte in Hanoi erlebt. Hunderte Leute kamen in ihrer Mittagspause hin. Es gab zwei Show-Acts, eine Champagnerpyramide wurde gefüllt, die Torte angeschnitten. Das junge Paar eilte von Tisch zu Tisch, um mit den Gästen anzustoßen. Das dauerte von elf bis ein Uhr genau zwei Stunden. Dann war der letzte Gast weg.« Sie seufzte: »In den Städten ist alles schrecklich. Auf dem Dorf gibt es noch gemütliche Feiern, die bis zu zwei Tage gehen.« Alles, was bleibt, sind Hochzeitsfotos: Die macht man im Studio, völlig verkitscht, vor Hochglanzleinwänden mit schneebedeckten Bergen, Pagoden oder Karibik-Inseln.

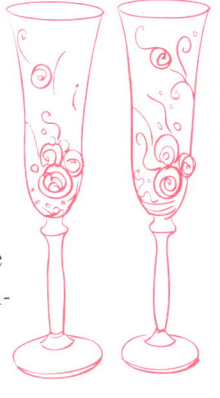

Von der freundlichen Einladung der Vietnamesen sind mir besonders die leckeren Speisen in Erinnerung geblieben. Die Frau wirbelte ständig am Herd, kredenzte Nudelsuppe mit Fisch und Eiern, Frühlingsröllchen, Feuertopf und sogar Ente, die mit der scharf-herzhaften Soße köstlich mundete. Wenn ich daran denke, tropft mir gleich wieder der Zahn. Nur Winnie als Vegetarierin hatte ihre liebe Mühe, die Beherrschung zu bewahren und nicht zu sehr das Gesicht zu verziehen.

Durch die rosarote
Brille gesehen

Bald werden, so habe ich gelesen, einsame Menschen Sex mit Robotern haben. Doch noch immer fahren viele Männer aus wohlhabenden Ländern nach Asien und Frauen zu den Beachboys an die Strände von Ostafrika oder der Karibik. Eigentlich suchen dort reifere Frauen ihren Spaß. Dass sie die wahre Liebe finden, glauben sicher nur die Wenigsten. Aber zu uns kam eine siebenundzwanzigjährige Fachverkäuferin im Lebensmitteleinzelhandel aus Wuppertal, die davon überzeugt war: dieser Mann und kein anderer! Sie sah so liebevoll aus und hatte einen besonderen Wunsch: »Ich will heiraten, eine stolze Kenianerin werden.« Wuppertal ist mir sympathisch, weil dort eine alte Bahn herumschwebt. Ätsch – in Dresden haben wir gleich zwei von diesen technischen Methusalems – genannt Stand- und Schwebeseilbahn! Und das Mädel imponierte mir: Die 1,78 Meter große junge Frau mit Konfektionsgröße 42, weiß gebleichten Zähnen, die Nase an der richtigen Stelle, die etwas zu groß geratenen Ohren durch das lange wellige blonde Haar geschickt verdeckt, verfügte über einen wohlproportionierten Naturbusen von 80D, schöne schlanke Taille, festen Po, straffe Oberschenkel, lange Beine. Bei ihren gepflegten Händen mit den langen Fingern konnte man sie auch für eine Pianistin halten.

Am weißen Sandstrand des indischen Ozeans, zwischen türkisfarbenem Meer und den wogenden Palmen von Diani Beach, war die taffe Yvonne den Reizen eines Adonis erlegen, von dem sie meinte, er könne auch gerade dem Modekatalog entsprungen oder vom Laufsteg der Mister-Universum-Wahl herabgestiegen sein. Verliebt schwärmte sie: »Ich habe den schönsten Mann von ganz Afrika

gefunden. Mit dem Charme eines Italieners, deutscher Pünktlichkeit und exotischster Ausstrahlung.« Alles, was sie in Deutschland nie fand. Nach zwei gescheiterten Beziehungen war sie völlig geheilt von deutschen Männern. Die emotionale Beziehung zu dem heißen Kontinent war schon früher vorhanden gewesen. Nach einer berührenden TV-Reportage spendete sie seit Jahren regelmäßig kleine Summen für ein afrikanisches Waisenmädchen. Auch plante Yvonne, bevor sie zu Kontaktlinsen griff, ihre alten Brillen der Christoffel-Blindenmission zu senden.

Dieser junge Mann sei ganz anders als die üblichen Kamelführer, Sonnenbrillenverkäufer und Hennamaler. Sie erzählte, wie fürsorglich er sie behandelte, jeden Wunsch von ihren Augen ablas: »Wir verständigen uns mit ein paar Brocken Englisch, und bei seinem Swahili hilft uns der Internetübersetzer. Er ist wirklich eine Rakete im Bett und hat mich schon vor einem schwarzen Tausendfüßler gerettet, der nachts unter unser Moskitonetz kroch. Er ist immer elegant gekleidet, lustig und fröhlich, umsorgt mich von früh bis spät. Als ich im Port-Jesus-Museum in Mombasa ausglitt, den linken Fuß verstauchte, trug er mich die letzten Meter bis zum Bus auf seinen Händen.« Stolz zeigte sie mir Videos von ihm bei Sonnenuntergängen am Strand und wie er sich in ihren blütenweißen Bettlaken räkelte. Zwei Mal besuchte sie ihn schon in Kenia, konnte seine schmachtenden Blicke beim Abschied auf dem Flughafen nicht mehr ertragen. Deshalb legten beide bei der letzten Reise fest: Er kommt nach Deutschland, wir heiraten! Seine Familie, die sie leider noch nicht besucht hatte, würde in Kenia über Vermögen verfügen. Und wenn es die Gesundheit der Oma erlaube, die schwer lungenkrank sei, würden alle auch der Hochzeit in Wuppertal beiwohnen. Sie seien Christen einer schwarzafrikanischen Kirche.

Ich habe mich später schlau gemacht und herausgefunden, dass es sich um eine merkwürdige Abspaltung von der katholischen Kirche mit schwarzem Jesus und eigenem Papst handeln muss.

Dann hielt sie mir ihr Handgelenk mit seinem Geschenk, einem Freundschaftsband, vor die Nase: »Ist das nicht superlieb. Er hat es aus eigenem Haar, das er mit Pflanzensäften in den Deutschland-farben tönte, für mich geflochten.« Als die lange Vorrede beendet war, wir uns aufs Hochzeitskleid konzentrierten, teilte sie mir den Herzenswunsch des Bräutigams mit: »Mein Mann stellt ein paar kreative Bedingungen. Im Brautkleid sollen die Lieblingsfarben seines Vaters, schwarz, rot und grün, enthalten sein.« Da sie sich so darauf versteift und extra die weite Fahrt nach Dresden angetreten hatte, fiel es mir sehr schwer, diplomatisch zu antworten. Ich sagte wohl nur, dass diese Farbkombination im europäischen Brautbereich eine ganz seltene und relativ schwierige Mischung sei. Verkneifen musste ich mir die bissige Bemerkung, dass man mit so einem Narrenkos-tüm höchstens zur Kirmes oder beim Seußlitzer Heiratsmarkt auf-tauchen kann.

Ihr hört vielleicht das erste Mal von diesem Heiratsmarkt. Doch im Freistaat Sachsen zählt er zu den großen Volksfesten mit fast fünfhundertjähriger Tradition – alljährlich zu Himmelfahrt zu Füßen des Barockschlosses, das im Elbweindorf Seußlitz auf den Mauern einer ehrwürdigen Abtei errichtet wurde. Das Kuriosum: Jeder kann sich auf diesem Fest von einem Jux-Pfarrer für einen Tag trauen lassen. Der Ursprung dieses Brauches ist mit der Re-formation verknüpft. Von den Gedanken Martin Luthers infiziert, pfiffen die Nonnen des hier 1268 gestifteten Klarissenklosters ab 1539 auf ihr strenges Gelübde, legten die Ordenstracht ab und sollen sich rasch vermählt haben. Seit 1800 fand der Heiratsmarkt jedes Jahr statt – nur unterbrochen durch den Zweiten Weltkrieg und die Abschaffung von Himmelfahrt in der DDR zwischen 1967 und 1990. Wegen des mitunter exzessiven Alkoholgenusses, vor allem der süffigen Elbweine, bis in die Morgenstunden und Sicherheitsbedenken bei bis zu 15 000 Besuchern in heutiger Zeit ruht der Traditionsmarkt seit 2011, wartet auf seine Wiederauferstehung.

Meine Kundin fand ein verspieltes, luftiges Satinkleid in Weiß, in der Taille gerafft, der Ausschnitt eine Welle mit in zarten Falten gelegtem Organza. Über der Hüfte ein sieben Zentimeter breites Band in der Farbe Rot, dazu eine linksseitige Ornamentstickerei. Dem Wunsch des Bräutigams entsprechend, ließ ich sie von Hand mit roten Blüten, grünen Blättern und schwarzen Stengeln dezent besticken. Es war eine folkloristische Kombination, die man bei Trachtengruppen findet, trotzdem wohlgefällig. Sie erinnerte mich an eine Jugendreise nach Bulgarien, wo wir im Hotel im Rila-Gebirge Folkloreabende besuchten.

Als sie sich dann im Spiegel mit den leichten weißen Trägerchen sah, die ich aufgrund ihrer großen Oberweite empfahl, war sie verzückt, jauchzte, knipste sich im Spiegel und schickte das Foto sofort ihrem Strandfreund. Ich war etwas irritiert, da ihr 1200 Euro teures Kleid eigentlich ein Geheimnis bleiben sollte. Von Natur aus neugierig, fragte ich sie zur Verabschiedung, ob die Familie des Mannes ihrer Ehe zugestimmt habe. Sie war völlig ahnungslos, meinte: »Alles gut, sein Bruder hat das Einverständnis gegeben.« Und fiel aus allen Wolken, als ich von Widrigkeiten einer Bekannten erzählte. Die evangelische deutsche Lehrerin hatte einen Moslem aus Algerien geheiratet. Es gab unheimlichen Streit mit seinen Eltern, welche die Ehe erst verboten und sich – da es nicht mehr zu ändern war – bis heute ständig in die Erziehung der Kinder einmischen. Sie hassen die unmoralische Frau, weil sie eine voreheliche Beziehung hatte, kein Kopftuch trägt und mit der Freundin in die Kneipe geht. Ihre zwei Kinder werden jetzt ausschließlich vom Mann zu frommen Muslimen erzogen. Sie dürfen keine Wurst und kein Schweinefleisch essen, lesen mit ihm im Koran und besuchen regelmäßig die Moschee. Im letzten Urlaub in Algerien wollten die Schwiegereltern die Kinder dabehalten – damit sie im gottlosen Deutschland nicht länger verdorben werden.

Sie zuckte nur mit den Achseln: »Das wird nicht passieren. Mein Kenianer ist Christ.«

Bei zwei Anproben in den nächsten Monaten suchte sie noch Täschchen, einen langen Schleier, der auch das Gesicht verdecken kann, einen Fascinator, Strumpfband, halterlose Strümpfe und Satinschuhe aus. Die große Hochzeit mit der ganzen kenianischen Familie war da längst zum Standesamtbesuch mit Brauteltern, ihrer Schwester und einigen Freunden geschmolzen. Im Nachhinein verriet er ihr auch, dass die Farben nicht jene des künftigen Schwiegervaters wären. Es seien seine Landesfarben, und er wollte prüfen, dass seine afrikanische Heimat durch sie nicht beleidigt würde. Auf meiner Zunge lag schon, dass es ein böses Omen ist, mit solchen Vorzeichen in die Ehe zu gehen. Aber der Anstand des ehrbaren Kaufmanns verlangt, über so etwas hinwegzusehen. Es kam, wie ich befürchtete: Der Mann wollte nur einen deutschen Pass. Er war ungelernt und hielt es als Hilfsarbeiter in einem Lagerhaus keine drei Tage aus. Sie hatte ihn aus den Slums geholt, hier spielte er den Pascha, wollte täglich Fleisch, neueste Klamotten und teuerste Parfüme, vertelefonierte zudem monatlich über 300 Euro. Im Haushalt machte er keinen Finger krumm, trank ständig Alkohol, log herum und verbot ihr den Kontakt mit Freunden. Selbst chattete er ständig heimlich andere Frauen im Internet an, erbettelte per Mitleidstour Geld, war in Drogengeschäfte verwickelt und versuchte sich zuletzt sogar als Callboy. Die Ehe wurde annulliert.

So berichtete es ihre in Dresden lebende Schwester, die zwei Jahre später bei uns einkaufte.

Das scheinen keine Einzelfälle zu sein. Gerade las ich in der Zeitung, dass jährlich rund 35 000 binationale Ehen in Deutschland geschieden werden – ihre Scheidungsrate ist exorbitant hoch. Häufig sind auch die Hoffnungen fern aller Realität. Die Frauen kämpfen zwar enorm für ihre Liebe, nehmen Entbehrungen und Demütigungen auf sich, geraten – weil die Ausgaben schnell ihre Einnahmen übersteigen – in die Schuldenfalle und werden dann mitunter maßlos enttäuscht. Ich habe aber auch Scheidungen erlebt, wo beide wirklich zueinander passten, die Liebe grenzenlos schien und es am Essen scheiterte. Der dreiundvierzigjährige Tischlermeister Kurt aus Halle holte sich die fünfunddreißigjährige Narisara aus Thailand. Sie ernährte sich fast nur von Fisch. Außer Heringsfilet in Tomatentunke mochte er aber überhaupt keine Meerestiere. Was am Anfang harmonisch aussah, trennten dann Tradition und Ernährung. Ich kenne mehrere Fälle, wo ausländische Frauen sich von deutschen Männern scheiden ließen und später einen passenden Mann aus der Heimat nachholten. Manch ungeschickte Verbindung kann Auswirkungen auf die Familienbande, sogar auf den Beruf haben. Nach seiner Scheidung holte sich mein achtundfünfzigjähriger Nachbar ein achtzehnjähriges Mädchen aus Rumänien. Plötzlich wurde er von seinen Söhnen geschnitten, verlor alle Freunde und wurde vom Stammtisch ausgeschlossen.

Egal ob aus Asien, Afrika, Lateinamerika oder Osteuropa – prüft lange, ob es passt, bevor Ihr Euch ewig bindet. Lernt unbedingt die Sprache, besucht meinetwegen gemeinsam einen Volkshochschulkurs, bevor Ihr zum Standesamt geht. Mindestens zwei, drei Jahre sollte man sich kennen und immer wieder das Glück hinterfragen. Jede überstürzte, schnelle Ehe kann im Chaos enden. Spickt eure Herzen mit etwas Skepsis und gesundem Menschenverstand! Macht Euch selbst nicht so viel vor, seht das Leben kritischer, realistischer und nicht ständig nur durch die rosarote Brille.

Mich beeindruckte die entwaffnende Ehrlichkeit eines greisen Millionärs, denn ich anlässlich einer Modenschau auf Mallorca in der Hotellobby, umgeben von blutjungen, auf seinem Schoß sitzenden und ihn küssenden Mädels traf. Auf meine Frage, dass diese ihn doch unmöglich alle lieben könnten, antwortete er weise: »Wissen Sie, junger Mann, Champagner und Kaviar lieben mich auch nicht, aber ich genieße sie trotzdem!«

Ich habe schon so viele Türen sich öffnen und schließen sehen. Vielleicht kenne ich auch nur die unschönen Ausnahmen. Natürlich gibt es auch viele junge und ältere Frauen, die im Ausland ihr ganz großes Glück fanden und auch nach Jahren noch im siebenten Himmel schweben. Die Kundin aus Klipphausen, deren Hobby Schmetterlinge sind, lernte einen Meeresbiologen aus Kanada kennen. Beide sind seit acht Jahren ein glückliches Paar. Eine Frau, die über meinem früheren Modehaus wohnte und sich schon immer zu Männern aus fernen Ländern hingezogen fühlte, gab auch nach dem dritten Reinfall nicht auf. Zuletzt kümmerte sie sich rührend um Flüchtlinge. Jetzt sah ich sie glücklich mit einem schlanken Mann im Turban und mit Dolch im Gürtel die Straße entlanggehen. Es muss ein Inder, ein Sikh, sein. Im Kinderwagen, den sie schob, lagen Zwillinge. Ich hoffe – sie hat ihre große Liebe gefunden.

Frisch verheiratet zur nächsten Hochzeit

Manchmal fragen mich Kundinnen, woher ich die genialen Hochzeitskleidideen habe. Da antworte ich ehrlich: Fast alle kommen mir im Traum! Nachts träume ich oft von Klamotten und wer sie tragen könnte. Beschäftigt mich ein Modeproblem, kann ich schlecht einschlafen, nicke dann irgendwann doch ein. Dann, plötzlich, kommt der Geistesblitz, der mich die Augen aufschlagen lässt und den ich sofort niederschreibe. Dafür ist alles vorbereitet. Der Sargmacher hat sein Maßband, der Pfarrer die Bibel und ich zwei Kladden unterm Bett, zwei große Leporellos. Das eine mit Stoffmustern in den 520 Grundfarben, das andere mit den weltweit 720 Farben sämtlicher Applikationen im Paillettenbereich. Hinter jeder steht eine Nummer, die ich entsprechend der Idee gleich notiere. Denn die Farbe ist am Morgen, in der nüchternen Realität, eine ganz andere als schlafwandlerisch und traumtrunken. Kreativität halte ich auch für Verknüpfung von Zufällen, Konfliktauseinandersetzungen und Pflichtbewusstsein.

Kürzlich regte mich eine Kundin ziemlich auf: Sie wollte unbedingt etwas kaufen, was ihrem Körper unmöglich entsprach, nur in der Welt ihrer Phantasie existierte. Ich spürte ganz deutlich, wie ärgerlich sie war, weil nichts passte. Frustriert legte ich mich ins Bett. Nach drei Stunden meldete sich vom vielen Hagebutten-Malven-Tee, gemixt mit Saft, die Blase. Kurz bevor ich aufwachte, mir Erleichterung verschaffte, kam diese Frau im Traum per Besen angeritten. Ich ließ dem Traum freien Lauf und fand eine zauberhafte Bolero-Variante, die ihr gefiel. Mein Unterbewusstsein hatte versucht, den Tag zu verarbeiten. Dabei kam die Lösung. Sofort raus aus dem Bett in die Küche, wo Stift, Zettelkasten und eine Karaffe frischen Wassers meiner eigenen Quelle bereitstehen. Schnell schrieb ich meine Traumkreation auf.

Des Öfteren verlasse ich so nachts mein gemütliches Bett. Auch allen Frust schreibe ich nieder. Wenn man nicht nur Mode macht, sondern ein Unternehmen managt, gibt es viele Baustellen: Diebstähle, Krankschreibungen, Babys, Reparaturen, Müllentsorgung, Toilette putzen, Steuerformulare ... Mein psychologischer Trick: Probleme dem Papier anvertrauen, später verbrennen. Dann sind sie kein Gehirnballast.

Manches geht mir trotzdem nicht mehr aus dem Kopf. Sie war die perfekte Frau: verführerisch-gewinnendes Lächeln, 1,79 Meter groß, tolle Beine, blaue Augen, lange blonde Naturhaare. So was in sich Rundes, wo man keine Ecke findet, war mir noch nie begegnet. Die perfektesten Lippen, dass sie kaum noch echt sein konnten, Brüste, wie an den Körper geschmiedet – ein Traumbody, wie erschaffen für jeden Designer. Slip, Strumpfhosen und BH lassen Sie bitte an, sage ich immer, wenn sich die Frauen entkleiden. Schließlich haben wir für die Dessousberatung extra Fachverkäuferinnen. Letzteres schien sie überhört zu haben. Denn splitternackt, wie Gott sie schuf, stand sie plötzlich in der Umkleidekabine und schaute mir ganz tief in die Augen. War es ein Test? Wollte sie mich in Verlegenheit bringen? Mir blieb nichts anderes übrig, als für Sekundenbruchteile zu ihrer rasierten Intimsphäre zu lunschen. Es gibt schon Biester, die gern provozieren. Mit steigender TV-Popularität wird das langsam zum Problem. Auf jeden Fall war diese Frau eine Mikrowelle, die mich puterrot werden ließ. Ich zog den Vorhang schnell zu, holte tief Luft, bat: Ziehen Sie doch bitte etwas an. Unschuldig-schelmisch meinte sie: »Ich dachte, Sie verkaufen auch Unterwäsche, und wir fangen damit an.« Einige Minuten später fragte sie lässig nebenbei: »Finden Sie meine Brüste attraktiv?« Was soll man mit solchen Kundinnen machen? Meine halbehrliche Antwort: Ein Frauenarzt kann sich auch nicht in die Patientinnen verlieben! Doch Alexandra, so um die dreißig Jahre alt, die so großen Wert darauf legte, ihren Körper zu präsentieren, gefiel mir vom ersten Augenblick an, brachte das Kopfkino auf Hochtouren. Hätte sie dunkelbraune statt blonder Haare und wäre sie nicht in festen Händen – ich würde Purzelbäume machen, um bei ihr zu landen. Denn trotz dieser Perfektion und dieses Narzissmus war sie ein liebenswerter Mensch, großzügig, mit einem Hauch von Mütterlichkeit. Als sie ihren ersten Kleiderwunsch äußerte, nahm sie meine Hände in ihre: »Herr Herrmann, das kriegen wir doch hin?« Und ich wurde sofort ihr Facebook-Freund. Wüsste ich nicht, dass sie eine erfolgreiche Architektin ist, würde ich sie der Jetset-Welt zuordnen, die statt zu arbeiten 365 Tage im Jahr Urlaub macht, um den Globus reist, sich mit Schönen und Reichen trifft.

Alexandra lernte ich durch eine Mitarbeiterin kennen, die Hilfe benötigte: »Da steht eine Kundin mit Termin vorn. Sie sieht etwas frivol aus, hat wohl ein unbegrenztes Budget und ihren Mann dabei. Es scheint ein Araber zu sein, vielleicht ein Ölscheich, der spricht nur englisch. Ich bin bissel überfordert.« Meine Assistentin Winnie hatte Termine. Nur ein Vertreter für Fliegen und Einstecktücher, der seine Kollektion vorstellen wollte, stand in meinem Terminkalender. Der musste etwas warten. So übernahm ich das interessante Paar. Sie arbeitete in Katar an mehreren Hotelprojekten und lernte dort den achtundzwanzigjährigen Tierarzt Yakub aus Syrien kennen. Ein eleganter Mann mit besten Manieren, der das nobelste Oxford-Englisch sprach. Beide hatten gleich vier Stunden Beratung gebucht. Ich fragte: Die schönsten Kleider gibt es doch in Dubai oder Paris. Wieso kommen Sie gerade zu mir? »Weil die Eltern in der Nähe von Dresden wohnen. Meine große Schwester hat hier ihr Hochzeitskleid gekauft. Sie machten alles möglich und waren nicht teuer.« Doch sie wollte für Standesamt und Feier die größte, die schönste, die teuerste Robe haben. Und kam bereits mit Probefrisur, obwohl unklar war, ob sie überhaupt etwas ihren Vorstellungen entsprechendes findet. Ihr Wunsch: Es muss zu Schloss Pillnitz passen, wo sie mit über zweihundert Gästen feiern würden.

»Petticoat«, »Faux-Wrap«, »Carré«, »Trompete« – alles würde ihr stehen. Ich bot ihr ein »Fishtail«- oder »Mermaid«-Modell an, das nur Bräute mit perfekt weiblicher Figur tragen können, auch als »Sirene« oder »Meerjungfrauenlinie« bezeichnet wird. »Wirklich sehr schön, aber ich möchte ein großartiges Kleid, und das ist immer A-Linie«, sagte sie. Ihr Wunsch war mir Befehl. Wir wählten edle Brüsseler Spitze im Corsagen-Bereich und legten den Herzausschnitt acht Zentimeter tiefer als normal – die Schwerkraft spielte bei ihren Brüsten keine Rolle! Unter die Spitze kam kupferfarbenes Chiffon, sodass ihr Rock nur einen Hauch dieses edlen Metalls enthielt. Gleichfarbige Strassapplikationen zierten das ganze Kleid, den Rand der Corsage im oberen Bereich sogar im gleichen Farbton schillernde Steine. Ton in Ton das Armband, dazu ein kupferfarbenes Diadem – ähnlich jenem, das ich für die Debütantinnen des SemperOpernballs 2015 schuf. Dazu einen sieben Meter langen Schleier mit zweihundert Strasselementen verziert. Den krönenden Abschluss bildeten florale Motive aus Brüsseler Spitze, welche sich von unten nach oben wie Ranken am Kleid hinaufwanden. Die Corsage schmeichelte dem traumhaften Körper so, dass er noch eine Steigerung erfuhr.

Ihr künftiger Mann bestellte zwei Anzüge im Military-Stil. Er war lebenslustig und hochintelligent. Der Sohn einer wohlhabenden syrischen Familie hatte einen durchtrainierten Body, dunkle schwarze Haare, machte trotz arabischer Gesichtszüge einen europäischen Eindruck. Er erfreute sich an meiner Katzenliebe und fragte, warum ich keine Hunde habe. Leider fehlt mir dafür die Zeit. Der begeisterte Wintersportler schwärmte vom Hahnenkammrennen in Kitzbühel, war als Architekturliebhaber fasziniert von den vielen Kirchen und geschichtlichen Bauwerken Dresdens und amüsierte sich über die riesige Moschee im Stadtzentrum, die eigentlich mal eine Tabakfabrik war und heute Büros beherbergt. Als er über seine Liebe für deutsches, speziell Radeberger Bier schwärmte, war ich sehr verwundert: Seit wann dürfen Moslems Alkohol trinken? Da erzählte Yakub, dass er Aramäer, ein Christ, sei. Seine Ahnen gehörten lange vor Christus Königreichen an, die in Syrien und Nordmesopotamien zu Hause waren. Seine urchristliche Religion sei mit der katholischen eng verwandt. Ich fragte, ob er als Christ keine Probleme habe. »Nein, in Syrien leben alle Religionen friedlich nebeneinander, und als Tierarzt in Katar werde ich hoch geachtet.«

Wir bekamen Fotos, Dankschreiben und Geschenke von dem noblen Paar. Darunter eine vergoldete Dose mit atemberaubend duftenden orientalischen Gewürzen und ein Paket, das Süßigkeiten aus Damaskus enthielt. Diese knusprigen, nach Rosenwasser duftenden Honigbomben mit wenig Lamm- oder Büffelfett und viel gehackten Pistazien im Blätterteig, darunter kunstvolle Vogelnester aus Maisstärke, hatte ich vorher nie probiert. Ich war hellauf begeistert. Das war etwas ganz anderes als die Tafel Schokolade oder Schachtel Pralinen, mit denen ich täglich neben zwei Flaschen Cola sündige.

Erst eine Woche später fand ich die unter der Konfektverpackung klebende, etwas merkwürdig klingende Danksagung: »Lieber Uwe, Du hast mir und meinem Mann in Pillnitz zu unserer Hochzeit das Highlight geschenkt, das wir uns immer gewünscht haben. Wenn ich nochmals heiraten sollte, mache ich es wieder bei Dir!« Neben dem zierlichen Namenszug »Alexandra« ein mit Lippenstift hingehauchter Kuss. Ich sagte zu Winnie: Was für ein Unfug? Sie ist frisch verheiratet und spricht schon von der nächste Ehe. Selbst die Süßigkeiten bekamen da für mich einen bitteren Beigeschmack. Und ich dachte: Genau aus diesem Grund, weil Frauen so unberechenbar sein können, werde ich nicht noch einmal heiraten! Winnie meinte, das könne ein Interpretations- oder Schreibfehler sein.

Sieben Monate später kam ein Einschreiben aus Katar. »Sie ist geschieden, will wieder heiraten«, orakelte Winnie, bevor wir die Korrespondenz öffneten. Im Brief lautete es dann so: »Lieber Uwe, mein syrischer Mann und ich haben uns entschieden, in Katar noch einmal christlich zu heiraten. Damit seine ganze Familie die Zeremonie miterleben kann.« Ich war erleichtert, sandte eine E-Mail mit besten Wünschen, dass wir uns sehr freuen, dass sie ihre Ehe und

Liebe so auffrischen. Bei der Hochzeit mit der arabischen Großfamilie wollte sie nicht das gleiche Kleid tragen. Um mich vorzubereiten, konsultierte ich einen französischen Kollegen. Der schickte zwölf Fotos mit hinreißenden Kreationen, die auch als Moschee-Kuppel durchgehen könnten: feinste Spitze, von oben bis unten dekoriert mit transparenten Glasperlen, Kleider in U-Boot-Form, raffinierte Extravaganzen, Kristalle überall. Alexandra kam wieder nach Dresden geflogen und hatte sich schon daran gewöhnt, mich zu duzen. Respektvoll redete ich sie trotzdem weiter mit Sie an.

Bei der zweiten Brautberatung lernte ich erstmals eine arabische Wedding-Planerin kennen, die bei jedem deutschen Finanzminister hätte arbeiten können. Sie wollte alles genau wissen, das »unbegrenzte Budget« unter Kontrolle haben. Als wir ein klassisches Diadem anboten, fragte sie, woraus das sei. Ich erklärte, dass es jede Frau, weil komplett nickelfrei, bedenkenlos tragen könne. Sie schob ihre große Brille nach unten, blickte mich über den Rand strafend an: »Aber bitte ein Exemplar in Silber, es handelt sich um keine Armenhochzeit!« Ich gab es für 1200 Euro bei einem Goldschmiedemeister in Auftrag.

Auch der Rest wurde hochedel: Alexandra wählte ein Oberteil mit Tattoo-Effekt, kleinem Herzausschnitt, Swarovski-Stein-Gürtel in der Taille und Knopfleiste mit zweihundert Swarovski-Steinen, die vom Rücken bis zur Schleppe gingen. Wir fertigten mit großem Aufwand einen extra großen Reifrock – mit 2,50 Meter Durchmesser – für sie an. Dieser war sehr flexibel gehalten, damit sie bequem an der Festtafel sitzen konnte. Ihre sieben Meter lange Schleppe war abnehmbar. Die Wedding-Planerin ließ durchblicken, dass die Hochzeit in der Kirche »Our Lady of the Rosary« – der ersten christlichen Kirche in Katar und gleichzeitig dem größten christlichen Zentrum der ganzen Golfregion – stattfände. Zwar gilt in diesen Ländern der Übertritt vom Islam zu einer anderen Religion als Kriminaldelikt, worauf die Todesstrafe steht, doch werden Christen, wenn sie nicht der Missionierung von Muslimen verdächtig sind, in Ruhe gelassen.

2006 genehmigte der damalige Emir die Errichtung der ersten Kirche seit vierzehn Jahrhunderten und spendierte dafür sogar ein Stück Land. Allerdings sind Turm, Kreuz darauf und Glocken verboten. Ich konnte da mit eigenem Wissen brillieren. Bis 1806 war es den Katholiken im protestantischen Sachsen auch verboten, Kirchenglocken zu läuten. Ihre Prozessionen durften nur verborgen von der Öffentlichkeit innerhalb von Bauwerken stattfinden. Deshalb hat die Katholische Hofkirche in Dresden innen einen großen Prozessionsgang.

Wieder trafen Dankesworte, ein Geschenk und Fotos bei uns ein. Die Details von ihrer Hochzeit, die edlen Speisen, ließen mir fast die Augen überquellen. Schon die Zahl der Bestecke und Gläser zeigte die Opulenz der ganzen Veranstaltung. Ich dachte, dass sich der Zauber vom ersten Mal, des ersten Kleides, nicht wiederholen ließe, es keine Steigerung geben könnte. Doch es war noch pompöser als das Pillnitzer Fest. Ich glaube, Alexandra ist eine Frau, die den Moment der Hochzeit mit aller Gewalt festhalten muss, nie mehr loslassen kann. Eine, die in Endlosschleife heiratet. Mittlerweile hat sie sich nämlich schon das dritte Kleid bei mir ausgesucht. Als sie den Termin ausmachte, dachte ich, die veralbert dich. Aber sie meinte: »Uwe, willst du kein Geld verdienen? Das ist wirklich unsere letzte Hochzeit! Wir wollen in deiner wunderschönen Frauenkirche noch einmal den Bund unserer Ehe und mit Gott besiegeln.« Sie hatte irgendwo von der Anziehungskraft dieses heiligen Ortes gelesen, auf dem seit tausend Jahren Gotteshäuser stehen. Und da in den Frauenkirchen-Katakomben während des schrecklichen Infernos vom 13./14. Februar 1945 etwa dreihundert Menschen, darunter Wöchnerinnen mit drei Tage alten Kindern wie durch ein Wunder die Gluthölle des Bombenhagels überlebten, musste nach ihrer Meinung eine dort geschlossene Ehe besonders lange halten. Ich bin da etwas skeptisch. Zwar gibt es tatsächlich eine Magie an Hochzeitsorten. Doch meine eigene kleine Statistik zeigt: Wer sich berühmte Hochzeitshäuser wie den Kölner Dom, die Herz-Jesu-Kirche in München, den Stephansdom zu Wien, das Ulmer Münster oder das barocke Kirchlein »Maria am Wasser« an der Elbe in Dresden auswählt, hat keine Garantieurkunde, dass die Ehe nicht geschieden wird. Er legt nur viel Wert auf äußeren Schein. Bei Trauungen in der alten Dorfkirche mit den knarrenden Holzdielen, dem ausgetretenen Ziegel- oder Steinfußboden, in die sich kaum ein Tourist verirrt – da sehe ich größere Chancen, dass Paare hier auch ihre Porzellanhochzeit, die silberne, die Rubinhochzeit, die goldene oder gar die Kronjuwelenhochzeit feiern – also 20, 25, 40, 50 oder gar 75 Jahre zusammenbleiben!

Mein wohl letztes Kleid für Alexandra war rosafarben, sexy, schlicht und trotzdem üppig. Wir fertigten es mit vielen Details in den Applikationen an. Perlen über Perlen wurden aufgenäht. Das Dekolletee in Karreeform überzeugte mit zarter cremefarbener Spitze und rosafarbenem, unterlegtem Satin. Die Spitze der feinen Spitzenträgerchen fand sich als Schleife im Haar wieder. Nur auf die Schleppe verzichtete sie: »Lieber Uwe, weil ich deine schönste Kreation unbedingt bei einem Konzert mit dem Qatar Philharmonic Orchestra als Abendkleid tragen will, das ein deutscher Dirigent leitet.«

Jetzt bin ich richtig traurig, dass unsere Hochzeitsgeschichte schon abgeschlossen sein soll. Immerhin tröstete sie mich: »Noch haben wir uns mit den Pfarrern der Frauenkirche auf keinen Termin einigen können.« Und dann deutete sie an, auch noch auf den einen oder anderen Ball in Europa zu wollen …

Lieblingstier als Trauzeuge

Der neueste Trend in Amerika ist, sein Haustier zu heiraten. Ich habe von einem Deutschen gelesen, der sich mit seiner krebskranken Katze vermählte. Statt Ja-Wort sagte sie »Miau«. Allerdings war die Standesbeamtin eine Schauspielerin. Ob mein Kater Tiescher da mitspielen würde? Manche Leute halten das für bekloppt, andere können es nachvollziehen. **Es gibt Glücksschweine, Hochzeitstauben, den Storch, der die Babys bringt – Hochzeit und Tiere sind eine untrennbare Einheit.** Paare haben schon mit Delfinen unter Wasser gefeiert – der Tierliebe sind eben heute keine Grenzen mehr gesetzt. Auch den Schmetterlingen im Bauch nicht. Doch nicht nur diesen: Absoluter Trend sind gerade »Glücksschmetterlinge«. Diese bunten Flattermänner finden sich auf dem Brautkleid und auf den Tischen wieder. Bei Feiern werden lebendige freigelassen, die man per Versandhandel bestellt – speziell gezüchtete Insekten, die sich an diesem Tag entpuppen.

Wer selbst Haustiere besitzt, lebt oft auf Augenhöhe mit ihnen, betrachtet die Mitgeschöpfe als Seelenverwandte. Meine Eltern erzählten: »Wenn du eine Schwester haben willst, musst du Zucker aufs Fensterbrett legen, dann kommt der Storch!« Ich legte Würfelzucker aufs Fenster und bekam ein Schwesterchen.

Kreide-Störche auf dem Asphalt weisen häufig den Weg zur Hochzeitsfeier. Ohne Tiere wäre manche Hochzeit weniger emotional. Wer kennt nicht die schönen Fotos, wo der Familienhund mit drauf ist. Natürlich nur, wenn der Fotograf keine Angst vor Vierbeinern hat. Sonst sind die Bilder verwackelt. Weil wir die treuen Begleiter immer mehr vermenschlichen, gibt es mittlerweile spezielle Hunde- und Katzenanzüge für Hochzeiten. Ich hatte sie selbst so lange in meinem Geschäft vorrätig, bis mich Tierschützer darauf aufmerksam machten,

dass dies gar nicht der Natur unserer geliebten Haustiere entspricht.
Ein Spitzenornament oder ein Schleifchen tut es auch. **Nie die Leckerlis
für sie vergessen,** wir laben uns ja auch an der Hochzeitstorte. Sind bei
Hochzeiten Tiere zugegen, empfehle ich, **auf jegliches Feuerwerk und
Sektkorkenknallen zu verzichten.** Das Pferd scheut, der Hund beißt,
die Katze verschwindet auf Nimmerwiedersehen. Auf jeden Fall muss die
Anwesenheit der Tiere mit Standesamt, Pfarrer, Gastwirt oder Hotelier
abgesprochen sein. Ich habe einen Pfarrer erlebt, der keine Katze
dulden wollte. Dass es ja sogar Mäuse, Spinnen und vermutlich sogar
Flöhe bei ihm im Gotteshaus gab, hörte er gar nicht gern.
Was wir mit Tierfreunden anstellen, die Leoparden, Leguane oder
Würgeschlangen als Lieblingstiere haben, kann ich hier nicht zu Ende
diskutieren. Ein Paar vom Lande, das in der Kirche heiratete und dann in
der Scheune feierte, posierte in Brautkleid, Frack und Zylinder zwischen
Kühen für die Fotos. Das halte ich für ein schönes Beispiel, mit der
Tierliebe besondere Fotos zu fabrizieren. Ist der Hund wohlerzogen,
darf er auch das Ringkissen im Körbchen oder zwischen den Zähnen vor
den Altar tragen. Dem Einfallsreichtum sind keine Grenzen gesetzt. Einer
Katze wurde zur Beruhigung vor der großen
Feier etwas Baldrian ins Futter geträufelt.
Ich lernte einen Franzosen kennen, der
brachte Schnecken mit zur Hochzeit.
Aber nicht für die Suppe! Sie
durften sich auf den Ringen
räkeln, damit diese besser über
die Finger rutschten. Gefährlich
wird es beim Bienenfreund. Man
kann keine ganze Gesellschaft mit
Imker-Burkas verschleiern …

Nothelfer-Koffer –
was muss rein?

Ihr könnt alt sein oder jung, eine sparsame Hochzeit oder die
Jahrhundertfete feiern, das teuerste Kleid oder einfach einen geilen
Fetzen haben – was Ihr nie vergessen dürft, ist der Notfall-Kasten oder
Nothelfer-Koffer! Wie den Defibrillator am Flughafen müsst ihr diese
Retter in allen Lebenslagen immer in der Nähe haben. Denn diese
Box voll Hilfe ist mehr wert als ein ganzes Meer voller Sympathie.
Selbst wenn es Euch nur Sicherheit verleiht wie der Regenschirm.
Wer den dabei hat, wird ja selten vom Regenguss überrascht. **Zuerst
gehört hinein, was auch Eure Reiseapotheke beinhaltet.** Neben
Medikamenten, die Ihr regelmäßig nehmt – je nach Jahreszeit –
Sonnen- und Mückenschutz, Mittel zur Wunddesinfektion, Schmerz-
und Fiebermittel, vielleicht auch was gegen Husten, trockenen
Hals, Blähungen und Durchfall. Augentropfen, Kontaktlinsenlösung,
Ersatzlinsen oder Ersatzbrille nicht vergessen. Mancher braucht auch
was gegen den Kater vom Junggesellenabschied oder Polterabend.
Denkt an die Gäste mit Migräne und Kopfweh! Eine 10er Packung Aspirin
hilft weiter. Riechsalz hat manche Dame von Schwindel und leichter
Ohnmacht befreit. Dazu Pflaster – nicht weil sich alle im Suff prügeln
oder verlernt haben, mit Messer und Gabel zu essen. Verletzungen gibt's
beim Anschneiden der Torte, Quetschungen beim Aussteigen aus der
Kutsche. Selbst beim Auswickeln der Geschenke ritzt sich mancher am
Papier.
Ganz wichtig: Blasenpflaster gegen Blasen an den Füßen durch die
neuen Schuhe, am besten welches mit leichtem Lokalanästhetikum zur
örtlichen Schmerzbekämpfung. Als wichtigstes Pflaster bei der Hochzeit
empfehle ich Geduld. Die kann man leider nicht im Koffer horten,

sondern nur im Herzen tragen. Aufputschmittel gibt es mit Kaffee
und heißer Musik wohl genug.
Es folgt die Kosmetik: Schweißpads können genauso wichtig wie
Nagellack, Deo, Parfum, Puder, Make-up und Lippenstifte sein.
Besonders vor dem Fotoshooting muss noch einmal geschminkt werden.
Da wird gern – ähnlich wie bei der Food-Fotografie – etwas dicker
aufgetragen, damit es im Bild für die Ewigkeit leckerer aussieht. Das
Zuviel macht man nach dem Shooting wieder ab.
Bei dem vielen Gerede von Gentrifizierung hat mancher Mann nicht
mehr ständig **Taschenmesser und Sicherheitsnadeln** dabei. Das
sind aber unverzichtbare Nothelfer in allen Lebenslagen. **Nadel und
Faden** braucht Ihr nicht für das lose Mundwerk der Schwiegermutter,
sondern für die kleinen Pannen. Schnell löst sich ein Knopf, reißt die
Naht am Hosenboden, der Gummi vom Reifrock oder ein Corsage-
Stäbchen lockert sich. Waren die Schuhe des Bräutigams bereits vorher
in Benutzung, kann ein **Ersatzschnürsenkel** nie schaden. Bei schlechtem
Wetter an **Schuhpflegemittel** denken. Immer muss eine **Thermoskanne**
dabei sein. Nicht etwa für Beruhigungstee, sondern gefüllt mit reinem,
heißen Wasser. Plus **Reinigungsmittel** wie »Rei in der Tube« – das
hat mir schon tausendfach geholfen – bekommt man kleine Flecken
in den Griff. Wer destilliertes Wasser verwendet, verhindert sogar
unschöne Waschränder. Wichtig dazu ein **Fön zum Trocknen.** Die
Drogerie verkauft außerdem Mittelchen gegen Rotwein- und Saftflecken.
Weiterhin nicht vergessen: **Sonnenbrille, Tempotaschentücher, extra
Strümpfe, Sekundenkleber, Nagelfeile, Schere, Haarspray, Kamm,
Tampons und Damenbinden, Mundwasser, Fusselbürste, Liste mit
Telefonnummern, Stifte. Mit Streichhölzern** lässt sich mehr anstellen
als mit einem Feuerzeug. Was ich immer dabei habe: einfaches, billiges
Tape-Band. Brautstrauß, Brautkleid, Vorhänge, Tischdecken, selbst Omas
abgerissenen Handtaschenhenkel kann man damit richten. Vergesst nicht
kleine Münzen für öffentliche Toiletten und Parkgebühren.
Beim Trinkgeld wird es wohl ein Scheinchen sein müssen.

Als blankgeputzte Silberdukaten das Glück perfekt machten

Grundschullehrerin Marja aus der Nähe von Radibor in der Ober-
lausitz hatte rotblonde Haare, Kartoffelnase, ein sanftes Gesicht,
Sommersprossen, klassische 75B und war 1,73 Meter groß. Sie kam
im dunkelblauen Etuikleid, Konfektionsgröße 38, dessen Muster
dem Pulsnitzer Blaudruck – eine uralte Indigo-Färbung mit weißen
Punkten, die mich an das Zwiebelmuster beim Porzellan erinnert
und wohl selbst für Uroma nicht mehr der letzte Modeschrei war –
ähnelte. In ihrer Begleitung: drei Schwestern, Mama und Oma. Sie
hatte schon bei der Terminvereinbarung von einem modernen Kleid
gesprochen. Weshalb ich mich auf eine sehr schöne, harmonische
Brautberatung freute. Auf Fotos bekam ich Modelle verschiedener
Hersteller zu sehen – von extravaganten sexy Vintagekleidern bis zu
großen Tüllkleidern einer spanischen Hochzeit. Nur Oma und Mutti
im Hintergrund erinnerten mich etwas an meinen Kater Tiescher.
Wenn diesem Burschen etwas nicht gefällt oder er gerade aufsteht
und sich streckt, macht er einen Buckel. Ich merkte sofort, dass sich
eine nicht zur Beratung passende Aura im Raum zusammenballte.
Das nervöse Funkeln zusammengekniffener Augen der eigentlich
liebevollen Oma, Mamas Stirnrunzeln. Und auch die immer noch
relativ entspannten drei Töchter warfen ihrer Schwester kritische
Blicke zu. Ich fragte: Habe ich etwas falsch gemacht, indem ich erst
die Braut befrage? Da erhob Oma die Stimme: »Mein Kind, du hast
nicht sorbisch gelernt, wir haben dir nicht dein Studium finanziert,
damit du jetzt im unanständigen Kleid, dem Anlass gar nicht ange-
messen, mit dem Braschka durchs Dorf läufst.« Mit Braschka meinte
sie den in Sorbischen Gefilden immer noch üblichen Hochzeitsbitter

oder Hochzeitslader. Eine Art Zeremonienmeister, der mit Brautpaar und Eltern die Hochzeit vorbereitet, Gäste einlädt und am feierlichen Tag die Leitung übernimmt. Marjas Familie, das war jetzt klar, zählte zur Minderheit der Sorben. Rund 60 000 dieser slawischen Ureinwohner mit eigener Sprache, eigenen Ortsschildern und Schulen leben noch in Brandenburg und Sachsen. Zu ihrem Mikrokosmos gehören ein National-Ensemble, Buchverlag, Zeitung, Radio- und TV-Sendungen.

Daraufhin kühlte sich in unserem Raum die Temperatur merklich ab. Wie sie das wohl meine, erwiderte ich. »Wir waren uns einig, dass meine älteste Enkelin in sorbischer Tracht heiratet. Als Kompromiss geht nur ein konservatives, unserer Familientradition angemessenes Kleid. So ist es mit dem Pfarrer und dem Braschka abgesprochen.« In diesem Moment war ich völlig raus, alle redeten nur noch sorbisch, gestikulierten mit den Händen, stießen mit den Füßen auf den Boden. Die Stimmmelodie war zeitweise recht kreischend. Mir blieb nichts anderes übrig, als die Beratung abzubrechen: »Sie gehen jetzt in ein Café, diskutieren es aus. Ich habe in den nächsten eineinhalb Stunden auch keine andere Beratung. Herrscht Einigkeit, sehen wir uns vielleicht wieder.«

45 Kilometer nördlich von Dresden beginnt der sorbische Sprachraum beziehungsweise das, was von diesem übrig geblieben ist. Vor 800 Jahren siedelten sie sich überall in unserer Gegend an. Ortsnamen wie Loschwitz, Blasewitz, Serkowitz – alle mit einem »itz« am Ende – künden davon. Wir haben jedes Jahr vierzig bis fünfzig Sorben-Familien im Geschäft, die sich von den übrigen dadurch unterscheiden, dass sie die Hochzeit viel ernster nehmen, viel besser darauf vorbereitet sind, an Althergebrachtem festhalten. Bis dass der Tod euch scheidet – dieser Ehespruch wird bei ihnen noch in hohen Ehren gehalten. Mitunter sprechen sie sogar von Aussteuer und Mitgift, jenem Vorrat an hochwertiger Bett- und Tischwäsche nebst Geschirr, welche die Braut in die Ehe einbringt. Alle Sorben, die ich kennenlernen durfte, waren meist studiert, sehr geschichtsbewusst

und heimatverbunden. Und diese Sorbenmädels teilen sich in exakt drei Gruppen: Die erste will ganz traditionell in der Tracht ihres Dorfes heiraten. Da kommen ihre Eltern zu mir, Brautmutter und Brautvater bestellen für sich Anzug und Abendkleid. Wenn sie die Oma mitbringen, trägt diese oft Alltagstracht. Ältere Leute pflegen das ganz intensiv. Manche zu Ostzeiten Aufgewachsenen sehen das Brauchtum lockerer. Doch die jetzige junge Generation knüpft wieder an Sitten und Gebräuche der Ahnen an. Die zweite Gruppe, welche hinter Kamenz, rund um Bautzen, Niesky und Wittichenau wohnt, favorisiert ein klassisches katholisches Kleid. Der Rest sucht zielgerichtet ein modernes Kleid und versucht, dieses mit traditionellen Elementen zu verknüpfen. Ich halte Generationskonflikte für völlig normal. Eine Kundin sagte mal: »Tradition ist eine alte Laterne. Der schlichtere Geist hält an ihr fest, als ob es Aladins Wunderlampe wäre. Dem Intelligenten leuchtet sie den Weg. Denn Schönes sollte man pflegen und Neues bewegen.«

Eine Stunde später kam Braut Marja mit Oma zurück. Sie gingen Arm in Arm, Alt und Jung hatten leicht gerötete Augen: »Wir wissen jetzt, was wir machen! Wir suchen ein schönes Kleid aus, und die Freundin, eine ehemalige Arbeitskollegin, wird es mit uns zu Hause in der Stube umnähen. Da ich keine Tracht will und kein sexy Kleid tragen darf, werden wir ein Grundkleid suchen, das wir verändern können.« Sie verlangten also eine Art Rohling, den Sie mit ebenfalls erbetener Spitze und dem gleichen Kleiderstoff selbst variierten.

In diesem Moment kam mir Oma Charlottes Spruch in den Sinn: »Die gute alte Tradition ist eine Methode, Kinder kleinzuhalten.« Im Klartext: Das Hochzeitskleid der Braut durfte nicht besser als das von Mama und Oma sein. Ich nahm ein Glas Wasser und schaute zu, was sie machten. Denn jeder meiner Vorschläge wurde zerredet, mit abmahnenden Blicken bestraft. Die Schwestern schienen plötzlich taubstumm. Was rauskam, würde ich als modernen Krankenhauskittel im Etuikleid-Stil aus Chiffon mit Schleppe bezeichnen. Wir ließen es anfertigen. Drei Monate später wurde es abgeholt. Und sie brachten mir – sich für die Unannehmlichkeiten entschuldigend – eine mit blauen Blütenmotiven bestickte weiße Tischdecke als Geschenk mit.

Der Knaller: Eine Freundin aus dem gleichen Dorf, die bei der Hochzeit dabei war und ein Jahr später mit dem Foto des sorbischen Paares zu uns kam, sagte: »Ich möchte genauso ein wunderschönes Kleid haben, wie Sie es Marja gemacht haben.« Meine Verkäuferin bekam große Augen: »Dieses Kleid kann nie von uns sein.« Doch sie schwärmte von Uwe Herrmanns Beratung. Ich wurde hinzugeholt: Das Grundkleid war wirklich von uns. Nur die Dekoration hatte ein erfahrene sorbische Schneiderin gezaubert: grüner Satin-Gürtel mit großer mittiger Schleife um die Taille, im Hals- und Brustbereich ein aufgesticktes, rotgrünes Blumenmuster. Die mitgegebene Spitze wurde am Rocksaum mit den gleichen floralen Motiven angenäht. Dazu bekam sie ein Dreieckstuch in Creme um die Schulter, auf welches wieder unsere Spitze gelegt war. In den Haaren ein floraler Fascinator. Wir haben der Kundin selbstverständlich den Wunsch erfüllt. Sie musste auch nicht mit einem »Rohling« nach Hause gehen. Im polnischen Poznań oder Posen, wo ich seit Jahren hochwertige exklusive Kleider, Maßanfertigungen und Sonderwünsche produzieren lasse, wurde der sorbische Hochzeitstraum vom Foto in die Wirklichkeit umgesetzt.

Im Laufe der Jahre bin ich nun ein kleiner Experte für sorbische Hochzeiten geworden, kenne mich im Mix aus Ritualen und Improvisation ein wenig aus. Wenn von Aussegnung gesprochen wird, weiß ich, dass damit der Abschied von Braut und Bräutigam aus dem Elternhaus und nicht etwa die Beerdigung gemeint ist. Auf dem Weg zur Einsegnung, dem Einzug ins neue Heim, müssen sich Brautpaar und Gäste den Weg freikaufen. Kinder, Dörfler, selbst die Freiwillige Feuerwehr riegelt mit geschmückten Seilen die Straßen ab, stoppt den Brautzug immer wieder, den man nur gegen ein kleines Lösegeld weiterziehen lässt. Erst um Mitternacht krönt der Schleiertanz die Hochzeit – indem sich der Schleier zum Schutz ihrer Liebe über das Paar senkt. Auch manch Aberglauben wird von Generation zu Generation vererbt. Jene Jungfrau, die sich auf den Stuhl der Braut setzt, wird bald heiraten. Wenn die Braut auf den Saum des Kleides tritt, bekommt sie den Mann unter ihre Pantoffel. Am ersten Ehetag wird Reis gekocht. Wie dieser quillt, so quillt auch das Geld. Zum wie ein Schatz weitergereichten Erbe zählen auch die teuren Trachten, der Kopfschmuck und die um den Hals getragenen Schnüre mit uralten Münzen, manchmal kiloschwer.

Mit diesen habe ich so meine Erfahrung gemacht. Eine liebevoll-traditionelle Familie aus dem Spreewald hatte sich an einem Mittwochnachmittag bei mir angemeldet. Dana hatte lange schwarze, gefärbte Haare. Im ersten Augenblick dachte ich an Schneewittchen, als ich ihre kleinen Knospen, die roten Lippen und ihre zarte, elfenhafte Haut erblickte. 1,67 Meter groß, zierlich, frech und verschmitzt, doch etwas zu dicke Wadeln: »Ich sehe ganz gut aus, doch die dicken Wadeln habe ich von der Oma geerbt«, scherzte sie. Mit Oma, Mutti, Schwester und einem alten Mann, der gar ihr Urgroßvater sein könnte, traf sie ein: »Braut Dana soll meine letzte als Hochzeitsbitter sein. Ich möchte für Ordnung sorgen, auch wenn sie leider ohne Tracht in die Ehe gehen will«, tönte ihr Braschka. Oma, eine begnadete Ostereiermalerin, brachte mir drei auf grüner Holzwolle und in einem Bastkörbchen platzierte, hübsch mit Wachs- und Kratztechnik verzierte rote Hühnereier als Präsent mit. Ein Geschenk vor der Brautberatung – das hat Seltenheitswert. Schnell erkannte ich, dass sich die alte durchtriebene Lady damit einen Einschmeicheleffekt versprach und einen gewieften Plan im dunklen Rock trug. Wie immer, wenn die Braut mit diffusen Vorstellungen erscheint, lasse ich sie im Laden umherschauen und ankommen. Da die Oma nicht mehr gut zu Fuß war, blieb sie bei mir sitzen. Es war eine Harmonie wie in der Kirche. Doch jetzt rief mich die Oma mit ihrem Knotenstock heran: »Herr Herrmann, ich habe eine ganz kleine Bitte.« Und sie holte aus ihrer bestickten Baumwolltasche etwas heraus, das in ein Damasttuch gewickelt war. »Sie können mit meiner Enkelin machen, was Sie wollen. Aber schauen Sie mal. Das ist eine Kette mit Silbermünzen, welche schon die Ur-Ur-Ur-Ahnin vor hundertfünfzig Jahren trug und die wir in der Familie über alle Kriegs-, Not- und unseligen Kommunistenzeiten gerettet haben. Hier sind noch ein goldener Ring und ein paar Stoffmuster. Wie lang das Kleid wird, ist mir alles egal, wenn Sie nur diese Kleinigkeiten in dem Kleid unterbringen! Das bekommen Sie doch hin? Meine Enkelin liegt mir sehr am Herzen. Sie hat sich gegen unsere Tracht entschieden. Aber wenn wir wenigstens diese winzigen Dinge unterbekommen, wird nicht alles von uns sterben. Sie darf weinen, sie darf schreien, auch kurz zweifeln, doch sie darf nicht unsere tausendjährige Tradition aus den Augen verlieren«, ließ die alte Sorbin ihren Vortrag enden. Dabei schaute sie mir liebevoll, aber unerbittlich tief in die Augen.

Mir lief es eiskalt über den Rücken. Ich merkte, wie wichtig ihr diese Hochzeit war. Da meine Aufgabe das Dienen und Kompromissefinden ist, ging ich erst einmal in mein Büro und leerte ein halbes Glas Sekt. Das tue ich sonst nie. Dann holte ich mir Winnie zur Verstärkung. Sie kann mit dieser Art Menschen viel besser umgehen als ich. Winnie ist mein guter Engel und das ganze Gegenteil von mir, kommt wirklich mit jedem klar. Entschuldigt, wenn ich hier ein Hohelied auf sie singe. Winnie, meine siebzehn Jahre jüngere Ex, lernte ich übers Internet kennen. Ich weiß, das ist nicht der romantischste Platz auf dieser Welt. Doch bei meiner wenigen Zeit hatte ich mich vorher immer an den falschen Frauen versucht. Mit Winnie hatte ich das erste Mal riesiges Glück. Sie ist das zärtlichste Wesen, das mir je begegnet ist. Bei ihr stimmt wirklich alles! Eine Frau mit BWL-Abschluss, Jahrgangsbeste der Handwerkskammer, Kauffrau im Einzelhandel, Filialleiterin, Sachbearbeiterin eines Personaldienstleisters – es gibt fast nichts, was meine Winnie nicht kann. Und dazu stammt sie aus gutem Hause, einer alteingesessenen Meißener Familie. Sie fing dann relativ schnell bei mir im Geschäft an und stopfte alle Löcher. Wenn Mitarbeiter gingen, übernahm sie

mit größter Selbstverständlichkeit deren Job. Mit ihr habe ich die
Liebe zum Meissener Porzellan entdeckt. Wir sind gemeinsam über
Flohmärkte gezogen, haben nach barocken Deckelvasen gefahndet.
Die gefühlt fünf Jahre mit ihr waren meine schönste Zeit. Doch da
ich Arbeit und privat nie trennen kann, schon sieben Uhr früh im
Bett meine E-Mails anschaue und auch sonntags bis lange nach Mitternacht mit meinen Gedanken im Laden bin, konnte das nicht ewig
gut gehen. Winnie wollte einen Mann haben, der wenigstens ein
Wochenende im Monat zu Hause ist. Dann wurde noch ihre Mama
krank. Ich lasse immer die Frauen die Sache beenden, so werden sie
nicht meine Feinde. Wir sind um meinen Teich gelaufen und haben
geweint. Doch bevor sie sich einen anderen Job suchte, habe ich
sie als meine engste Vertraute, als graue Eminenz von »Herrmann
Mode & Design«, als Assistentin des Geschäftsführers mit Prokura
eingesetzt. Ich war früher ein kaltschnäuziger Bursche, ein knallhar-
ter Geschäftsmann, einer, der alles danach beurteilt, ob es ihm scha-
det oder nutzt. Winnie hat mir ganz viel Menschlichkeit beigebracht,
hat mir gezeigt, dass auch die Blumen blühen und dass Kultur nicht
nur zum Genießen da ist, sondern jede Menge Geschichte und Tra-
gik hinter jeder Oper, jeder Komposition stecken. Sie hat mich wie
keine andere Frau umgekrempelt, positiv verändert. Uns wird immer ein unsichtbares Band verbinden, eine ganz besondere Magie.
Aber nichts, worauf ein anderer Mann eifersüchtig sein müsste.

Mit der Oma unterm Arm gingen Winnie und ich zur Brautge-
sellschaft. Sie hatten sich fünf Modelle in den verschiedensten Stilrichtungen ausgesucht. Ich hatte das Gefühl, die Braut ist ein Mo-
deberater. Denn jedes Kleid stand ihr wirklich gut. Nach mehreren
Anproben kamen wir auf ein richtiges katholisches: natürlich weiß,
natürlich Satin, weit ausladend, modern verarbeitet. Eine Festrobe
allererster Güte, die durch ihre Ornamente eine fast architektonische
Linie bekam. Mit stark betonter Taille und zartem Herzausschnitt.
Über dem Oberteil der Corsage lag eine transparente Applikation
aus Spitze und Tüll mit tiefem V-Ausschnitt und Blumenmotiven,

die sich bis zu den Unterarmen erstreckten. Ab dem Ellenbogen eine unten tief auslaufende Knopfleiste. Die Spitzen-Applikationen von vorn und dem Arm setzten sich im Rücken fort. Der Hals mit einem Knöpfchen geschlossen und der Rückenausschnitt zeigte nur einen Hauch von Haut. Am Saum zog sich rund um das Kleid eine gewellte Spitzenkante. Die Schleppe war groß und ausladend, im Fußbereich ließen eingenähte Spitzenornamente in Tattoo-Optik zudem den Boden durchschimmern. Sie drehte sich mit dem Kleid vorm Spiegel: »Das ist mein Kleid!« Mama zückte das Spitzentaschentuch mit dem eingestickten Herzchen, und beider Tränen flossen. Jetzt fragte ich die Braut: Darf ich ein kleines Experiment mit Ihnen machen? Und holte Oma mit dem Damastfutteral im Leinenbeutel hinzu. Dann hefteten wir ihr am Spitzen-Ausschnitt des Kleides ganz vorsichtig mit einigen Sicherheitsnadeln die ziemlich große und schwere Kette mit den alten, blitzblank geputzten Silberdukaten an, die wie Perlenschnüre hingen. Dann nahm ich das Tuch und fragte: Darf ich zwei der grünen Perlen vom mitgebrachten Tuch abschneiden. Und ließ diese von einer Schneiderin im unteren Saum der Corsage anheften. Als ich mit der Schneiderin zurückkam, lag sich die ganze Gesellschaft schon in den Armen. Sie freuten sich über das so wundervoll verschönerte und so traditionelle Kleid.

Ich dachte, dass jetzt alles erledigt und »gegessen« sei. Ich wollte ihr noch den Ring anstecken. Doch Oma schaute mich an und zeigte mir ein bislang verborgenes Tuch: »Dieses Tuch ist das Allerwichtigste! Es gehört wie das Eichenlaub zum Baum, ich habe es immer neben dem geweihten Wasser der Wunderquelle vom Kloster Rosenthal liegen, lasse es jährlich einmal segnen.«

In diesem Moment küsste mich, da ich das leicht angesäuerte Gesicht der Braut sah, die Muse: Wir machen aus diesem wundervollen Tuch das Ringkissen! Jetzt fand die Braut ihr Lächeln wieder.

Was mich auf die Palme bringt

Auch wenn Ihr mich jetzt schief anseht, vielleicht sogar in eine Ecke mit den Heiratsschwindlern stellt – ich schaue wirklich jeder Kundin tief in die Augen. Und vergesse alles, was vorher war, denke nur an das Morgen. Beim Einkauf, wenn ich zeichne, mich entspanne – die Frau, welche mein Kleid tragen wird, ist stets in meinen Gedanken präsent. Viele wollen wissen, warum ich so neugierig bin, ohne Unterlass Fragen stelle: Wie hast du deinen Mann kennengelernt? Kannst du tanzen? Was macht der Schwiegervater? Kann Schwiegermutter gut kochen? Wie viele Kinder willst du? Ich brauche dieses Feedback, um mich in Eure Männer zu versetzen. Häufig erbitte ich sogar sein Foto. Ich versuche, nicht nur Deine, sondern auch die Bräutigam-Wünsche zu berücksichtigen, will bei der optimalen Modellwahl Herzen und Hirne erreichen. Und habe dabei den exklusiven Querschnitt der Lebenswelten im Geschäft: Schauspielerin, Melkerin, Chefärztin, Kaltmamsell, Ministerin, Schuhverkäuferin, Hausfrau oder Immobilienmaklerin – jede ist für mich die Seelenschönste, wird mit gleicher Herzlichkeit und Offenheit behandelt. Und das gebt Ihr mir auch jeden Tag zurück. Doch einmal bin ich fast verzweifelt. Dabei fing alles völlig harmonisch an:

Vierunddreißig Jahre jung, graziöser Gang, ein Blondchen mit tollen Maßen und südländischem Temperament, trotzdem einfach und bescheiden. Nach der Ausbildung in Sachsen hatte es die Managerin im Hotelgewerbe nach Österreich verschlagen.

Meine Mitarbeiter erwarteten an diesem schneeweißen Januartag nur positive Energie, als sie mit Mutti, zwei Freundinnen und ihrer jüngeren Schwester eintraf. Ihre Ansprüche bewegten sich im normalen Rahmen. Sie heiratete standesamtlich und kirchlich an einem Tag. Das Einzige, was zwischen uns stand: Sie brachte viele Fotos eines namhaften Herstellers aus Israel mit, den ich nicht im Programm führe. Dessen Kleider beginnen bei 5000 Euro und enden irgendwo um die 20 000 Euro. Doch wir haben ganz artähnliche Kleider im Angebot, die wir sogar vor Ort nähen. Sie suchte ein modernes und gleichsam klassisches Kleid mit etwas mehr als einem Hauch Extravaganz. Ihr schwebte ein ganz tiefer Rückenausschnitt vor, leicht mit Spitze und transparentem Tüll überdeckt. Dieser V-Ausschnitt ging bis zum Ansatz der Po-Spitze, und am Po – damit er eine wohlgefällige Form bekommt – wurden sechzehn gleichmäßig verteilte Raffungen geformt. Etwa auf Höhe der Oberschenkel floss aus ihrem Kleid die vier Meter lange Schleppe. Bei der – mit Schuhen gemessen – 1,82 Meter großen, schmalen Figur mit kleiner Oberweite wünschte sie auch an der Brust einen ähnlichen Ausschnitt wie am Rücken. Dieser reichte bis zum Bauchnabel. Dazu lange Ärmel aus feinster Spitze und bedeckte Schultern. Im Oberbereich bekam das faszinierende Kleid durch den transparenten Tüll im V-Auschnitt des Rückens Halt. So etwas überaus Raffiniertes und Seltenes kann man nur am Kundenkörper direkt anpassen.

Das Aussuchen des Brautkleides war sensationell, ein Gleichklang, eine Zufriedenheit, die Schönheit der Frau verzauberte meine Mitarbeiterinnen, die mich wegen der Maßanfertigung riefen. Nur eines irritierte. Wir hatten draußen minus 18 Grad, verschneite Straßen und Staus auf Autobahnen. Wegen des extremen Schneefalls war sie sogar einen Tag verspätet angereist. Aber sie ging davon aus, dass zu ihrer Hochzeit im Spätsommer strahlendblauer Himmel und Sonnenschein wäre. Ich wünschte ihr natürlich dieses Glück, machte aber auch darauf aufmerksam, dass unser Wetter nicht von den Bräuten, sondern von Petrus gemacht wird. Und man vorsichtshalber trotzdem einen Regenschirm mitbringen sollte. Sie aber blieb dabei: »Bei mir scheint die Sonne!« Ich habe dem keinerlei Bedeutung beigemessen, freute mich schon auf die Anproben. Vier

Termine wurden wegen der Maßanfertigung, der vielen Raffinessen und Sonderwünsche geplant. Wir hatten Nebensaison, sie ein offenes Budget – da musste ich der Kreativität keine Zügel anlegen, konnte meine Ideen einfach galoppieren lassen.

Als ersten Schritt hefteten wir das grob genähte Kleid an ihren Körper – dies erfolgte an einem regnerischen Apriltag. An diesem Samstag kam sie erneut, und ihre Vorfreude war groß. Sie hatte vier Stunden bei einer Schneiderin als VIP-Kundin mit der kompletten Begleitung gebucht. Pro Stunde veranschlagen wir 60 Euro. Doch die Unschuld aus Österreich mit heimischen Wurzeln entpuppte sich an diesem Tag nicht als so rein, wie ich ursprünglich dachte. Eine Schneiderin und eine Verkäuferin betütelten sie. Als mich ihre Mutter im Nebenraum telefonieren sah, wollte sie, dass ich unbedingt dazukomme: »Kommen Sie doch, lieber Herr Herrmann, erfreuen Sie sich am Kleid meiner Tochter.« Obwohl das nicht in den Geschäftsbedingungen stand, versprach ich, in fünf Minuten vorbeizuschauen. Daraus wurden dann aber fünfzehn: Entschuldigen Sie mein Zuspätkommen, wir haben sechzehn Bräute, die heute heiraten. Eine Familie stand, obwohl der Wetterbericht einen trockenen Tag versprach, im Regen. Und sie riefen gerade an, fragten nach weißen Regenschirmen und einer Webpelzstola. Der Vater will sie auf Mietbasis abholen. Da lachte die Braut: »Sehen Sie, Herr Herrmann. Deshalb heirate ich nicht im April. Ich werde Sonnenschein haben!« Erstmals spürte ich diese Mischung aus Neid und Schadenfreude. Ihr bereitete Vergnügen, dass eine andere Braut mächtig in der Bredouille steckte. Und sie legte noch einmal nach: »Wie blöd muss man sein, im April zu heiraten.« Spätestens da wurde sie mir etwas unsympathisch. Das zeigte ich natürlich nicht so, erwiderte aber: Ich kann darüber nicht lachen. Als Verkäufer macht es mich eher betroffen, wenn bei der Hochzeit eine Panne passiert. Ich leide mit jedem Paar, bei dem etwas schiefgeht. Und dachte an eine frühere Mitarbeiterin. Sie sah aus wie ein Mädchen, tickte aber wie ein Mann. Jahrelang verbreitete sie: »Meine Hochzeit wird ganz klein gehalten.« Doch als es so weit war, packte sie das Fieber, tat sie es anderen Bräuten gleich und bekam für ihre Inkonsequenz den Spott der Kolleginnen und Kollegen zu spüren. Auch da fühlte ich mich nicht wohl. Selbst wenn es nur zwei dumme, ohne Nachdenken hingeworfene Sätze sind, kann ich nicht leiden, wenn meine Bräute niedergemacht werden.

Im Juni kam sie wieder, abermals ein Samstag. Vor allem für das Einarbeiten der Reißverschlüsse an den Innenseiten der langen Arme. So kann die Kundin – je nach Tagesform – zwischen einem Trompetenärmel und dem schmalen langen Arm wählen. Wir fügten auch die kleinen Schulterpolster ein, damit ihre schmale, zierliche Form eine vollendete geometrische Silhouette bekam, die jedem Auge schmeichelt. Und wie es sich manchmal so trifft – ein Sommerregen schwemmte bei 26 Grad den Staub von den Straßen, erquickte die Natur. Sie lachte und sagte nur: »Wir bringen immer das schlechte Wetter mit. Es ist gut, dass es immer regnet. Dann wissen wir, dass es bei uns das prächtigste Kaiserwetter geben wird.« Ich erwiderte: »Von mir sind heute wieder viele Bräute am Start, die auch eine intensive Vorbereitung hatten wie Sie. Sie sind für solch schlimme Botschaften sehr empfänglich, wenn es sie nicht selbst trifft. Aber könnte es nicht auch bei Ihnen regnen?« Der Götterfunken traf sie nicht. Die Gesellschaft um die Braut war so mit sich selbst beschäftigt, dass sie die Schicksale anderer nicht an sich heranließen. Man war sogar glücklich, wenn andere unglücklich sind. Ihre Schwester, eine Mathematiklehrerin, meinte: »Je mehr es an Samstagen regnet, desto größer ist die mathematische Wahrscheinlichkeit für Sonne bei unserer Hochzeit. Wegen dieser statistischen Regel fliege ich auch besonders gern, wenn es gerade einen spektakulären Flugzeugabsturz mit vielen Toten gab.«

Mir wurde fast übel, als sie das sagte. Ich war schockiert über die insgeheim wuchernde Bösartigkeit von Menschen mit dem Antlitz von Engeln. Diese Niedertracht, welche sich so geschickt zu tarnen verstand.

Dritte Anprobe war im Juli. Ein recht kühler Tag, an dem man eine Jacke brauchte. Wieder Regen und anstelle eines »Guten Tages« die Frage von Braut, Mutter und Schwester: »Wie viele Hochzeiten haben Sie denn heute?« In diesem Moment wollte ich mich vergessen, auf meinen gesamten Umsatz verzichten und schrie in meinem Ärger Winnie an: Ich schmeiße diese Kunden noch raus. Sie merkten wohl auch, dass ich coole Socke auf diesem Bein etwas empfindlich war, mit meinen Bräuten und deren Familien fieberte.

Wir nähten die Seiten vom Kleid ab, erweiterten das Spiel unter dem Arm, damit die Braut Arme und Hände heben kann. Wir setzten den Rücken-Reißverschluss ein und passten die Raffungen am Rücken und am Po an. Immer wieder versuchten sie, mich in ein Gespräch zu verwickeln. Doch zuerst steckte ich mir die Nadeln statt ins Kissen auf dem Handgelenk zwischen die Lippen. Dann benutzte ich meinen alten TV-Trick: Zunge leicht rausstecken, zusammenrollen und hinten am Gaumen anlegen. Das produziert Dauergrinsen! Sie plapperten von ihren gastronomischen Einfällen und wie schön es in der Frauenkirche und danach auch vor dem barocken Gotteshaus werden würde. Ich erwähnte, dass sie alles mit der Kirche abstimmen müsse und vor allem über eine Schlechtwettervariante nachdenken solle. Sie würde mir schon noch dankbar sein für diesen Rat. Denn in jenem Jahr war es wie verhext. Montags, dienstags, mittwochs und donnerstags regnete es viel weniger als an den Wochenenden. Ihr Kommentar nur: »Unser Hochzeitsfoto wird das Schönste, wir werden bei strahlend blauem Himmel alle anderen ausstechen, die mit klatschnassen Haaren wie begossene Pudel im Regen stehen.« Fazit dieses langweiligen Gesprächs, das statt Anteilnahme meiner Braut und ihrer Entourage nur in Schadenfreude, Besserwisserei und aufdringlicher Dummheit bestand, und das im ständigen Wechsel: Zwischen mir und dieser Xantippe konnte es keine Freundschaft geben! Zum Abschied hörte ich noch die Mutter sagen: »Man heiratet nur im Spätsommer, da ist es nicht zu warm, da ist die Zeit der Weinreife und da finden seit ewigen

Zeiten die Herbstfeste statt.« Eigentlich hatten sie ja nicht so un-recht. Aber musste man sich am Kummer der anderen ergötzen? Ihre Dekadenz gegenüber Menschen, die sie kein bisschen kannten, brachte mich auf die Palme. Geld spielte bei ihnen keine Rolle, sie hatten Leute für alles und eine perfekte Organisation. Dafür gab es einen Riesen-Aktenhefter als Hochzeitsdrehbuch. Anfänglich passte er noch unter den Arm der Schwester. Beim letzten Besuch war er so dick geworden wie der Ordner eines Betriebsprüfers, fand gerade in einem Spinner Trolley Platz, den man als Kabinengepäck ins Flugzeug nehmen darf.

Zur Abholung als VIP-Kundin hatte sie langfristig für den Tag der Hochzeit bei uns einen Raum gemietet. Dort bekam sie mein Kleid fachgerecht angezogen, wurde damit zum Friseur gefahren. Ich gehöre zu jenen, der nicht nur einer Kundin, die so viel Geld bei mir lässt, sondern wirklich jeder alles Glück der Welt wünscht. Doch bei dieser hatte ich immer im Hinterkopf: Lieber Gott, sei gerecht! Schon zwei Tage vor ihrer Hochzeit schaute ich mir das Wetter an und sah die Regenprognose. Ich saß auf meinem Sessel und sagte: Ätsch! Wer anderen eine Grube gräbt, fällt selbst hinein! Doch die Wetterfrösche müssen sich komplett geirrt haben. Als sie das Kleid anzog, erspähte ich keine einzige Wolke. Da ich die Uhrzeit der Vermählung kannte, stellte ich den Handywecker und trat recht-zeitig vor mein Geschäft unweit der Frauenkirche. Blauer Himmel, Sonnenschein, ganz kleine Schäfchenwolken. Ich ging zurück zu Winnie und sagte traurig: Der liebe Gott hat's verschlafen!

Doch kurz nach der Trauung klingelte das Telefon. Wir erkann-ten sofort eine uns sehr bekannte Mobilnummer: »Das Kleid, das prächtige Kleid, wir brauchen schnell Hilfe! Die ganze Feier im Schloss ist in Gefahr.« Weil das Blumenstreuen in der Kirche ver-boten ist, streute man draußen und gab einen Sektempfang. Die Blumenkinder tranken Orangensaft, eins jubelte und war in solcher Hochstimmung, dass es urplötzlich sein gut gefülltes Glas Organgen-saft über das Brautkleid kippte. Besonders hochwertige Naturseide

saugte den Saft wie ein Schwamm auf. Die Braut stand wie ein be-
gossener Pudel da – befleckt vom Gürtel bis zum Saum. Ein Gast aus
ihrem Gefolge kam ganz aufgeregt zu uns. Ich fand ein Ersatzkleid
und freute mich heimlich über die saftige Quittung für ihre giftigen
Bemerkungen. Wir haben ihr Kleid dann schnell ganz kalt mit Eis-
würfeln gewaschen – trotzdem lief es minimal ein. Nach drei Stunden übergab ich ihr das strahlend weiße Originalkleid persönlich.
Allerdings war der geplante Fototermin im Traumkleid komplett
ausgefallen …

»Zwischen Tüll & Tränen« oder: Wie ich zu einer Art Dresdner Touristenattraktion wurde

Ich habe in meinem Leben schon eine ganze Menge angestellt, brachte es vom Weihnachtsmarktverkäufer bis zum Chef eines ansehnlichen Brautmodenfachgeschäfts, stattete sogar zehn Jahre lang exklusiv die je zweihundert Debütanten des berühmten SemperOpernballs aus. Was ich aber jetzt mit meiner TV-Präsenz erlebe, schlägt alle Rekorde. Mein Kommentar: Das habe ich nicht gewollt – doch wir machen weiter!

Wenn einem zwei- bis dreimal die Woche um die eine Million Zuschauer pro Sendung auf die Finger schauen, dann bleibt das nicht ohne Folgen. Ich musste schon die Zahl meiner Mitarbeiter erhöhen, kann mich vor allem an Freitagen und Samstagen vor Zaungästen nicht retten. Darunter ganz viele liebenswerte Menschen, die für die kranke Mama oder die Tochter einige Zeilen von mir, ein Foto erbitten. Neben Sixtinischer Madonna, Grünem Gewölbe oder barockem Zwinger bin ich für manche schon eine Art Dresdner Touristenattraktion. Es gibt sogar Kaffeefahrten, die vor meiner Geschäftstür Halt machen. Doch alles, was man im TV sieht, ist enorme Arbeit, geschieht live bei laufendem Geschäftsbetrieb. Unsere Bräute sind keine Laiendarsteller, die Berater keine Schauspieler, die Tränen alle echt. Das sind Menschen, die sich gerne filmen lassen. Und die mit diesem Dreh ein unvergessliches Erlebnis verbinden, ein einzigartiges Dokument ihrer Liebe erhalten, das sie stolz den Enkeln zeigen können, wenn sie einmal Oma und Opa sind. Wir belästigen niemanden zu Hause, machen keine Überraschungsbesuche bei Feiern. Es

geht lediglich um die Momente bei der Brautberatung und was dabei
Frauen so durch den Kopf geht. Natürlich bin ich sehr neugierig,
etwas aus dem Leben der Braut, ihre Geschichten, zu erfahren. Dazu
gekommen bin ich fast wie die Jungfrau zum Kind. Zwar hatte ich
mich schon in manchen TV-Shows, Nachmittags- und Ratgeber-Sen-
dungen getummelt. Und seit Jahren zählen Show-Stars, TV-Moderatoren und Promis zu meinen Kunden. Trotzdem war ich überrascht,
als man mir anbot, in meinem Geschäft ein Casting zu machen, einen Pilotfilm zu drehen. Alles hatte der Fernsehproduzent und Me-
dienunternehmer Bernd Schumacher eingefädelt, der 2000 die Firma
»99pro media« gründete. Der Deutsche Fernsehpreisträger, der die
Marke »Daniela Katzenberger« erfand, Reportagen und Doku-Soaps
wie »Goodbye Deutschland« produziert, war auf mich aufmerksam
geworden. Die Grundidee: Eine Kamera beobachtet das tägliche Leben bei Brautausstattern: mit echten Kunden, echten Kleidern, echten Preisen, echten Familienangehörigen und Freunden. Ich hätte nie
gedacht, dass alles so erfolgreich verläuft. Doch Bernd Schumacher
war davon beseelt, und sein Team um Patricia Fritzsche und Roger
Melcher hat mich rumgekriegt. Bei den Pilotfilmen erreichten wir
ohne jede Werbung schon jeden Tag eine Million Zuschauer. Daraufhin habe ich dann meinen Lieblingsredakteur und Hundepapa
Micha Hawich bekommen. Gerade habe ich die 140. Folge, die beim
Sender VOX läuft, bei mir abgedreht. Da steht ein großes Team, ein
Stab von Mitarbeitern dahinter. Zählt man zu Kamera, Ton, Redakteur, Recherche, Schnitt, Sprecher alle daran beteiligten Personen
zusammen, kommt man sicher auf hundert Leute. Ich dachte, nach
fünfzig Folgen hat dich das Publikum satt, der Becher ist voll. Da
wären alle Geschichten auserzählt, jedes Drama dreimal durch den
Wolf gedreht. Aber es kam ganz anders: Jede Kundin, die mit ihrem
Anhang kommt, hat eine neue Geschichte, neue Vorstellungen, etwas
Besonderes. Man muss es nur finden.

Ich verstehe unsere Dokumentation »Zwischen Tüll & Tränen«
natürlich nicht als Bildungsfernsehen. Es ist Unterhaltung, doch mit

einem erkenntnisreichen Kern. Man sieht bei uns, was bei der Wahl von Hochzeitskleidern alles richtig und falsch gemacht werden kann, wo die Fallstricke liegen. Wie viele Personen nehme ich mit? Ist ein üppiges oder eher ein dezenteres Kleid empfehlenswert? Was kommt finanziell auf mich zu? Daneben lernt der Zuschauer Deutschland und seine Menschen von einer ganz anderen Seite als bislang gewohnt kennen. Wir vermitteln nur schöne Dinge, die oberflächlich und tiefgründig zugleich sind. Die Sendung hat auch schon etwas bewirkt – eine kleine Revolution im Brautmodengeschäft! Auf Fachmessen werde ich überall angesprochen, dass sich gerade im deutschsprachigen Raum einiges verändert. Beispielsweise zeigen wir im TV, dass sich Kundinnen mit Sekt, Wasser & Co. erfrischen können. In vielen Geschäften sind sie vorher fast verdurstet. Heute erwartet jede Braut als größte Selbstverständlichkeit, dass ihr etwas angeboten wird. Ich höre, dass meine Sendung mitunter Pflichtprogramm bei Mitarbeiterschulungen ist. Motiviert durch mein Vorbild gibt es natürlich gescheiterte Schneiderinnen, die sich jetzt einbilden, auch noch ein Brautgeschäft eröffnen zu können. Diese werden in der Regel auf die Nase fallen. Denn der

Brautkleidhandel ist die ganz hohe Schule des Verkaufs, die unter anderem auf langjähriger Kenntnis der Stoff- und Schnittkunde basiert. Dazu gehören noch viele andere Qualitäten und Berufsgeheimnisse. Ihr werdet verstehen, dass ich meine Trickkiste hier nur einen Spalt breit öffne. Doch wer ein falsches Kleid verkauft, hat die ganze Hochzeit demoliert. Meine Beratungen stehen unter dem Motto: Schließe deine Augen, denn das Schönste im Leben sind die Momente, die du erlebst, wenn du die Augen öffnest und die Braut angezogen im Brautkleid vor dir siehst!

So ein Dreh dauert zwei bis drei Stunden und wird dann für die Sendung auf zwanzig Minuten zusammengedampft. Das bedeutet natürlich auch für die Bräute und ihre Begleitung, etwas mehr Zeit einplanen zu müssen. Wir haben im Geschäft mittlerweile einen Bereich eingerichtet, wo wir die Dreharbeiten durchführen können, ohne dass andere Bräute sich gestört fühlen.

Wer sich bei mir bewirbt, muss natürlich und ehrlich sein. Und er muss eine Geschichte haben, welche die Welt interessiert. Beispielsweise ein ungewöhnlicher Antrag, der fotografisch nachweisbar ist. Etwas, woraus alle anderen lernen können. Einfach nur heiraten, genügt mir nicht. Denn neben dem Kleid, das selbstverständlich im Mittelpunkt steht, möchte ich etwas über meine Kundinnen erzählen. Mich fragte mal ein Reporter: »Herr Herrmann, warum tun Sie sich diese Sendung an?« Ich antwortete: Wir schreiben Geschichte, Zeitgeschichte! Alles, was wir heute drehen, wird man in hundert Jahren unter völlig anderen Gesichtspunkten sehen. Wir demonstrieren deutsche und europäische Verkaufskultur und Kultur in einer Form, die es vielleicht bald nicht mehr geben wird. Wenn wir alle nicht mehr existieren, das Auswählen im Geschäft, ja vielleicht sogar Ehe und Hochzeit Geschichte sind, wird man auf die alten Aufzeichnungen zurückgreifen. Vielleicht wird es einst Pflichtlektüre im Unterricht, zu sehen, was die Menschen im zweiten Jahrzehnt des 21. Jahrhunderts so trieben. Denn so wie es heute funktioniert, wird es wohl schon bald nicht mehr sein. Jeder scannt irgendwann zu Hause seinen Körper. Wie heute bereits bei der Einbauküche bastelt man sich das Brautkleid per Programm dann am Computer zusammen. Mit der 3-D-Brille lässt sich das Ergebnis sofort von allen Seiten bewundern. Die Kleider werden nicht mehr genäht, sondern geschweißt und geklebt, per Drohne nach Hause geliefert. Was aus Standesamt und Kirche wird – wie alles liegt das in Gottes Hand!

Aber wir leben in unserer, in der Jetztzeit. Und wie in Zukunft sicher auch, verspürt jede Braut die Sehnsucht nach dem perfekten Kleid. Viele wollen das Besondere, das Extravagante. Aber das Besondere sieht mitunter nicht nur sonderbar, sondern richtig kasperig aus. Quintessenz: 90 Prozent aller Bräute ziehen heute ein mehr oder weniger ähnliches Kleid an. Seit Jahren fällt mir eine Spezies besonders auf, die sich auf der Suche nach Perfektion völlig verzettelt. Ich nehme mir die Freiheit, sie als Kleidstalker zu bezeichnen, auch wenn ihre lästige Leidenschaft noch nicht Eingang in die Fachliteratur fand. Es sind eigentlich ganz normale Frauen. Alle erzählen, dass sie noch nie einen Hochzeitsladen von innen gesehen hätten. Doch dann ziehen sie Fotos von Kleidern aus der Tasche. Irgendwann haben sie genügend Modelle probiert und sagen: »Das ist genau mein Kleid!« Am nächsten Tag der Anruf: »Das ist nicht mein Kleid!« Schwuppdiwupp landen sie im nächsten Geschäft. Ich sprach mit mehreren Psychologen über dieses Phänomen und habe folgende Theorie: Diese Mädchen wollen den Moment mit dem Schlüsselsatz »Das ist mein Kleid!« für immer im Leben festhalten und sind wohl auf der ewigen Suche nach Perfektem. Wenn sie ihr Spiegelbild mit Hochzeitskleid sehen, läuft im Gehirn ein Mini-Orgasmus ab. Sie sind – das sehe ich beispielsweise an ihren verklärten Blicken, Gesichtsrötung oder Schweißperlen – wie auf Droge. Und das führt wohl zu einer Sucht, bei der sie die eigentliche Hochzeit völlig aus den Augen verlieren.

Eine Kundin aus Zürich und eine aus Erfurt machten zur gleichen Zeit bei mir ihre Endanprobe. Beide hatten die gleichen Kleider ausgewählt – eine in Weiß, die andere in Creme. Beide waren gleich schlank, wunderschöne Durchschnittskundinnen. Was für ein Drama, als sich beide zufällig im 998-Euro-Kleid sahen. Ihnen war ein einzigartiges Kleid versprochen, und das verwechselten sie mit einem Unikat. Die eine heiratete im Juli, die andere im August. Wer so ein schickes Kleid als Einzelstück haben will, muss auch den entsprechenden Preis bezahlen. Da landen wir schnell bei 6000 Euro, kann doch allein die Schnitt-Konstruktion vierzehn Stunden dauern.

Dann kommen Kunden mit großer Gesellschaft und immer neuen Begleitern, heiraten erst anderthalb oder zwei Jahre später. In diesen Fällen ist es vorprogrammiert, dass sie zur Hochzeit die Vorjahres-kollektion tragen und nicht die neueste. Andere erklären anhand von Fotos, Internetseiten und Zeichnungen, was sie wollen. In der Regel sind diese Wünsche realitätsfremd: Die Figur passt nicht, der Charakter passt nicht zum Kleid oder zur Location. Man heiratet auf einer Burg, das Kleid ist eher für den Strand. Bei manchen frage ich mich: Haben die wirklich einen Mann? Denn sie benehmen sich gefühlsmäßig mannlos. Die Mädchen kommen nur ins Geschäft, um sich in ihrer eigenen Vorstellungskraft zu bestärken, verlaufen sich in ihrer Suche nach Perfektion wie Hänsel und Gretel im Wald. Nur dass die Bräute keine Brotkrumen haben, sondern Geld, um irgendwann einmal tatsächlich bei ihrem Kleid anzukommen. Doch sie landen eher in einem Hexenkessel der Enttäuschungen. Diese Frauen verzetteln sich völlig. Schon mit dem Mann haben sie es schwer gehabt. Sie wollen nur das erregende Gefühl: Das ist mein Kleid. Dabei kostet sie das Loslassen weniger Kraft als das Festhalten. Sie wollen sich immer das berauschende Gefühl erhalten, neuen Stoff auf der Haut zu spüren. Selbst wenn ich und meine Kollegen alles richtig gemacht haben, all ihren Ansprüchen und Vorstellungen entsprochen wurde, erfinden sie einen Grund zur Absage. Das geht natürlich nicht – der Vertrag ist gemacht, das Kleid angefertigt. In den letzten Jahren sah ich mindestens zwanzig Hochzeiten platzen wegen solcher Bräute. Oma Charlotte sagte schon: »Wenn du kein

Kleid für deine Puppe findest, ist das nicht schlimm. Dann machst du dir ein schönes Leben.« Fazit: Dann heiraten diese Frauen eben nicht, machen sich ein schönes Leben. Oder vielleicht auch nicht. Alles kann zur Sucht werden.

Eine Eventmanagerin hatte ein Kleid gefunden. Über Nacht träumte sie sich zusammen, die Schleppe sei zu lang. Wir kürzten nach ihrer Anweisung, und sie meinte danach: »Das ist nicht mehr mein Kleid!« Nicht alles, was Hand und Fuß hat, hat eben Herz und Hirn.

Ich bin überzeugt: Wenn sich ein Mädchen über Monate nur damit beschäftigt, Brautkleider an- und auszuziehen, hat sie jegliches Gefühl für Schönheit verloren. Sie findet immer ein besseres Kleid. Zuerst fährt sie in die nächste Stadt, dann in die Hauptstadt, zuletzt vielleicht nach New York – und findet ein Kleid. Dort sagt der Verkäufer: »Es kostet 14 000 Euro.« Ihr Budget waren nur 1000 Euro, das hat sie längst vergondelt.

Maximal drei Geschäfte aufsuchen! Die Suche nach dem Perfekten muss mal ein Ende finden. Sonst landet Ihr beim Psychiater oder der Mann zieht aus! Halte Dich auch etwas an Deinen Alltags-Bekleidungsstil. Da bist Du authentisch, hast es bei der Suche einfacher. Wer weiß besser als Du und Dein Herz, was Dir steht. Da bedarf es keiner Freundin und keines Brautberaters. Diese können höchstens den letzten Schliff geben. Bei den Brautkleid-Jägerinnen, manchmal noch umgeben von Freundinnen im Jagdfieber, fühle ich mich wie der Hund bei der Parforcejagd, der das Wild hetzt. Manche scheinen sich einen Spaß daraus zu machen, obwohl sie wissen müssten, auf der falschen Spur zu sein. Der gehetzte Berater versucht natürlich, jeden Wunsch zu erfüllen. Doch wenn jede Braut fünfzig Kleider anzieht, leiden die Stoffe. Brautkleider sind keine Arbeitsanzüge in Weiß, keine Bauklamotten. Körperschweiß, das Hochziehen der Reißverschlüsse, bei Dicken der Druck auf die Nähte – selbst die feine Spitze wird unschön. Manche dieser Sucherinnen nach dem Brautkleid-Orgasmus sind sehr gebildete Menschen, oft Akademikerinnen.

Sie glauben, wissenschaftlich vorgehen zu müssen. Voller Selbstzweifel und mit null Ahnung von Brautkleidern wollen sie mir erklären, wie etwas auszusehen hat. Aber wer Experte für seltene Erden oder Spracherkennung ist, kann im Modebereich eine komplette Niete sein. In diesen Fällen gibt es nur zwei Möglichkeiten: Verlegung des Trauungstermins, oder sie nimmt ein Kleid – aber nie jenes, welches sie haben wollte. Danach tut sich sicher die nächste Wunde auf, beginnt der gleiche Eiertanz beim Friseur.

Selbst der Bräutigam wird angesteckt, spätestens wenn es um seinen Anzug geht. Denn bei Männern, die nichts zu melden haben, suchen diese Frauen mit ihrer Truppe sogar den Anzug des Künftigen aus. Eine verstörte Kollegin aus der Herrenabteilung warnte mich: »Nach dem vierten Besuch haben sie sich endlich für einen Anzug entschieden, wollen heute noch die Ringberatung.« Das Akademikerpaar brachte Ausdrucke von gefühlt fünfzig Eheringen mit. Alle waren schön, doch an jedem hatte einer von beiden was auszusetzen. Sie betrachteten die Auswahl wie eine Doktorarbeit, sahen mich mehr als Mediator als einen Berater. Während sie sich stritten, sah ich in Abgründe und sagte: »Ihr müsst an eurer Kommunikation arbeiten, sonst geht das nicht lange gut. Wie lange kennt ihr euch?«, wollte ich wissen. »Ein halbes Jahr, aber wir sind ein Herz und eine Seele.« Versucht, einander zu verstehen und zurückzustecken! Dann stellte ich eine zynische Frage: »Ihr wollt doch auch mal ein Kind. Soll das auch so perfekt wie Brautkleid, Anzug und Ringe werden, oder soll es ein Mensch werden?« Sie entschieden sich für Ringe. Als sie diese abholten, schenkten sie mir eine Schachtel feinster Pralinen und einen großen Strauß Sonnenblumen – meine Lieblingsblumen! Dankbar verriet die Frau: »Sie haben uns die Augen geöffnet!« Sie sind bis heute zusammen, suchen sich ab und zu Tanzkleider bei mir aus. Und die Braut erzählte kürzlich, dass sie sich beim Hausbau nicht ansatzweise so angestellt habe wie beim Aussuchen des Brautkleides. Ob das meine Lehrstunde bewirkt hat? Auf jeden Fall scheinen sie geheilt …

 # Lässt sich die Feier
eigentlich versichern?

Gesangsstars lassen ihre Stimme, Pianisten die Hände, Häuslebauer
das Eigenheim, Autobesitzer selbstverständlich ihr Vehikel versichern.
Ob Rechtsschutz, Reisekosten oder Gepäck – überall kann man
versuchen, sein finanzielles Risiko ein wenig zu mindern. Seit einigen
Jahren sogar bei Hochzeiten. Diese **Rücktrittsversicherer, welche
es übrigens auch für andere Privatfeiern gibt, übernehmen unter
bestimmten Umständen die Stornokosten** und vergeblich geleistete
Anzahlungen bei Absage oder Verschiebung der Hochzeit. Dazu
zählen Reservierungsgebühren, vertraglich festgelegter Mindestverzehr
im Restaurant, das vereinbarte Honorar für den Fotografen,
Vorauszahlungen für Blumen, Torten, Hochzeitskutsche. Wie bei
jedem Kosten-Airbag kommt es natürlich auf das Kleingedruckte
des entsprechenden Vertrages an. Und das sollte man mehrfach
lesen, genau durchdenken und sich notfalls kompetenten Rat holen.
Über den Daumen gepeilt ab 50 Euro Prämie lassen sich über einen
Zeitraum von knapp zwei Jahren 2500 Euro absichern. Und das meist
für die ganze Europäische Union nebst Schweiz. Andere Feier-
Spezialversicherungen schließen sogar Mittelmeer-Anrainerstaaten und
die Kanarischen Inseln ein. Für 10 000 Euro Feierkosten steigt die Prämie,
bei 250 Euro Selbstbehalt, schon auf rund 200 Euro. Die meisten dieser
Versicherungen – ein Abschluss ist in der Regel mindestens 30 Tage
vor der Feier nötig – greifen allerdings nur bei unvorhergesehener
ernsthafter Krankheit, schwerem Unfall oder Tod von Braut, Bräutigam,
Trauzeugen beziehungsweise den wichtigsten Angehörigen. Mitunter
jedoch auch bei Insolvenz des Dienstleisters, der die Feier ausrichten
sollte, bei Arbeitsplatzverlust aufgrund unerwarteter betriebsbedingter

Kündigung. Selbst die Schwangerschaft der Braut, sofern die Feier für sie gesundheitlich nicht möglich oder zumutbar ist, kann eine Versicherungsleistung zur Folge haben. Jedoch nicht, wenn bei Vertragsabschluss schon eine Risikoschwangerschaft diagnostiziert wurde oder der Arzt Bettruhe verordnet hatte. Auch der mögliche Fall, dass ein gekauftes Kleid am Hochzeitstag nicht mehr passt, ist ausdrücklich nicht versicherbar. Überhaupt sind Kleidung und Ringe ausgeschlossen. Bei unerwarteter Trennung des Brautpaares gibt es auch nichts. Wer seine Hochzeit absagen muss, ohne im Besitz einer Versicherungspolice zu sein, hat noch eine **letzte Chance: Versteigerung der Party über das Internet!**

Heirate nie ohne einen Manager!

Kennt Ihr Euch mit aktuellen Wedding-Trends, Gastgeschenken und Drucksachen aus? Könnt Ihr gut mit DJs, Gastronomen, Feuerwerkern, Fotografen, Hochzeitskonditoren, Kapellen, ja allen Dienstleistern, Lieferanten verhandeln und saftige Rabatte herausschlagen? Habt Ihr Nerven wie Stahlseile, den Hang zur Perfektion, Kontakte zu Behörden, Kirche und Standesamt, die Notfall-Nummern aller relevanten Geschäfte und auch beim größten Stress immer einen rettenden Gedanken? Haushaltet Ihr brillant mit dem Budget? Traut Ihr Euch, renitente und sturzbetrunkene Verwandte des Saales zu verweisen und gleichzeitig alle Gäste toll zu unterhalten? Dann seid Ihr besser als 99 Prozent der Brautpaare, die ich kennenlernen durfte. Für alle anderen, die mehr als eine kleine Familienfeier ins Auge fassen, **empfehle ich einen Hochzeitsmanager oder Wedding-Planer.** Auch wenn Ihr das für rausgeworfenes Geld haltet und sagt, die beste Freundin regelt dies – ich kann nur empfehlen, darüber nachzudenken! **Je mehr Gäste eingeladen sind, umso weniger Zeit bleibt dem Brautpaar, sich um den einzelnen zu kümmern.** Wenn man jedem wenigstens fünf Minuten opfert, müsst Ihr bei 50 Gästen schon über vier Stunden lang ununterbrochen reden beziehungsweise mit ihnen anstoßen. Ohne ein Häppchen verspeist, zehn Minuten an frischer Luft Atem geholt oder Euch im Separee erfrischt zu haben! Die Hochzeit ist keine Wahlkampfveranstaltung, keine Radiosendung und keine fortwährende Unterhaltungsshow, sondern eine Tür, die sich öffnet, Familienbande zu knüpfen, Freundschaften aufzufrischen, sich zwanglos zu unterhalten, ein großer Dorfplatz, wo man sich über alte und neue Zeiten austauscht. Früher wurde hier auch fleißig verkuppelt. **Es ist eine Feier zum Genießen.**

Ich fand eine Kundin genial, die im Spreewald heiratete und alle
120 Gäste nach dem Mittagessen zur Kahnpartie einlud. So hatten sie und
ihr Mann drei Stunden für sich und die Hochzeitsfotos. Die Idee stammte
von der professionellen Hochzeitsplanerin. Das ist ein Vollzeitjob, der
lange vor dem Tag der Tage startet, den keiner als Hobby so nebenbei
erledigt und den – auch wenn manch Nobel-Restaurant oder Hotel dies
gern als Extraposten, verklausuliert als Eventmanager offeriert – niemals
der gestresste Bankettleiter nebenbei erledigen kann. Den geeigneten
Wedding-Planer – leider ist dies kein geschützter oder von der IHK
überwachter Ausbildungsberuf, weshalb sich hier mancher tummelt, der
den Namen nicht verdient – zu finden, ist nicht ganz einfach. Da solltet
Ihr Empfehlungen einholen, Referenzen und Vertragsgestaltung prüfen.
**Ist die Vertrauensperson aber gefunden, kann ein Manager nicht nur
Geld ausgeben, sondern welches sparen.** Im Idealfall mehr, als seine
eigene Leistung kostet. Und nebenbei ist sie oder er Alltagspsychologe
für die Braut, Mediator bei Streitereien oder besorgt selbst fünf Tage
vor der Feier einen Tanzkurs. Der gute Hochzeitsplaner ahnt voraus,
was passiert. Zum Beispiel, ob Braut und Bräutigam drei Jahre nach
der Hochzeit noch miteinander klarkommen. Er denkt weiter. Wenn
echtes Vermögen bei einem Partner vorhanden ist, lautet der Ratschlag:
Ehevertrag.
Selbst an das, was im Stress vergessen wird, denkt der Helfer:
Rechtzeitiges Kofferpacken für die Flitterwochen!

Wenn Familien
an der Tischordnung scheitern

Beim Händedruck weiß ich schon, wo die Reise mit der Braut hingeht. Hat man das Gefühl, einem Pudding guten Tag zu sagen, ist sonnenklar: ihr Kleid darf niemals durchscheinend sein! Solche weichen Hände gibt es übrigens auch bei Größe 36. Ist der Druck jedoch fest, kann das Kleid transparent und sexy sein. Diese Erkenntnis beruht auf langjährigen Erfahrungswerten und eigenen Experimenten, hat nichts mit Größe, Gewicht oder Alter der Kundinnen zu tun. Ich habe in meinem Haus am Dresdner Stadtrand viel geprobt, weiß, wie Stoffe bei Kunst- oder Tageslicht reagieren. Sowohl bei weißen als auch bei cremefarbenen Stoffen ist die Sonne unerbittlich, geht durch. Wenn sich dann eine schlanke Maus bückt oder falsch bewegt, scheint jeder Leberfleck, jedes Tattoo hindurch. Deshalb lege ich gedanklich schon bei der Begrüßung die Stoffstärken, die Qualitäten und die Zahl der Stofflagen fest. Aus kleinsten Bewegungen kann ich außerdem erkennen, ob eine Frau einen Reifrock benötigt und wenn ja, mit welchem Durchmesser.

Bei Chefstewardess Babette war alles klar. Fester Händedruck, weder X- noch O-Beine. Sie überzeugte auf den ersten Blick mit wohlproportionierter, schlanker Figur, war 1,82 Meter groß, hatte sehr gepflegte lange Finger, blonde, hochgesteckte Haare, und zu ihrem noblen Äußeren gehörten Permanent-Make-up, tätowierte Augenbrauen und Drei-Wetter-Taft im Haar. Einziger Makel: durch die ständig engen Schuhe waren die Füße leicht deformiert, ihre Zehen gekrümmt. Das Hochzeitskleid sollte die moderne Adaption eines romantischen Modells werden, zur Feier im Schlosspark passen. »Leicht ausgeflippt und verspielt darf es auch sein«, sagte die

Lufthansa-Angestellte, die auf Interkontinentalflügen zu Hause war. Wir fanden ein bodenlanges, trägerloses weißes Kleid aus Satinstoff, mit edlem seidigen Tüll ummantelt. Oben Spitze und Glassteine, V-förmig vom Dekolletee zum Bauchnabel. Bis zu den Oberschenkeln eng anliegend und schmal wie ein Mermaid-Kleid, dem sich der fächerförmig nach unten ausfallende Rock mit vierzig Lagen Tüll anschloss. Er schien zu schweben, aus Federn zu bestehen. Alles unterlegt mit einer leicht rosafarbenen Note, die sich auch in den Glassteinen im Brustbereich wiederfand. Dazu eine kurz auslaufende Schleppe, gerade eineinhalb Meter lang. Ein Kleid für große Frauen, die Chefstewardess sah darin jung, verspielt und pfiffig aus. Dies unterstrichen unzählige kleine Tüll-Röschen, die wir zwischen Taille und Oberschenkel aufnähten.

Bei der letzten Anprobe schien es ihr ein fast kindliches Vergnügen zu bereiten, in der Ankleidekabine den berühmten Zungenbrecher »Blaukraut bleibt Blaukraut und Brautkleid bleibt Brautkleid« aufzusagen. Ich konterte mit zwei ähnlich sinnfreien Sätzen, die tief schürfende Weisheiten vorgaukeln: »Zwischen zwei spitzen Steinen sitzen zwei zischende Schlangen« und »Kluge kleine Kinder kaufen keine kleinen Kleiderknöpfe«. So kamen wir richtig ins Gespräch und landeten irgendwann bei den Hochzeitsgästen. Voller Stolz erzählte sie, wie sie den Hühnerhaufen von Verwandtschaft zusammenhalten wollte. Sie war schon beim Aussuchen. Onkel Martin und Onkel Dieter hatten sich bei der letzten Feier gezofft: »Die platziert mein Wedding-Planer, meine beste Freundin, ganz weit voneinander.«

Bei einem Mädelsabend wurden die Frauen dieser Männer instruiert, ihre besseren Hälften bei Laune zu halten. Damit beide abgelenkt werden, sich nicht ins Gehege kommen. Selbst die Männer wollten es hinkriegen. Doch auf solche Versprechen kann man sich nicht immer verlassen. Als größtes Problem allerdings erwies sich ihre Mutti, eine Oberstudienrätin. Vor zwei Jahren verließ Papa, ein

Ethik-Professor, sie wegen seiner zwanzig Jahre jüngeren Assistentin. Kurz darauf heiratete er diese auch noch. Aus Sicht der Mutti hatte er damit den Überblick über sein Leben komplett verloren. Babette versteht sich jedoch nicht nur mit Mama, sondern auch mit Papa und seiner neuen Frau hervorragend. Ist sie doch intelligent, selbstbewusst und gar nicht langweilig. Die Mutter kündigte an: »Wird Vater zusammen mit der Schickse eingeladen, komme ich nicht!« Papa war das egal, er bestand darauf, dass ihn die Neue begleitete. Für Einzelkind Babette würde es schmerzlich, wenn Mutti fehlte. Da gab es mehrere Lösungen: Schwiegermama und Mutti sitzen neben Braut und Bräutigam auf den zentralen Plätzen. Das grämt den Vater, der die Hälfte der Hochzeit bezahlt und sich unters Volk mischen muss, statt seinen Platz in der Familienhierarchie zu demonstrieren. Babette: »Wir haben eine wunderbare Lösung gefunden. Mutti bekommt einen charmanten jungen, durchtrainierten Mann aus dem Freundeskreis der Brautmanagerin als Begleiter. Das haben wir seit Wochen vorbereitet. Mutti wurde zu einer Grillparty eingeladen, wo sie unter drei Modellen wählen durfte.« Sie blieb dann über WhatsApp mit dem jungen Mann in Verbindung. Babette: »Mutti hatte das gute Gefühl, mit einem tollen Partner aufzutreten, an dem sie sich festhalten kann – damit sie neben Papas junger Ische nicht wie eine vertrocknete Rose untergeht.«

In diesem Moment musste ich an Opa Herbert denken. Der sagte immer: »Junge, eine der Todsünden ist die Eitelkeit. Am schlimmsten jedoch ist die gekränkte Eitelkeit.« Unsere Babette lud allerdings eine Verwandte aus: Großtante Irma, eine Kontoristin, um die achtzig Jahre alt. Nicht etwa, weil diese immer eine Wolke mit dem Geruch von Kölnisch Wasser und Maiglöckchen-Parfüm umweht, sondern weil sie jedem ihre persönliche Meinung aufzudrängen sucht und stets das Gegenteil von dem gut findet, was andere wollen. Immer deklamiert sie eine Liste mit in den letzten fünfzig Jahren Verstorbenen, die nicht mehr dabei sein können, immer zückt sie eine vorgedruckte langweilige Rede mit ausführlichen Bibelzitaten

aus der abgewetzten braunen Handtasche. Dazu präsentiert sie mit Genuss die bösen Kinderfotos von Mutti auf dem Nachttopf und wo jemand in der Nase popelt.

Viele Brautpaare vergessen, dass eine Menge Fingerspitzengefühl, Takt und Diplomatie dazugehören, die Hochzeitsstimmung über den Tag zu retten. Überall lauern Tücken, Konflikte und Fallstricke, kann es im Feiergetriebe arg knirschen. Manche haben ihre Ursache in den heutigen Patchwork-Familien – für ungeübte Planer ein Horror. Gab es schon mehrere Hochzeiten in der Familie, kann der Erwartungsdruck für die eigene Feier zu hoch sein. Angestaute Gefühle kommen zur Entladung, versauen die gute Laune.

Bis zur Tafel war alles perfekt durchorganisiert. Jetzt an der Hochzeitstafel gluckt man aufeinander, sieht sich in die Augen und es öffnet sich ein Klatsch- und Tratschventil, das angestauten Druck herausströmen lässt. Und da werden, statt das Brautpaar hochleben zu lassen und sich an ihrem Glück zu erfreuen, die Zungen gewetzt: Das Taxi kam zu spät, die Oma wurde zu Hause vergessen, die Standesamt-Toiletten geschlossen, der Organist betrunken, der Pfarrer verwechselte die Namen, der Fotograf machte die falschen Bilder, das Kleid riss ein, die Frisur fiel zusammen, der Brautstrauß landet in der Pfütze, der Begrüßungsimbiss verursachte Kopfschmerzen, Kinder machten Lärm, unerwünschte Angehörige kreuzten plötzlich auf. Die Tafel wird ganz schnell zum Blitzableiter, wo alles ausgewertet wird, was geschah.

Wie lässt sie so was verhindern? Einen Außenstehenden als Berater engagieren und die Tafel geschickt planen: Karree, runder Tisch, Gruppierung um ein Zentrum oder Blume – die Ordnung will gut durchdacht sein. Auf jeden Fall gehören Eltern und Ehrengäste zum Brautpaar. Die übrige Gästeschar ist gut zu durchmischen und man muss zur Familie passende Örtlichkeiten wählen! Wenn die Brauteltern einfache Landwirte sind, passt kaum ein Schloss mit barocker Bedienung. Bei Familienfeiern sollte man Streithähne und Spaßvögel kennen, ein Bollwerk für den Fall der Fälle organisieren. Die Platzierung muss so erfolgen, dass es zu wirklich guten Gesprächen und keinen Schuldzuweisungen kommt. Nicht links die Schwiegi-Seite, rechts die Brautfamilie. Alt und jung, Verwandtschaftsbeziehungen, berufliche Neigungen – je klüger Ihr alles durcheinanderwirbelt, umso besser lernen sich die Familien kennen. Eine schöne Hochzeit ist jene, wo alle glücklich sind, sich vertragen. Im schlimmsten Fall müssen Personen im Vorfeld ausgeschlossen werden. Das kann aber schnell in die falsche Richtung gehen. Ich hatte eine Braut, die verbat sich die Teilnahme kleiner Kinder. Sie feierte in Museumsräumen eines Schlosses. Dafür bekam sie gewaltige Schelte. Kinder sind ja jene, die uns später zu ihrer Hochzeit bitten. Damit lud sie sich lange im Vorfeld selbst aus.

Mir erzählte Braut Franzi, siebenundzwanzig Jahre alt, 1,78 groß, sehr kurze Haare, fast burschikoses Gesicht, klassische 75B und völlig cellulitefrei, von ihrem Trick. Das Mädel blieb mir in Erinnerung, weil sie einen leichten Geburtsfehler, nur vier Finger an der rechten Hand, hatte. Sie fragte: »Kann ich meinen Trauring auch links tragen?« Es ist egal, auf welcher Seite, sagte ich, er muss nur zu ihnen passen. Sie machte Kraftsport und Jogging – hatte sich als Kleid ein Neckholder mit hochgestelltem Kragen, wie aus der Zeit Napoleon Bonapartes und tiefem V-Ausschnitt bis zur Mitte des Brustkorbes, ausgesucht. Das funktionierte, weil sie einen wohlgeformten Hals und ein sehr schmales Gesicht hatte. Das durchgehende Chiffon-Kleid war bis zur Taille mit Satin verstärkt. Unterhalb der Taille floss der Chiffon A-linienförmig, leicht schwingend, herunter. Ein Chiffon-Gürtel verdeckte den Übergang zwischen Kleid und Schleppe. Das vorn geöffnete Kleid, welches wie eine

Chiffon-Stola ausschwang, ließ beim Vorwärtsschreiten die weiße Marlene-Hose – eine Schlaghose aus Georgette – sichtbar werden. Nach der Hochzeit in Mecklenburg-Vorpommern brachte sie mir einige Fotos persönlich vorbei und verriet: »Mein Mann und ich sind schon zum frühen Abend vor Beendigung der Feier abgehauen.« Denn es ging auf einmal nur noch um Erbstreitigkeiten, Landkauf, Scheidungen und Jobprobleme. Da schlug ihre beste Freundin vor, den Gästen zu sagen: »Tschüss, ihr Lieben, wir müssen jetzt in die Flitterwochen abreisen.« Statt wie geplant am Morgen, schwirrten sie abends, 21 Uhr, ab.

In Berlin nahmen sie sich ein gutes Hotel und feierten allein im Techno-Club »Berghain« weiter. Sie hatten alles richtig gemacht: Kinder hatten Blumen gestreut, Tauben waren geflogen, bei der Sektpyramide floss kaum ein Tröpfchen daneben. Franzi: »Doch als zum Kaffee das Tischfeuerwerk gezündet wurde, merkte ich, wie die Stimmung kippte.« Als Onkel Eduard dann vom Stuhl fiel, weil er zu tief ins Whiskyglas geguckt hatte, dachte das junge Paar an Flucht. Die stadtbekannte Ausflugsgaststätte hatte man bis Mitternacht gebucht. Ihre beste Freundin, Mutti, Vati und Schwiegermama waren sich einig, dass es ein guter Zeitpunkt zum Abhauen wäre. Das Paar bedankte sich noch artig für die Geschenke und die schöne Zeit. Keiner sonst merkte etwas von der kurzfristigen Änderung des Planes. Reden ist Silber, Schweigen ist Gold – das gilt nicht bei der Tischordnung! Sprecht Dinge lieber gleich aus, damit ihr Euch nicht später ärgert!

Ein Zauberkleid und hundertfünfzig zauberhafte Kleider

Eigentlich zieht man das Hochzeitskleid ja nur einmal im Leben an. Höchstens findet es noch – sehr verkleinert – Verwendung bei der Kindtaufe oder gar auf dem Totenbett. Man kauft es nur für diesen einen Tag aller Tage. Andererseits hält auch der seit Jahrhunderten um die Hochzeit gewobene Aberglaube manche davon ab, das Kleid weiter zu verwenden. Es ist für andere Zwecke auch wirklich ziemlich unpraktisch. Kunden, die glauben, das Kleid beispielsweise später beim Tanzen tragen zu können, ziehe ich normalerweise diesen Zahn! Doch eine Ausnahme habe ich tatsächlich gemacht.

Es war zum Herbst- und Weinfest im »sächsischen Grinzing«, dem traumhaften Kötzschenbroda, einem Ortsteil der Wein- und Gartenstadt Radebeul, die wegen des hier begrabenen Vaters von Winnetou und Old Shatterhand auch Karl-May-Stadt genannt wird. An diesem Freitagabend Ende September nippte ich in gemütlicher Runde an einem Gläschen Federweißer. Ich trinke normalerweise keinen Alkohol, höchstens ein Schlückchen trockenen Sekt der Marke »August der Starke« von Sachsens Staatsweingut Schloss Wackerbarth. Doch ich war nach einem tollen Tag in Feierlaune.

Neben mir nahm eine zierliche blonde Frau Platz – blaue Augen, kurze Haaren, süße 1,62 Meter groß. Irgendwo hatte ich sie schon gesehen. Und damit knüpfte ich auch ein Gespräch an. »Ich bin die Linda«, erwiderte sie. Mir fiel es wie Schuppen von den Augen: Natürlich Linda, Linda Feller! Die Country-Königin mit dem Hit »Andere Mütter haben auch ein schönes Kind«, die fast vierzig CDs herausgebracht hat, in der kultigen RTL-Show »Kilometer 330« mit Jonny Hill Stammgast war, im ZDF-Fernsehgarten auftrat, die ich seit 1990 im Radio höre und oft im MDR sehe. Hat nicht auch der als Muck bekannte Hartmut Schulze-Gerlach ihr das Lied »Hey, kleine Linda« gewidmet? Auf jeden Fall schrieb er ihr 1984 die ersten Titel. Im Gegensatz zu mir funktionierte Lindas Personengedächtnis brillant: »Du bist Uwe Herrmann, der Designer vom SemperOpernball!«

Wir kamen ins Plaudern, und natürlich ging es um Hochzeiten. Was ich vom neuen Trend der Öko-Hochzeit mit Kleidern aus Bioseide, Blumen ohne Pestizide und veganem Buffet halte? Green Wedding schwappte gerade von den USA nach Deutschland herüber. Das erste Mal berichtete mir mein Freund Nigel davon. Der Engländer hat eine Frau und zwei Kinder, ist robust, trinkfest und lustig, wie man Engländer so kennt. Ich lernte ihn in Atlanta auf einer großen US-Einkaufsmesse kennen. Drei Wolkenkratzer mit gefühlt sechzig Stockwerken sind da verbunden wie Parkhäuser. In den Staaten gehen die Messen eben nicht in die Breite, sondern in die Höhe. Zuerst hielt er mich für einen Landsmann. Als ich den Mund aufmachte, wusste er allerdings, dass er einen Fritz, einen Krautfresser, vor sich hat. Solche Spitznamen haben wir Deutschen in Großbritannien. Weil Nigel aber noch nicht wusste, dass ich ein Ossi bin, schwärmte er von München, Köln und Hamburg. Ich sagte, dass ich nur einige hundert Kilometer davon entfernt wohne. Er ist ein großer Produzent von Braut- und Abendkleidern in Asien und mag mich, weil wir uns über so viele Sachen austauschen können. Ich bin der einzige Freund, der auch die Endverbraucher kennt. Oft schmoren Designer in ihrem eigenen Saft und haben keinen Kontakt zur Außenwelt, zu den Kunden. Manchmal schickt er mir Entwürfe, bei denen ich sage: Warten wir mal lieber damit noch zwei Jahre … Nigel, der oft den richtigen Riecher hat, war der Meinung: »Öko-Hochzeiten sind ein Minderheitenprogramm. Aber wer mit Bio-Brei aufwächst, seine Wohnung mit Bio-Scheuermitteln säubert, Bio-Strom bezieht und mit dem Fahrrad unterwegs ist, sucht unter Umständen auch nach einer nachhaltigen Hochzeit.« Ich hatte damals keine Erfahrungen damit und wusste nur, dass man Brautkleider rein theoretisch aus

Peace Silk herstellen kann. Dabei werden die Seidenraupen anders als bei der konventionellen Produktion vor dem Schlüpfen nicht getötet. Ob das für die normale Braut noch bezahlbar ist, wagte ich zu bezweifeln. Allemal wäre jedoch eine Hochzeit im Jutesack und einem aus Alttextilien aufgearbeitetem Anzug für den Bräutigam, mit Trauringen aus Holz, biologisch abbaubarem Konfetti aus Reispapier, Feier auf dem Demeterhof und Honeymoon auf dem Fernwanderweg vorstellbar.

Linda lachte, und natürlich kam die Frage: »Uwe, was steht mir?« Ich habe schon für viele kleine Mädchen wie Collien Fernandes, für die Frau von Heiner Lauterbach, für Weltsopranistin Joyce DiDonato und jede Menge deutscher Gartenzwerge gearbeitet. Ich finde was Tolles! Um nicht ins Fettnäpfchen zu treten, fragte ich natürlich: Linda, was stellst du dir vor? Da verriet sie, dass ihre Hochzeit mit Andreas, dem früheren Chef der Dresdner Wasserwacht, bevorstehe. Er hatte gerade um ihre Hand angehalten, die Trauung solle in wenigen Wochen im Schloss Schönfeld sein: »Darf ich, da es meine zweite Hochzeit ist, überhaupt in Weiß heiraten? Steht mir eine andere Farbe nicht besser?« Mein Vorschlag: Lass uns Nägel mit Köpfen machen, komm ins Geschäft! Vierzehn Tage später kam sie mit ihrer erwachsenen Tochter Eileen und Enkel Artur zu mir. Sie ist der Typ Frau, der alles tragen kann. Aber sie wollte etwas Schlichtes, trotzdem zum Schloss Passendes. Wir nahmen Maß und probierten zuerst das Model »Claudia«. Ein relativ schmal gehaltenes Kleid aus Satin mit Chiffon-Überwurf und Schleppe. Im Taillenbereich und an der Brust zarte Raffungen. Dazu ein Glitzerornament unterhalb der Brust, bestehend aus einem Stein und großen Perlen. Das waden-lange, cremefarbene Kleid hatte einen tiefen Herz- und einen tiefen Rückenausschnitt. Die gestickte Spitze vom Unterstoff aus feinstem Satin zog sich über das komplette Kleid. Transparente Spitze diente als Träger und bedeckte vorn wie hinten die Haut. Allerdings so zart, dass diese durchschimmert.

Entschieden hat sie sich aber für das fesche Spitzenkleid »Daphne« mit der wunderschönen Knopfleiste – jeder Knopf war mit feinstem Satin überzogen – am Rücken. Hingucker: Das cappuccinofarbene Satinband, welches mit einer Schleife hinten zusammengebunden wird. Es erinnerte sie sofort an Rock'n'Roll. Dieses phantastische Modell im Stil der 1960er Jahre kann man bis zum Po kürzen. Knie-lang verkörpert es den Rockabilly-Stil, noch kürzer ein Minikleid. Damit alles peppiger aussah, wandten wir folgenden Kniff an: Statt eines Reifrockes zogen wir unter die »Daphne« einen Petticoat – ei-nen flauschigen Unterrock – mit ganz vielen Lagen festem Tüll. Der gab dem Kleid eine faszinierende Form, sorgte für Volumen wie bei einem Prinzessinnenkleid.

Doch Linda hatte nicht nur ihre Trauung im Kopf: »Es ist viel zu schade, das nur zur Hochzeit zu tragen.« Da es ihr ans Herz gewach-sen war, wollte sie es später für die Bühne nutzen. Dabei hat sie über hundert Kleider und mindestens hundertfünfzig Paar Schuhe in der Kleiderkammer. Wir haben dann gezaubert – und unsere Kreation entwickelt, die den Codenamen »Ball und Stall« trägt. Dafür nähten wir ihr ein rosafarbenes Band für die Bühne. Auch die Satinschuhe nahm sie gleich in Rosa. Bei der zweiten Ehe hielt sie den Schleier für überflüssig. Ein kleiner Fascinator, cremefarben aus Spitze wie ein Blümchen, darauf ein Spitzenornament, mit kleinen Steinchen und Perlen.

Ihre Hochzeit ging vier Tage vor Heilig Abend über die Bühne. Wegen der tiefen Temperaturen riet ich zur Satin-Stola oder einem Webpelz-Jäckchen in Creme. Sie wählte ein Täschchen und einen cremefarbenen Spitzenschirm für die schönen Fotos. Megastolz war ich, als mein Kleid auf der Titelseite einer Zeitung prangte. Die kleine Linda sandte eine ganz liebe Mail mit Hochzeitsfotos von dem Zauberkleid, das nun auch noch eine Bühnenkarriere vor sich hatte.

Dass nicht alle Bräute meinen Ratschlägen folgen, ihre Kleider gern für eine »Zweitverwertung« nutzen, erlebte ich beim letzten SemperOpernball. Dort tanzten gleich sechs Damen mit meinen früheren Hochzeitskleidern zur Musik des Orchesters von Stargeiger André Rieu. Lindas Hochzeit fand zu jener Zeit statt, als mit Hochdruck für den SemperOpernball gearbeitet wurde, und es waren jene Wochen, in denen die Liebe von Winnie und mir zerbrach. Wenn ich mich an Linda und ihr Kleid erinnere, denke ich deshalb immer daran, dass es Zeit wird, von etwas Abschied zu nehmen. Gerade entschloss ich mich schweren Herzens, dem SemperOpernball nach zehn Jahren Lebewohl zu sagen.

Aller zehn Jahre muss man wechseln. Das empfahl schon der 1997 verstorbene Baron von Ardenne, dessen Schloss nebst weißer Kuppel eines Himmelsobservatoriums sich in Loschwitz an der Hangkante des Elbtals über Dresden reckt. Um geistig flexibel zu bleiben, sollte man sich in gewissen Abständen neuen Herausforderungen stellen. So erfand Manfred von Ardenne, der weder Abitur noch Studium abschloss, das Fernsehen, baute das erste Elektronen-Rastermikroskop, forschte an der Atombombe, erfand die Krebs-Mehrschritt-Therapie und zuletzt die Sauerstoff-Mehrschritt-Therapie zur Lebensverlängerung – aller zehn Jahre was komplett Neues! Nun bin ich kein Universalgenie wie er. Doch mit den Fernsehverpflichtungen und meinem Geschäft tanze ich mittlerweile auf so vielen »Hochzeiten«, dass ich etwas abgeben muss, um mehr Zeit für das Neue zu gewinnen. Und so halte ich es mit dem Show-Dino aus der ZDF-Show »Zauberhafte Heimat« und Grandseigneur Gunther

Emmerlich. Der sagte, als er nach zehn Jahren die Ball-Moderation in der Semperoper abgab: »Man muss gehen, wenn es am schönsten ist und niemand das erwartet.«

Leicht gefallen ist die Entscheidung trotzdem nicht. Denn es war mir eine große Ehre, von 2008 bis 2017 exklusiver Ausstatter der je hundert Debütantinnen des größten Klassik-Entertainement-Events Deutschlands im schönsten Musentempel Europas und des nach dem Wiener berühmtesten Opernballs zu sein. Zwar trugen schon 2006 viele junge Damen meine Abendkleider. Denn die Mitbewerber waren nicht auf so eine Nachfrage bei roten Stoffen eingestellt. Im folgenden Jahr wurde ich dann Exklusiv-Partner für Schmuck, kamen Diadem, Ohrringe und Y-Kette mit Strasssteinchen von uns. Bis dahin hatte Professor Hans-Joachim Frey, der Ball-Impresario, der die 1925 bis 1939 entstandene Tradition der SemperOpernbälle aufgriff und sie zu einer live vom Fernsehen übertragenen Fünf-Stunden-Show mit 2500 Schönen und Reichen und Kartenpreisen von gegenwärtig bis zu 2360 Euro machte, keine Notiz von mir genommen. Eines Tages trafen wir aufeinander. Ich stellte mich vor, sagte: Der mit den Ketten bin ich. Da klopfte er mir dankend auf die Schulter. Im Überschwang des Glücks rief ich ihm nach: Und nächstes Jahr machen wir einheitliche Kleider, damit Ihre Debütanten nicht mehr aussehen wie ein Zigeunerschwarm. Monate vergingen, dann rief das Ballbüro an: »Wie stellen Sie sich das mit den einheitlichen Kleidern vor? Wir planen maximal 150 Euro pro Stück!« Die Maße wollte man erst im Dezember liefern, doch die Kleider mussten Mitte Januar fertig sein. Änderungskosten, Reinigung – alles sollte inklusive sein. Blieben 50 Euro Herstellungspreis! Ich setzte mich in den nächsten Flieger nach Hongkong. Aus der laufenden Kollektion eines befreundeten Betriebes suchte ich das schönste Kleid in Rallye Red aus. Ein Traum aus Satin wie ein geraffter Vorhang. In dem sehen dicke Mädels dünner und dürre fraulicher aus – damit es im Fernsehen ein einheitliches Bild gibt. Wir verzierten es mit Glassteinen. Dann habe ich den Querschnitt aller Konfektionsgrößen genommen, statt hundert an Ort und Stelle hundertfünfzig Kleider nähen lassen – damit sie bei der Anprobe möglichst gleich sitzen. Die vier großen Kartons erlebten eine Odyssee, sie wurden vom Zoll in England festgesetzt. Ich hatte keine Ahnung, dass zwischen Hongkong und Großbritannien Sonderbestimmungen existieren. Eine chinesische Spedition aus Frankfurt, die in Düsseldorf ihren Sitz hat, befreite meine Kleider aus dem Londoner Zolllager – und ich zahlte gewaltig drauf. Es blieb nicht mein einziges Opernball-Harakiri!

2009 folgte das Rallye-Red-Trägerkleid aus plissiertem Satin mit Perlenapplikation, 2010 sollte es ein trägerloses sein. Zwar der gleiche Stoff, aber verkehrtherum genäht in Wickeloptik. Beim Tanz schaut die Glanzseite durch, und es sieht aus wie zwei verschiedene Stoffe in einer Farbe. Zur Generalprobe wollte ich mir gerade bei Ball-Chef Frey ein dickes Lob abholen, da begannen die ersten von neunzig Kleidern zu rutschen – dutzendweise TV-Busenblitzer waren zu befürchten. Zwei Stunden vor dem Ball haben drei meiner besten Näherinnen in der Opern-Damentoilette blitzschnell mit Nadel und Faden Träger befestigt, die wir in Ermangelung einer Alternative einfach aus der Schnürung schnitten.

Es folgten 2011 Roben in Kirschblütenrot-Pink mit Herzausschnitt – dem evangelischen Kirchentagsherzen vom gleichen Jahr nachempfunden und passend zur Herz-Choreografie. Danach die sensationelle Rallye-Red-Kreation aus mehrlagigem, schräg geschnittenem Taft mit Plauener Spitze – der patentrechtlich geschützten ursächsischen Strickerfindung! Für 2013 wünschte der Ball-Chef ein blütenweißes Kleid, preiswert und natürlich viel schöner als die in Wien. Dort tanzen ja die verschiedensten Modelle nebeneinander.

Armer Leute Kind trägt eins von der Stange, die Millionärstochter das neueste Designerstück aus Paris. So kamen wir auf ein weißes Brautkleid mit viel Organza, Röschen-Tüll und großer Blüten-Applikation unter der rechten Brust. 2014 das ganz aufwändige silberne Kleid mit acht Lagen Stoff, Petticoat und Reifrock darunter: Sechsfacher Nähaufwand! Die Krönung aller Kleider – das Goldene zum zehnjährigen Balljubiläum 2015! Den Schmuck habe ich auch noch spendiert und so den Ball jedes Jahr mit mehrstelligen Summen gesponsert. Doch Debütantinnen und Debütanten glücklich zu sehen, war es mir wert. So wundervoll choreografiert von der Dresdner Tanzschule Lax, frisiert von den Star-Coiffeuren Suchomel und Bohm, gestylt von Manja von Wildenhain. Erklingen die ersten Takte des Walzers, sind alle Anstrengungen vergessen, versinke ich in meinem Plüschsessel und genieße Momente himmlischer Emotionen.

Flitterwochen abgesagt

Überall läuten die Hochzeitsglocken. Es werden in Deutschland ja auch jedes Jahr gut 370 000 Ehen geschlossen – und rund 170 000 geschieden. Doch Liebe ist nicht nur Gefühl, sie kann auch zum Geschäft werden. Der schönste Tag – für viele ist er längst der teuerste Tag ihres Lebens. Und dabei haben wir noch keine amerikanischen Verhältnisse, wo Hochzeiten gar zur Broadway-Show ausarten, eine Otto-Normalverbraucher-Feier in Manhattan schon mit etwa 75 000 Dollar kalkuliert wird. Wenn ich meinem Sohn Philipp – er leitet die große Festabteilung mit den Abend-, Ball- und Couture-Kleidern, macht die Kollektionen für Prét-à-porter und Haute Couture, ist verantwortlich für das Fitting (Änderungen), für Qualitätsmanagement, Reklamationen und die Kasse – von früher erzähle, lächelt er nur mitleidsvoll. Ich bekam zur Hochzeit für mich und seine längst von mir geschiedene Mama noch 7000 DDR-Mark zinslosen Ehekredit, der in Monatsraten zu 50 Mark abgestottert wurde. Man konnte ihn auch »abkindern«: Mit dem ersten Kind waren 1000 Mark, dem zweiten weitere 1500 Mark und dem dritten alles getilgt. Philipp blieb trotzdem ein Einzelkind, das schon mit sieben Monaten im Baby-Wipper hinter der Bühne stand. Denn Mama Heike hatte sich schnell den Babyspeck abtrainiert, war ein dreiviertel Jahr nach seiner Geburt wieder so gut in Schuss, dass sie eine Miss-Wahl gewann. Wer zwischen Anzügen und Kleidern aufwuchs und meine Gene hat, der muss bei der Mode Blut lecken. Und so bin ich glücklich, dass mein Philipp, der als gelernter Mikroelektronik-Technologe eine gute Karriere in der Chip- und Halbleiterindustrie vor sich hatte, die Seiten wechselte.

Zuerst bemerkte er die Schattenseiten. Dass der Glanz auf der Bühne nichts mit der Wirklichkeit zu tun hat, dass ein Geschäftsmann keine Weihnachten kennt. Doch je älter er wurde, umso mehr genoss er die süßen Seiten. Die Mädchen, die Freiheit, die Chancen, kreativ zu sein. Die 7000 Mark als Startkapital waren einst gar nicht so schlecht. Denn am schnöden Geld zerbrechen Träume. Da verdienen sich Banken heute mit Kreditzinsen und inzwischen auch Versicherungen goldene Nasen. Niemand spricht gern darüber, keiner verrät die Wahrheit. Auf den wie Pilze aus dem Boden schießenden Hochzeitsmessen – wo ständig neue Verlockungen mit teuren und auch unnötigen Angeboten wie wasserfestem Make-up für Hochzeitsgäste, Brautrednern, Ringschmiedekursen und Fotografen, die Paare in Industrieruinen stellen, winken – schon gar nicht. Größter Hochzeitskiller ist die Budget-Bombe!

Sie sah aus wie ein junges Mädchen vom Lande, nutzte weder Schminke noch Nagellack, und über der Schulter hing eine Jutetasche. Die langen braunen Haare wirkten wie selbst geschnitten. Sie war zurückhaltend, gepflegt und zutraulich. Ich habe selten einen Menschen gesehen, der so eine schöne, natürliche Ausstrahlung hat. Ihr Körper war keine Litfaßsäule für Tattoo-Messages, die feinporige Haut völlig faltenfrei. Sie wirkte an der Halspartie etwas knorrig, was aber zur Gesamtharmonie des Körpers passte. Meine erste Frage: Essen Sie Schweinefleisch? Die ohne Schuhe 1,72 Meter große Braut, deren Alter ich auf vierundzwanzig Jahre schätzte, schaute mich mit großen Augen an: »Ich bin Vegetarierin!« Das hatte ich längst geahnt. Viele Vegetarierinnen sehen ähnlich aus: wunderschön, klein und zierlich, nicht mit Cremes zugekleistert. Wie soll denn Ihr Kleid aussehen? Ich erwartete ein Vintagekleid aus Baumwolle oder einem anderen ökologischen Material. Sie zeigte über zwanzig Fotos. Ein Kleid ähnelte dem anderen. Ich kenne die spanische Modefirma, die im gehobenen Preissegment unterwegs ist. Doch für ihr Brautkleid besaß sie nur 300 Euro Budget. Ich sagte: Hier sind Sie falsch, aber sie können sich im Discount umschauen. Naturmaterialien sind natürlich viel edler und teurer als veredeltes Polyester. Sie wollte nur ein Grundkleid, die Applikationen würde ihre Oma machen. Ich zeigte ihr einige schlichte Kleider für das Standesamt. Eins ähnelte einem Etuikleid. Es war bodenlang ohne Schnickschnack aus Georgette. H-linienförmig floss es mit großem Schlitz an der linken Seite herunter. Das Modell verkaufen wir gerne an schwangere Frauen bis zum vierten Monat, weil es im vorderen Bereich Abnäher hat, die man ändern kann. Den tiefen Rundausschnitt kann man bis zum Halsbereich mit Spitze unterlegen und damit schließen. Zwei Jahre lang hatte das Kleid keine Liebhaberin gefunden und galt deshalb für mich als Fehleinkauf. Wir hatten schon den Platzverweis in den Discount geplant. Denn für mich sind »Geburtstagskinder-Kleider« – Kreationen, die länger als zwölf Monate im Laden hängen – ein Horror. Sie zog es an und sah darin phänomenal aus. Dieser Kittel bekam durch ihre Ausstrahlung die Kraft eines Brautkleides. Ihre Mutti sagte: »Oma Hilde wird schöne Spitze hineinbringen.« Es kostet eigentlich 800 Euro. Doch weil das Anprobierkleid kleine Mängel hatte, reduzierte ich auf 499 Euro. Sie fiel mir um den Hals, verriet: »Ich habe große Probleme mit meinem Budget. Alles wird viel teurer.« Da die Brautberatung statt neunzig nur dreißig Minuten gedauert hatte, hörte ich mir ihre Geschichte an. Schöne Brautschuhe empfehlend, fragte ich, wo denn der Schuh drücke: »Schuhe brauche ich nicht. Die hat mir schon meine beste Freundin geborgt.«

Ihre anrührende Geschichte: Sie ist Yoga-Lehrerin, der Freund Elektromeister. Beide haben ein gemeinsames Kind, das mit einem Handicap zur Welt kam. Die Kleine ist ihr ein und alles. Damit die Tochter später auf eine normale Schule gehen kann, verbringen sie unheimlich viel Zeit mit ihr. Schnell merkte das Paar jedoch, dass die Budgetplanung zu knapp bemessen war. Mit traurigen Augen blickte sie mich an: »Die Hochzeit wird immer als schönster Tag des Lebens beschrieben. Doch ich glaube fast, das ist ein Privileg der Reichen. Wir planen nur ein kleines Fest in der Familie, haben maximal 6000 Euro kalkuliert. Aber Anzug, Kleid, Essen und dazu die tausend Kleinigkeiten – alles wird teurer als gedacht.« Ich riet zu einer Excel-Tabelle, in die sie alle nötigen Positionen und preis-werte Alternativen zu Kauf beziehungsweise Bezahlung eintragen konnte. »Wir haben ja bereits Sparvarianten ins Auge gefasst«, sagte sie. Frisur und Styling würde die Freundin machen, Oma alle Ände-rungen am Kleid. Die Feier würde in der Gartensparte stattfinden, der Bräutigam selbst am Grill stehen. Die Kinder könnten an der Feuerschale Knüppelkuchen backen. Fotograf sei ein bester Kumpel. Statt Hochzeitsreise würden sie die gemeinsame Zeit eine Woche im Bungalow der Eltern genießen.

Doch jeden Tag fielen ihnen neue, kleine Dinge ein: Deko, Porto, Blumen, Tauben, Hochzeitsauto, Trinkgelder. Größter Kostentrei-ber war die Gästezahl. Ein Jahr vor der Hochzeit standen dreißig auf der Liste. Doch nun meldeten noch zahlreiche Cousins und Cousinen Interesse an. Ich fand sehr angenehm, dass sie nie die erwarteten Geschenke erwähnte: Habt ihr denn eine Geschenkeliste gemacht, damit nicht plötzlich fünfundzwanzig Kaffeeservices an-rollen? Daran hatten sie noch nicht gedacht. Aber sie fragte: »Herr Herrmann, wie würden Sie das an meiner Stelle alles managen?« Ich sagte, es gibt Hochzeitskredite, von denen ich eher abrate. Denn der neue Schritt im Leben beginnt dann mit geliehenem Geld. Besser ist Hilfe von vier bis fünf Personen, die auch zur Hochzeit einge-laden werden. Freunde und Bekannte, welche die Ausschmückung übernehmen, Kuchen und Torten backen, Fleisch einlegen, Salate vorbereiten. Schreibt auf die Einladungskarte, dass ihr Euch nicht so viel leisten könnt, Hilfe gern gesehen ist.

Da standen Mutti und Schwiegermutter plötzlich auf: »Laura, das ist dein Tag, wir machen das ganz anders!« Sie bezahlte ihre 499 Euro und verließ mein Geschäft. Die herzerweichende Geschichte erzählte ich bei der Mitarbeiterversammlung. Da erhob sich eine Kollegin: »Das war vor drei Monaten. Heute sieht alles anders aus. Nur das Brautkleid blieb, der Rest hat sich komplett geändert!« Bei der Abholung ihres Kleides seien Tränen gerollt, während die Braut erzählte: »Unsere Hochzeit ist explodiert. Überall, wo wir sparen wollten, wird das Geld jetzt zum Fenster hinausgeworfen. Die Deko übernimmt ein Messebauer, eine Konditorei bringt Torten, ein Gourmetfleischer neben dem Bankett sogar ein Schwein am Spieß.« Das störte die Vegetarierin natürlich besonders. »Statt des Kumpels wird ein Profi-Fotograf bestellt, der auch per Drohne Videos dreht. Es gibt mittlerweile sogar einen Chauffeurservice für die Gäste.« Mutter und Schwiegereltern spendierten dafür je 15 000 Euro. Ihr tat es leid um das Geld. Könnte man mit 30 000 Euro doch viel Gutes für die Tochter tun. Die Hochzeit wird jetzt zwar für die Eltern schön. Doch was wird mit dem Brautpaar?

Ich habe in Asien eine Hochzeitsfeier von wirklich bettelarmen Menschen erlebt. Da wurde ein Tier geschlachtet, es gab Reis und ein vergorenes Getränk. Man tanzte, lachte, erzählte sich Geschichten, die ich nicht verstand – aber alle waren glücklich. Es muss nicht sein, dass man glücklicher wird, wenn die Hochzeit besonders üppig verläuft. Selbst wenn es Eltern wirklich gut meinen.

Die Budgetplanung für die Hochzeit ist ähnlich dem Autokauf. Man kann immer zwischen Kleinwagen und Ferrari wählen. Der eine steigt vor der Kirche ins eigene Auto, der andere in die Kutsche, manche wollen im Ballon gen Himmel fliegen. Damit die Vermählung das Monopol der Glücklichen bleibt, muss die Feier aber nicht megatoll oder superopulent sein. Das Budget ist der Balanceakt auf dem schwankenden Seil. Wer ständig an die Kosten denkt, ruiniert seine Kreativität. Doch Geld verdirbt nicht nur den Charakter, es bringt auch den eigenen Charakter zum Vorschein. Wer spekuliert und sich bei der Gesamtsumme aller Geldgeschenke – die meist einzig nützlichen, jedoch nie kalkulierbaren Geschenke – verschätzt, sieht die Budget-Bombe platzen. Das passiert allerdings erst nach der Hochzeitsnacht. Wenn das Paar die Scheine zählt und feststellt, dass die Ausgaben die Einnahmen bei weitem überstiegen, weder für die Flitterwochen noch für den neuen Fernseher Geld übrig ist. Da müsst Ihr »Zwischen Tüll & Tränen« leider noch einige Monate mit Eurem alten Gerät anschauen …

Liebe Leserinnen,
liebe Leser,

bitte seid nachsichtig mit mir. Ich bin ja eigentlich nur ein durch das Fernsehen bekannt gewordener Zeitgenosse, der mit seinem Beruf Menschen glücklich machen darf und in diesem Buch einige Erfahrungen und Erlebnisse, wie sie sich in meiner Erinnerung widerspiegeln, mit Augenzwinkern erzählt.

Natürlich möchte ich Euch an die Hand nehmen, durch mein Reich der Brautmode führen, spare auch die heiklen Modell- und Figurfragen sowie unser aller Eitelkeiten nicht aus. Mein einziges Ziel dabei ist, Denkanstöße zu geben, Mut zum Traumkleid und zum Hochzeitsanzug zu machen, Euch vor Fehlern anderer Bräute und Paare zu bewahren. Meine liebe Winnie und mein Sohn Philipp standen mir dabei großartig zur Seite.

Ob jung oder alt, vermögend oder mit wenig Geld, kräftiger gebaut oder schlank – es gibt wirklich für jede von Euch ein wunderschönes Kleid! Jede Frau soll sich zur Hochzeit einzigartig und als Prinzessin fühlen!

Bei Tausenden Brautberatungen und Trauungen, die ich verfolgen durfte, gibt es immer wieder ähnliche Gespräche, Konflikte, Situationen. Sollte sich jemand in diesem Buch zu erkennen glauben, ist dies reinster Zufall und von mir nicht beabsichtigt. Oft stecken in einer hier vorgestellten Person die Erlebnisse mehrerer.

Vielleicht denkt Ihr, dass ich über die eine oder andere Braut und manche Schwiegermutter zu sehr herziehe und dass ich die eine oder andere Eigenschaft nicht gutheiße. Seht ihr, auch ich habe meine Schwächen! Aber Unvollkommenes gehört nun mal zu unserem Leben.

Seid wie ich glücklich mit dem Heute und offen für alles, was uns noch an Schönem und Interessantem erwartet.

Gebt nicht auf im Streben nach dem absolut Perfekten – ob beim Auto, beim Brautkleid oder beim Wetter –, denn es treibt uns alle täglich aufs Neue an.

Bleibt neugierig und mir gewogen
Euer Uwe

Die Porträtkarikaturen von Uwe Herrmann auf den Seiten 5 und 239
zeichnete Harald Kretzschmar

ISBN 978-3-359-01343-3

© 2017 Eulenspiegel Verlag, Berlin

Umschlaggestaltung: Buchgut, Berlin,
unter Verwendung eines Fotos von Stefanie Schumacher schoko-auge
Printed in EU

Die Bücher des Eulenspiegel Verlags erscheinen
in der Eulenspiegel Verlagsgruppe.

www.eulenspiegel.com